CLASSIQU

Collection fondée e
co
LÉON LEJEALLE (1949 à 196&
Agrég

# MOLIÈRE

# LA CRITIQUE DE
# L'ÉCOLE DES FEMMES

# L'IMPROMPTU
# DE VERSAILLES

*comédies*

avec une Notice biographique, des Notices historiques et littéraires,
un Lexique, des Notes explicatives, une Documentation thématique,
des Questionnaire, des Jugements et des Sujets de devoirs,

par

### ANDRÉ TISSIER

*docteur ès Lettres*
*maître assistant à la Sorbonne*

# LIBRAIRIE LAROUSSE

17, rue du Montparnasse, 75298 PARIS

**1622** (15 janvier) — Baptême à **Paris**, à l'église Saint-Eustache, de Jean-Baptiste Poquelin, fils aîné du marchand tapissier Jean Poquelin et de Marie Cressé.

**1632** (mai) — Mort de Marie Cressé.

**1637** — Jean Poquelin assure à son fils Jean-Baptiste la survivance de sa charge de tapissier ordinaire du roi. (Cet office, transmissible par héritage ou par vente, assurait à son possesseur le privilège de fournir et d'entretenir une partie du mobilier royal; Jean Poquelin n'était évidemment pas le seul à posséder une telle charge.)

**1639** (?) — Jean-Baptiste termine ses études secondaires au collège de Clermont (aujourd'hui lycée Louis-le-Grand), tenu par les jésuites.

**1642** — Il fait ses études de droit à Orléans et obtient sa licence. C'est peut-être à cette époque qu'il subit l'influence du philosophe épicurien Gassendi et lie connaissance avec les « libertins » Chapelle, Cyrano de Bergerac, d'Assoucy.

**1643** (16 juin) — S'étant lié avec une comédienne, **Madeleine Béjart,** née en 1618, il constitue avec elle une troupe qui prend le nom d'**Illustre-Théâtre;** la troupe est dirigée par Madeleine Béjart.

**1644** — Jean-Baptiste Poquelin prend le surnom de **Molière** et devient directeur de l'Illustre-Théâtre, qui, après des représentations en province, s'installe à Paris et joue dans des salles de jeu de paume désaffectées.

**1645** — L'Illustre-Théâtre connaît des difficultés financières; Molière est emprisonné au Châtelet pour dettes pendant quelques jours.

**1645** — Molière part pour la **province** avec sa troupe. Cette longue période
**1658** de treize années est assez mal connue : on a pu repérer son passage à certaines dates dans telle ou telle région, mais on ne possède guère de renseignements sur le répertoire de son théâtre; il est vraisemblable qu'outre des tragédies d'auteurs contemporains (notamment Corneille) Molière donnait de courtes farces de sa composition, dont certaines n'étaient qu'un canevas sur lequel les acteurs improvisaient, à l'italienne.
1645-1653 — La troupe est protégée par le duc d'Épernon, gouverneur de Guyenne. Molière, qui a laissé d'abord la direction au comédien Dufresne, reprend lui-même (1650) la tête de la troupe : il joue dans les villes du Sud-Ouest (Albi, Carcassonne, Toulouse, Agen, Pézenas), mais aussi à Lyon (1650 et 1652).
1653-1657 — La troupe passe sous la protection du prince de Conti, gouverneur du Languedoc. Molière reste dans les mêmes régions : il joue le personnage de Mascarille dans deux comédies de lui (les premières dont nous ayons le texte) : *l'Étourdi,* donné à Lyon en 1655, *le Dépit amoureux,* à Béziers en 1656.
1657-1658 — Molière est maintenant protégé par le gouverneur de Normandie; il rencontre Corneille à Rouen; il joue aussi à Lyon et à Grenoble.

**1658** — Retour à Paris de Molière et de sa troupe, qui devient « troupe de Monsieur »; le succès d'une représentation (*Nicomède* et une farce) donnée devant le roi (24 octobre) lui fait obtenir la **salle du Petit-Bourbon** (près du Louvre), où il joue en alternance avec les comédiens-italiens.

**1659** (18 novembre) — Première représentation des *Précieuses ridicules* (après *Cinna*) : grand succès.

**1660** — *Sganarelle* (mai). Molière crée, à la manière des Italiens, le personnage de **Sganarelle,** qui reparaîtra, **toujours interprété par lui,** dans plusieurs comédies qui suivront. — Il reprend, son frère étant mort, la survivance de la charge paternelle (tapissier du roi) qu'il lui avait cédée en 1654.

© 1974, *Librairie Larousse, Paris.*

ISBN 2-03-870102-4

| | | | |
|---|---|---|---|
| 1662 | Se marie avec Armande Béjart. L'Ecole des femmes. | Corneille : Sertorius, La Rochefoucauld : Mémoires, Mort de Pascal (19 août). Fondation de la manufacture des Gobelins. | Michel Le Tellier, Colbert et Hugues de Lionne deviennent ministres de Louis XIV. |
| 1663 | Querelle de l'Ecole des femmes, La Critique de « l'Ecole des femmes ». | Corneille : Sophonisbe. Racine : ode Sur la convalescence du Roi. | Invasion de l'Autriche par les Turcs. |
| 1664 | Le Mariage forcé. Interdiction du premier Tartuffe. | Racine : la Thébaïde ou les Frères ennemis. | Condamnation de Fouquet, après un procès de quatre ans. |
| 1665 | Dom Juan. L'Amour médecin. | La Fontaine : Contes et Nouvelles. Mort du peintre N. Poussin. | Peste de Londres. |
| 1666 | Le Misanthrope. Le Médecin malgré lui. | Boileau : Satires (I à VI). Furetière : le Roman bourgeois. Fondation de l'Académie des sciences. | Alliance franco-hollandaise contre l'Angleterre. Mort d'Anne d'Autriche. Incendie de Londres. |
| 1667 | Mélicerte. La Pastorale comique. Le Sicilien. Interdiction de la deuxième version du Tartuffe : l'Imposteur. | Corneille : Attila. Racine : Andromaque. Milton : le Paradis perdu. Naissance de Swift. | Conquête de la Flandre par les troupes françaises (guerre de Dévolution). |
| 1668 | Amphitryon. George Dandin. L'Avare. | La Fontaine : Fables (livres I à VI). Racine : les Plaideurs. Mort du peintre Nicolas Mignard. | Fin de la guerre de Dévolution : traités de Saint-Germain et d'Aix-la-Chapelle. Annexion de la Flandre. |
| 1669 | Représentation du Tartuffe. Monsieur de Pourceaugnac. | Racine : Britannicus. Th. Corneille : la Mort d'Annibal. Bossuet : Oraison funèbre d'Henriette de France. | |
| 1670 | Les Amants magnifiques. Le Bourgeois gentilhomme. | Racine : Bérénice. Corneille : Tite et Bérénice. Édition des Pensées de Pascal. Mariotte découvre la loi des gaz. | Mort de Madame. Les Etats de Hollande nomment Guillaume d'Orange capitaine général. |
| 1671 | Psyché. Les Fourberies de Scapin. La Comtesse d'Escarbagnas. | Débuts de la correspondance de Mme de Sévigné avec Mme de Grignan. | Louis XIV prépare la guerre contre la Hollande. |
| 1672 | Les Femmes savantes. Mort de Madeleine Béjart. | Racine : Bajazet. Th. Corneille : Ariane. P. Corneille : Pulchérie. | Déclaration de guerre à la Hollande. Passage du Rhin (juin). |
| 1673 | Le Malade imaginaire. Mort de Molière (17 février). | Racine : Mithridate. Séjour de Leibniz à Paris. Premier grand opéra de Lully : Cadmus et Hermione. | Conquête de la Hollande. Prise de Maestricht (29 juin). |

# BIBLIOGRAPHIE SOMMAIRE

---

## ÉTUDES ET DOCUMENTS SUR MOLIÈRE POLÉMISTE ET ACTEUR

| | |
|---|---|
| Gustave Michaut | *les Débuts de Molière à Paris* (Paris, Hachette, 1923). |
| Léopold Lacour | *Molière acteur* (Paris, F. Alcan, 1928). |
| Th. J. Van Vrée | *les Pamphlets et libelles littéraires contre Molière* (Courtrai, J. Vermaut, 1933). |
| Antoine Adam | *Histoire de la littérature française au XVIIe siècle* tome III (Paris, Domat, 1952). |
| René Bray | *Molière, homme de théâtre* (Paris, Mercure de France, 1954; nouv. éd., 1963). |
| Alfred Simon | *Molière par lui-même* (Paris, Éd. du Seuil, 1957; rééd., 1965). |
| Georges Mongrédien | *Dictionnaire biographique des comédiens français du XVIIe siècle* (Paris, C. N. R. S., 1961). — *Recueil des textes et des documents du XVIIe siècle relatifs à Molière* (Paris, C. N. R. S., 2 vol., 1965). |
| Jacques Guicharnaud | *Molière, une aventure théâtrale* (Paris, Gallimard, 1964). |
| Gérard Defaux | *Molière, ou les métamorphoses du comique* (French Forum, Lexington, Kentucky; diff. Klincksieck, 1980). |

## SUR LA LANGUE DE MOLIÈRE

| | |
|---|---|
| Jean Dubois et René Lagane | *Dictionnaire de la langue française classique* (Paris, Belin, 1960). |
| Vaugelas | *Remarques sur la langue française* (Paris, Larousse, « Nouveaux Classiques », 1969). |

# LA QUERELLE DE
# « L'ÉCOLE DES FEMMES »

## CE QUI SE PASSAIT EN 1662-1663

■ *EN POLITIQUE.* A l'intérieur : *Depuis la mort de Mazarin (mars 1661), Louis XIV est lui-même son Premier ministre; il est assisté de Michel Le Tellier et de Hugues de Lionne. Fouquet, arrêté le 5 septembre 1661, a été remplacé par Colbert; son procès commence en mars 1662. Les nouvellistes à la main sont poursuivis. Rigueurs contre les jansénistes. — A l'extérieur : A la suite de la rivalité entre les ambassadeurs de France et d'Espagne à Londres, Louis XIV obtient des excuses de l'Espagne (mars 1662). Il obtient également satisfaction de l'Angleterre sur l'affaire du Pavillon. Le duc de Créqui, ambassadeur auprès de la cour du pape, quitte Rome le 1ᵉʳ septembre 1662, après l'affaire des Gardes corses. Préparatifs de guerre pour obtenir des excuses du pape. Rachat de Dunkerque à l'Angleterre (octobre 1662). Tentative de Louis XIV sur la Lorraine. Négociations contre l'Espagne en Angleterre. Ambassade du comte d'Estrades en Hollande. Les Turcs envahissent l'Autriche (1663). Lettres patentes pour la fondation de la Compagnie des Indes.*

■ *DANS LES LETTRES* : *Bossuet prêche le carême du Louvre de 1662 (Sermons sur l'ambition, sur la mort). Pascal meurt le 19 août 1662. Edition posthume de l'Histoire comique des États et Empires du Soleil (1662), de Cyrano de Bergerac. Pierre Corneille, qui a fait jouer Sertorius au théâtre du Marais en février 1662, s'est installé à Paris avec son frère Thomas (octobre 1662); il donne à l'Hôtel de Bourgogne Sophonisbe, tragédie représentée en janvier 1663 : querelle de Sophonisbe (1663). Racine (qui n'a que vingt-quatre ans et revient d'Uzès) publie l'ode Sur la convalescence du Roi et la Renommée aux Muses (1663). Du Limousin, La Fontaine adresse à sa femme une relation de son voyage (à partir d'août 1663).*

■ *DANS LES ARTS. Fondation de la manufacture des Gobelins (1662) : Le Brun en est nommé directeur (1663). Mignard peint la coupole du Val-de-Grâce. Le Vau continue la construction du Louvre et travaille au château de Versailles avec Le Nôtre. Colbert établit l'Académie des inscriptions et médailles. Lully est maître de musique de la famille royale.*

# I. LES PARTIS EN PRÉSENCE

## MOLIÈRE, SES AMIS ET SES PROTECTEURS

### MOLIÈRE

En 1663, Molière a quarante et un ans. Il a épousé le 20 février 1662 une jeune fille, âgée de vingt ans de moins que lui, Armande Béjart, sœur de la comédienne de la troupe, Madeleine Béjart. Il prépare sa femme à monter à son tour sur les planches.

Après treize ans de pérégrinations en province, **Molière et sa troupe** sont revenus à Paris (octobre 1658); ils sont protégés officiellement par Monsieur, frère du roi. Depuis le 20 janvier 1661, la troupe est installée au Palais-Royal, dans la salle qu'avait fait construire Richelieu. A partir de janvier 1662, elle partage cette salle avec la troupe italienne, de retour à Paris après deux ans et demi d'absence; mais, à la différence de la situation qui lui avait été faite au Petit-Bourbon en 1658, Molière jouit des droits du premier occupant et joue les « jours ordinaires[1] ». Le répertoire de la troupe est composé de tragédies et de comédies (reprises et créations) de Pierre et Thomas Corneille, Du Ryer, Magnon, Guérin de Bouscal, Boisrobert, Desmarets de Saint-Sorlin, Rotrou, Scarron, Chappuzeau, etc.; à quoi s'ajoutent les premières œuvres de Molière.

**Le comédien** : excellent acteur comique, « farceur » formé à l'école des Italiens, Molière ne réussit guère dans les rôles tragiques. L'actrice Mlle Poisson, fille de Du Croisy, dans ses *Mémoires* publiés par *le Mercure de France* en 1738, écrira de Molière que « la nature, qui lui avait été si favorable du côté des talents de l'esprit, lui avait refusé ces dons extérieurs si nécessaires au théâtre, surtout pour les rôles tragiques. Une voix sourde, des inflexions dures, une volubilité de langue qui précipitait trop sa déclamation le rendaient, de ce côté, fort inférieur aux acteurs de l'Hôtel de Bourgogne ».

**L'auteur** : après le succès des *Précieuses ridicules* (1659), où, sans renier la farce, il s'est risqué, avec un sujet d'actualité, dans la satire des mœurs; après le non moins éclatant succès de *Sganarelle* (1660), Molière s'est essayé dans le genre sérieux avec *Dom Garcie de Navarre* (février 1661), une « comédie héroïque », sur laquelle il avait fondé de grandes espérances, mais qui échoue. Molière apprend à ses dépens qu'il n'est pas né pour le tragique : il traitera désormais des sujets sérieux sous la forme comique. Et c'est en juin 1661 *l'École des maris*, pièce en trois actes et en vers, une véritable comédie, où, malgré l'allure bouffonne, Molière ébauche une comédie de mœurs et de caractère. Fouquet, le tout-puissant surintendant, manda, le 11 juillet, Molière et sa troupe pour jouer chez lui *l'École des maris* devant la reine d'Angleterre, Monsieur, frère de Louis XIV, et Madame; Molière amusa. Et Fouquet voulut s'assurer son concours pour la fête qu'il se proposait de donner au roi dans son château de Vaux le 17 août 1661; *les Fâcheux* plurent à Fouquet, mais surtout au jeune roi, et consacrent la notoriété de Molière. Après avoir diverti les grands, Molière est en passe de se voir chargé de divertir le roi et sa cour : de là, sans doute, plus d'assurance. Déjà, en 1660, dans sa Préface des *Précieuses ridicules*, le « farceur » qu'il était, évoquant « Messieurs les auteurs », ajoutait aussitôt : « à présent mes confrères ». Deux ans plus tard, dans l'Avertissement des *Fâcheux*, il se permettait de trancher du « grand auteur », avec une allusion évidente à Pierre Corneille, qui, en 1660, avait publié ses œuvres avec des Examens : « Ce n'est pas mon dessein d'examiner maintenant si [...] tous ceux qui s'y sont divertis ont ri selon les règles. Le temps viendra de faire imprimer mes remarques sur les pièces que j'aurai faites; et je ne désespère pas de faire voir un jour, en grand auteur, que je puis citer Aristote et Horace. En attendant... » En attendant, Molière, confiant en lui-même, écrit *l'École des femmes*,

---

1. Voir page 103, note 4.

une comédie en cinq actes et en vers, qui, effectivement, le met au rang des grands auteurs.

Mais ses ennemis veillent. Molière a déjà connu la polémique. Après la représentation des *Précieuses*, il a dû se défendre contre le libraire Ribou, qui avait obtenu à son insu un privilège pour éditer sa comédie; et il s'est vu accuser par Somaize de plagiat. Son *Sganarelle* a attiré sur lui le bataillon des frelons indélicats; et un certain F. Doneau — qui n'est pas le Donneau de Visé dont on aura à parler plus loin — plagie sa pièce sans vergogne. Que de rivalités jalouses l'environnent, qui vont trouver, avec *l'École des femmes*, l'occasion de crier : holà!

## LA TROUPE DE MOLIÈRE EN 1663

**M<sup>lle</sup> Béjart** (Madeleine Béjart), quarante-cinq ans. Elle avait été cosignataire avec Molière de l'acte de constitution de l'Illustre-Théâtre (juin 1643), et fut la directrice de la troupe jusqu'en juillet 1644. Elle avait suivi Molière en province; elle était, dans la troupe revenue à Paris, la fidèle compagne, une collaboratrice dévouée, une actrice sûre. Longtemps, elle avait joué de préférence les rôles tragiques; mais en 1659 Molière lui confia le rôle de Magdelon (diminutif de son nom). Dans le prologue des *Fâcheux*, écrit par Pellisson pour la fête de Vaux, elle fut la Naïade qui parut dans une coquille « au milieu de vingt jets d'eau naturels » : elle y était, selon les uns et malgré son âge, comparable à Vénus; mais, selon les détracteurs de Molière, ce n'était plus qu'un « vieux poisson ». Dans *l'Impromptu*, Molière lui fait jouer le rôle d'une « prude ». On verra que, dans cette pièce, elle tient un rôle de choix, intervenant personnellement au cours de la répétition pour donner son avis sur la façon de conduire la polémique contre Boursault. En 1662, elle était devenue la belle-sœur de Molière. Elle mourut peu avant lui, en 1672.

**M<sup>lle</sup> Molière** (Armande Béjart, dite Menou), vingt et un ans, jeune sœur de Madeleine Béjart (on a longtemps cru qu'elle était sa fille). Enfant de la balle et formée par Molière à l'art dramatique, elle l'épousa le 20 février 1662. Sans être belle, elle avait de la grâce et de l'esprit. Elle joua pour la première fois la *Critique* (rôle d'Élise, qu'elle reprit dans *l'Impromptu*). On pense que Molière façonna bien des rôles à son image; elle fut notamment Elmire du *Tartuffe*, Célimène du *Misanthrope*, Lucile du *Bourgeois gentilhomme* (la tradition veut que le portrait de Lucile, acte III, scène IX, corresponde trait pour trait à celui d'Armande), Henriette des *Femmes savantes*, Angélique du *Malade imaginaire*. Après la mort de Molière, elle épousa l'acteur Guérin. Elle mourut en 1700.

**M<sup>lle</sup> Du Parc** (Thérèse de Gorla, dite Marquise), trente ans, mariée à René Berthelot, dit Du Parc. Elle appartenait à la troupe depuis dix ans. Femme séduisante et d'une beauté éclatante, c'est pour elle que Corneille écrivit en 1658 les *Stances à Marquise*. « Coquette grave, doublée d'une habile danseuse » (R. Bray), elle avait peut-être dans son enfance pratiqué l'acrobatie avec son père, charlatan des spectacles forains; en 1663, Racine la désigne sous le nom de « la déhanchée » ! (lettre à Le Vasseur). Dans *l'Impromptu*, où elle jouait comme dans la *Critique* le rôle de Climène, elle se défend, à juste titre, pense-t-on, d'être « façonnière ». Elle affectionnait les rôles tragiques, qui convenaient à sa prestance; c'est ce qui contribua en 1659 à lui faire quitter la troupe de Molière. Elle passa alors au Marais. Mais l'année suivante, à Pâques, elle réintégrait la salle du Palais-Royal. Après avoir créé chez Molière l'Elvire de *Dom Juan* et l'Axiane d'*Alexandre*, elle quittera définitivement Molière en 1667, pour suivre Racine à l'Hôtel de Bourgogne, où elle sera la première Andromaque.

**M<sup>lle</sup> De Brie** (Catherine Leclerc; au théâtre, Catherine Du Rosé), trente-trois ans. Elle était entrée dans la troupe de Molière vers 1649; en 1651, elle avait épousé l'acteur De Brie. Excellente actrice, parée de beauté et de grâce, elle joua les jeunes premières des comédies de Molière : Cathos des *Précieuses*, Agnès de *l'École des femmes*, Mariane du *Tartuffe*, Armande des *Femmes savantes*. Il semble qu'elle ait tenu dans la troupe un rang peu différent de celui de Madeleine Béjart. Elle ne prit sa retraite qu'en 1685 et mourut en 1705.

**M<sup>lle</sup> Hervé** (Geneviève Béjart). Sœur cadette de Madeleine, elle avait pris le nom de sa mère pour ne pas être confondue avec ses sœurs. Elle jouait surtout les « utilités ».

**M<sup>lle</sup> Du Croisy** (Marie Claveau; elle avait épousé en troisièmes noces l'acteur Du Croisy), trente-trois ans. Elle tenait des emplois subalternes. Dès Pâques 1664, il fut question de l'exclure de la répartition des bénéfices; l'année suivante, la troupe lui signifiera son congé.

**Brécourt** (Guillaume Marcoureau), vingt-cinq ans. Ancien acteur du Marais, où il avait fait représenter en 1659 une comédie, *la Feinte Mort de Jodelet*, il avait été engagé en 1662 par Molière pour jouer « les paysans et les rois ». Dans *la Critique* et l'*Impromptu*, il se vit confier le rôle du Chevalier, défenseur et porte-parole de Molière; Molière l'y met en garde contre son caractère emporté, et lui recommande de « prendre un air posé, un ton de voix naturel » et de « gesticuler » le moins possible. Ne trouvant pas chez Molière un emploi répondant à ses talents de tragédien et peut-être dépité du peu de succès d'une farce de sa composition, *le Grand Benêt de fils aussi sot que son père*, Brécourt quitta Molière en 1664 et passa à l'Hôtel de Bourgogne.

**Du Croisy** (Philibert Gassot), trente-sept ans. Comédien de province, il était entré dans la troupe de Molière en 1659. De belle prestance, mais avec quelque embonpoint, il tint presque tous les emplois (sauf celui de jeune premier) : gentilhomme dans *les Précieuses*, Maître Jacques dans *l'Avare*, Jupiter dans *Psyché*. Il incarna spécialement les types ridicules de poètes et de pédants : Lysidas dans *la Critique* et l'*Impromptu*, le maître de philosophie de M. Jourdain, l'Oronte du *Misanthrope*, le Vadius des *Femmes savantes*. Le rôle de Tartuffe consacra ses talents. Il resta fidèle à la troupe, même après la disgrâce de sa femme.

**La Grange** (Charles Varlet; fils d'un écuyer et capitaine du château de Nanteuil, et de Marie de La Grange), vingt-quatre ans. Comédien de province comme Du Croisy, il fut recruté avec lui en 1659 par Molière, qui les rassembla dans *les Précieuses*, où ils jouèrent sous leur nom les « amants rebutés ». Molière tint en personne à le former et à l'instruire. Il devint un excellent comédien, au point que, dans l'*Impromptu*, Molière juge superflu de lui donner des conseils. Il joua très longtemps les amoureux (de l'Horace de *l'École des femmes* au Cléante du *Malade imaginaire*), et c'est à lui que Molière confiera le rôle de Dom Juan. Ami dévoué et fidèle, il tint de 1659 à 1685 le registre des comptes et, après la mort de Molière, prit la direction de la troupe. Il épousera en 1672 Marie Ragueneau, la fille de l'ancien pâtissier-poète.

**La Thorillière** (François Le Noir), trente-sept ans. Fils de Charles Le Noir, le fondateur du Marais, et devenu en 1658 le gendre du nouveau chef de troupe du Marais, il joua rue Vieille-du-Temple jusqu'en 1662. Cette année-là, avec Brécourt, et peut-être « sur ordre » royal, il quitta le Marais pour venir chez Molière, où il exerça d'abord des fonctions administratives. Après le départ de Brécourt en 1664, non seulement il joua les rois, les raisonneurs, mais encore il fut Philinte et Trissotin. Dans l'*Impromptu*, il est un « marquis fâcheux ». Comme La Grange, il fut un des meilleurs comédiens et amis de Molière. Il mourut en 1680.

**Béjart** cadet (Louis, dit l'Éguisé), trente-trois ans, frère de Madeleine. Il ne commença à participer à la vie de la troupe que vers 1653; et il n'y tint, semble-t-il, que de petits rôles. Dans l'*Impromptu*, il est « l'homme qui fait le nécessaire ». Il boitait; et c'est pour lui que Molière, dans *l'Avare*, fit boiter La Flèche. Il prit sa retraite en 1670.

Telle est la troupe de Molière dans l'*Impromptu de Versailles*. En 1663, elle comptait encore deux acteurs :

— **Du Parc** (René Berthelot), précieux collaborateur de Molière depuis 1647. Il tenait dans la troupe l'emploi bouffon de Gros-René. Il avait épousé en 1653 Thérèse de Gorla, qu'il fit entrer dans la troupe, où elle devint la fameuse marquise Du Parc. Il quitta Molière pour le Marais en 1659, au moment même où le populaire Jodelet quittait le Marais pour le Palais-Royal. L'année suivante, après la mort de Jodelet, il réintégrait le Palais-Royal. Il mourut en 1664.

— **De Brie** (Edme Villequin), entré dans la troupe vers 1651 pour épouser Catherine Du Rosé; c'était un acteur médiocre et d'humeur difficile; il jouait les brutaux, les sergents et les spadassins.

Leur absence de *l'Impromptu* (alors que leurs femmes jouent) peut avoir pour raison la maladie; mais peut-être tenaient-ils les rôles des « nécessaires » que l'on voit se succéder à la fin de la pièce.

## SES AMIS ET DÉFENSEURS

**Boileau** (Nicolas Despréaux). C'est un bourgeois parisien, de vingt-sept ans. Depuis six ans, il a renoncé au barreau. Il fréquente pour l'heure La Fontaine, Furetière, Chapelle; et il s'amuse avec ses amis à écrire quelques vers parodiques. Il a composé deux satires : les *Satires* I (1660) et VII (1663). Quelques jours après la représentation de *l'École des femmes*, le 1ᵉʳ janvier 1663 selon une tradition, il adresse à Molière des *Stances*, où il prend parti pour *l'École des femmes*. Dès lors, Molière et lui deviennent amis. En 1664, Boileau dédiera à Molière sa *Satire* II « Sur les difficultés de trouver la rime ».

**La Fontaine.** Le 22 août 1661, après avoir assisté à une représentation des *Fâcheux*, il écrit à son ami Maucroix : Molière, « c'est mon homme ».

> Te souvient-il bien qu'autrefois
> Nous avons conclu d'une voix
> Qu'il allait ramener en France
> Le bon goût et l'air de Térence? [...]
> Et jamais il ne fit si bon
> Se trouver à la comédie...

Mais La Fontaine accompagne son oncle Jannart, exilé à Limoges à la suite du procès de Fouquet. Il quitte Paris le 23 août 1663 : son éloignement de Paris ne lui permettra pas de soutenir ouvertement son ami dans la querelle.

**Racine.** Après une longue année d'attente passée à Uzès chez son oncle Sconin, il est rentré à Paris au début de 1663. Il a vingt-trois ans et de l'ambition. Il vient d'écrire une ode *Sur la convalescence du roi*, qui lui a valu une gratification. En novembre 1663, il rencontre Molière et assiste chez lui au « lever du roi ». Il prépare une tragédie, *la Thébaïde*, qu'il a l'intention de confier à Molière (première représentation le 20 juin 1664). Il serait abusif de parler d'amitié; on le voit par les lettres qu'il écrit à l'abbé Le Vasseur en novembre-décembre 1663 : seules une rencontre et une communauté d'intérêt lient alors les deux hommes.

**Du Buisson** (abbé Pierre). Fils d'un ancien gouverneur de Ham en Picardie, il fréquentait l'hôtel de la comtesse de La Suze. Dans son *Dictionnaire des précieuses*, Somaize dit de lui : « Homme de qualité, qui a autant d'esprit qu'on en peut avoir. Il fait des vers avec toute la facilité imaginable. » Il « me fait l'honneur de m'aimer », note Molière dans la Préface de *l'École des femmes*. C'est lui qui encouragea Molière à mettre sur le théâtre une « critique » de *l'École des femmes*; il en rédigea même une première version; mais Molière refusa de la monter : j'y « trouvai des choses trop avantageuses pour moi ».

**Chevalier** (Jean Simonin), acteur du Marais depuis 1655. Auteur comique, il a, avant la querelle, joué et fait jouer au Marais une demi-douzaine de comédies (*le Cartel de Guillot*, 1660; *les Galants ridicules* et la *Désolation des filous*, 1661; *les Barbons amoureux* et la *Disgrâce des domestiques*, 1662; *l'Intrigue des carrosses à cinq sols*, 1662-1663). Il en écrira d'autres jusqu'en 1667. On ignore quels furent ses rapports exacts avec Molière; mais on sait qu'à la fin de 1663 il crut bon d'intervenir en faveur de Molière dans une comédie en cinq actes et en vers, *les Amours de Calotin*. L'éloge qu'il y faisait de *l'École des femmes* et de la *Critique* était d'autant plus significatif qu'il venait en hors-d'œuvre de l'histoire des « amours » de Calotin (premier acte et première scène de l'acte II) et que l'auteur appartenait à une troupe rivale.

## SES PROTECTEURS : LA COUR

Molière avait certes des ennemis parmi les nobles. Mais la Cour dans son ensemble lui fut favorable et surtout les plus hauts personnages. Molière tiendra d'ailleurs à rappeler dans *l'Impromptu de Versailles* (scène V) que *l'École des femmes* « a eu le bonheur d'agréer aux augustes personnes à qui particulièrement » il s'efforçait de « plaire ».

**Louis XIV.** En 1663, il a vingt-cinq ans; depuis deux ans, il gouverne sans Premier ministre. Molière a plu au jeune roi dès ce jour d'octobre 1658 où sa troupe s'est produite devant la Cour dans la salle des Gardes du vieux Louvre, surtout quand, après *Nicomède* et un compliment fort habile, Molière joua une « petite comédie » de sa composition, *le Docteur amoureux*; cette farce et la façon dont Molière tint le rôle du docteur le mirent, dit la Préface de 1682, « en si grande estime que Sa Majesté donna des ordres pour établir sa troupe à Paris ». En 1662, Molière avait dédié au roi ses *Fâcheux*, en reconnaissance d'une scène (celle du chasseur) que lui avait suggérée Louis XIV lui-même lors d'une reprise à Fontainebleau.

Après *l'École des femmes*, très favorablement accueillie à la Cour, Molière se voit gratifié d'une pension de mille livres : il s'empresse d'écrire un *Remerciement au roi*; et l'originalité du compliment attire de nouveau sur lui l'attention. *L'Impromptu*, joué à Versailles, sera « commandé » par le roi : la troupe de Molière devient une troupe au service de la Cour, avant de pouvoir prendre effectivement le titre de « troupe du Roi » (août 1665).

**Anne d'Autriche**, la reine mère, à laquelle Molière dédia *la Critique de « l'École des femmes »*. Elle patronnait la « vieille Cour » et passait pour protéger le parti dévot, ce qui ne l'empêchait pas d'aimer beaucoup le théâtre.

**Monsieur** (Philippe, duc d'Orléans), frère du roi, protecteur officiel de la troupe de 1658 à 1665. C'est lui qui, en 1660, quand fut décidée la démolition du Petit-Bourbon, était intervenu auprès du roi pour que Molière obtînt une nouvelle salle. Et en attendant que la salle du Palais-Royal fût prête, il lui assura plusieurs représentations au Louvre et à Vincennes.

**Henriette d'Angleterre** (Madame, duchesse d'Orléans), qui avait épousé le frère du roi en 1661. Elle était « l'animatrice de la jeune Cour », et son influence s'exerçait sur un grand nombre de jeunes talents. Molière lui dédia son *École des femmes*. En 1664, elle acceptera d'être la marraine du premier enfant de Molière.

**Le prince de Condé** reçut plusieurs fois la troupe de Molière à Chantilly ou dans son hôtel de Paris[1].

Il faudrait citer encore un grand nombre de hauts personnages qui firent appel à la troupe de Molière (les familles de Guise, de Beaufort, de Grammont, etc.).

## *LES ADVERSAIRES ET DÉTRACTEURS DE MOLIÈRE*

## LES COMÉDIENS DE L'HÔTEL DE BOURGOGNE

Les comédiens de l'Hôtel de Bourgogne (rue Mauconseil, quartier des Halles) ont joué un rôle primordial à l'origine et dans le développement de la querelle de *l'École des femmes*. « Trop d'expérience peut-être et plus de métier que de

---

1. Quant à son fils, le duc d'Enghien, tout en partageant la bienveillance de son père pour Molière, il se plut à paraître soutenir le parti adverse (Boursault, Montfleury fils).

flamme; la jeunesse manque, et sa grâce », voilà comme, à la suite d'Antoine Adam, on peut caractériser la troupe des « grands comédiens » dans les années 1662-1663. R. Bray oppose par ailleurs le « naturel » du jeu des comédiens de Molière à l'« emphase » et à la « vocifération » qui « viciaient la diction » de la plupart des tragédiens de l'Hôtel de Bourgogne.

**Montfleury** (Zacharie Jacob), cinquante-cinq ans environ, un des comédiens les plus célèbres de la troupe. Il était devenu, avec l'âge, d'un embonpoint ridicule, ce qui ne l'empêchait pas de continuer à jouer les héros tragiques et les rois. Mlle Poisson note dans ses *Mémoires* : « Il était si prodigieusement gros qu'il était soutenu par un cercle de fer. Il faisait des tirades de vingt vers de suite et poussait le dernier avec tant de véhémence que cela excitait des brouhahas[1] et des applaudissements qui ne finissaient point. Il était plein de sentiments pathétiques, et quelquefois jusqu'à faire perdre la respiration aux spectateurs. » Il sera l'« Oreste frénétique » d'*Andromaque*. Montfleury est le premier comédien que raille Molière dans l'*Impromptu*. Il prit très mal la chose; et, dans une lettre écrite à l'abbé Le Vasseur peu après la représentation de l'*Impromptu*, Racine nous apprend que Montfleury se vengea en adressant au roi un placet où il calomniait bassement le ménage de Molière. Mais, comme le notait Racine, « Montfleury n'est point écouté à la Cour ». C'est vraisemblablement lui qui encouragea son fils à écrire contre Molière l'*Impromptu de l'Hôtel de Condé*.

**Beauchâteau** (François Châtelet) avait d'abord joué au Marais. Apprécié par les uns, trouvé exécrable par les autres, il doublait Floridor dans le rôle du jeune Horace et dans celui du Cid. Montfleury fils le met en scène dans son *Impromptu de l'Hôtel de Condé*. Il mourut en 1665.

**M[lle] Beauchâteau** (Madeleine Du Pouget), femme du précédent. Comme son mari, elle avait appartenu à la troupe du Marais; et c'est pour lui plaire que Corneille aurait écrit le rôle de l'Infante du *Cid*. Corneille fait savoir à l'abbé de Pure le 12 mars 1659 qu'il est « ravi » de son succès dans *Œdipe*, où elle « avait étouffé les applaudissements qu'on donnait à ses compagnons pour attirer tout à elle »; et Tallemant des Réaux la juge « sûre comédienne ». Molière, en critiquant son jeu dans le rôle de Camille d'*Horace*, lui reproche de ne pas accorder l'expression de son visage aux paroles qu'elle prononce; elle garde, dit-il, un « visage riant dans les plus grandes afflictions ».

**Hauteroche** (Noël Le Breton). Chef d'une troupe de campagne, il vint au Marais en 1655, où il resta deux ans. On le retrouve en 1662 à l'Hôtel de Bourgogne, où il joue les « seconds rôles tragiques » et les « grands rôles comiques ». Il avait, dit-on, la « taille avantageuse » et la « parole aisée ». Il sera le Narcisse de *Britannicus* (1669), et Boursault dira de lui qu'il « joue si finement ce qu'il a représente, qu'il attraperait un plus habile homme que Britannicus ». Devenu auteur, il fournira à l'Hôtel de Bourgogne de maintes petites comédies, dont *Crispin médecin* (1670) et *le Deuil* (1672).

**Villiers** (Claude Deschamps, sieur de), soixante-deux ans. Après avoir joué dans plusieurs troupes, il entra au Marais, puis passa en 1642 à l'Hôtel de Bourgogne, où il devait créer le rôle de Philipin. Un contemporain dit de lui : « Petit homme, qui jouait les seconds rôles comiques et les jouait très bien; il avait la voix claire, légère, et beaucoup de finesse dans son jeu. » Il tenait souvent dans les tragédies le rôle du confident. Lui aussi sera mis en scène dans l'*Impromptu de l'Hôtel de Condé*. Auteur dramatique, il avait fait représenter, avant 1663, à l'Hôtel de Bourgogne, l'*Apothicaire dévalisé* (1658-1659, comédie), *le Festin de pierre* (1659, tragi-comédie), *les Ramoneurs* (1659-1660, comédie).

Ces comédiens ne sont pas les seuls à avoir appartenu en 1663 à l'Hôtel de Bourgogne, mais ils sont les seuls à être mis en cause nommément dans la

---

1. Sur le sens de ce mot, voir page 104, note 8.

querelle. On notera en particulier que, dans la contrefaçon du jeu des « grands comédiens » (*l'Impromptu de Versailles*, scène première), Molière s'abstient de contrefaire **Floridor**. Ancien directeur du Marais (de 1642 à 1647), puis chef de la troupe de l'Hôtel de Bourgogne, « l'artiste le plus complet de son temps » (S. W. Deierkauf), Floridor était non seulement un acteur respecté du public, mais estimé du roi... et peut-être de Molière : trop de raisons pour se permettre quelque critique maligne !

# LES AUTEURS

**Donneau de Visé** (Jean), vingt-quatre ans. Ce jeune homme, de famille noble, qui sera le fondateur et, pendant quarante ans, le rédacteur du *Mercure galant*, fréquentait les « ruelles » en ambitionnant de faire une carrière littéraire. Il pensa que la première chose à faire était d'attaquer les puissances et les célébrités du jour. Il commença par attaquer Corneille et sa *Sophonisbe*. Puis, passé au service du duc de Guise, protecteur de Corneille, il partit en guerre contre l'abbé d'Aubignac, dont l'autorité de théoricien du théâtre était alors considérable; et contre lui prit la défense de cette même *Sophonisbe*. Profitant d'un privilège obtenu en février 1662 pour des *Nouvelles nouvelles*, recueil de nouvelles galantes, politiques et littéraires, il avait publié en février 1663 son ouvrage augmenté d'une troisième partie, où, en trente pages, il malmenait perfidement Molière. Car, bien que Donneau de Visé ait pris soin de présenter ses critiques sur le ton modéré et en les parsemant d'éloges, la malveillance était flagrante, notamment en ce qui concernait *l'École des femmes*. Deux fois encore Donneau de Visé intervint contre Molière, mais le masque jeté. En août 1663, il publiait *Zélinde, ou la Véritable Critique de « l'École des femmes »*, *et la critique de « la Critique »*; et, en novembre de la même année, il faisait jouer à l'Hôtel de Bourgogne une *Réponse à « l'Impromptu de Versailles »*, *ou la Vengeance des marquis*, qu'il publia en décembre dans un recueil de *Diversités galantes* avec une *Lettre sur les affaires du théâtre*. Molière ne répondit jamais directement à Donneau de Visé; mais, quoi qu'en ait pensé R. Bray, Molière a songé certainement à lui en crayonnant dans *la Critique* et dans *l'Impromptu* la figure du pédant Lysidas. Donneau de Visé, en tout cas, se reconnut formellement dans ce personnage.

Donneau était l'homme des retournements. Deux ans plus tard, il se réconcilia avec Molière; par opportunisme, certes : auteur d'une *Mère coquette*, comédie tirée d'une pièce espagnole, il s'était vu distancer par Quinault, qui avait repris son sujet pour le porter à l'Hôtel de Bourgogne. Il ne lui restait plus qu'à jouer un mauvais tour à ceux qu'il avait jadis défendus et à porter sa pièce chez Molière, au Palais-Royal. En 1665, à l'heure même où Molière affichait cette *Mère coquette* de Donneau de Visé, une deuxième édition des *Diversités galantes* paraissait, contenant toujours la *Réponse à « l'Impromptu de Versailles »* et la *Lettre sur les affaires du théâtre*, si défavorables à Molière, pleines même d'odieuses calomnies. Donneau de Visé n'en continua pas moins de fournir régulièrement le Palais-Royal en comédies, et Molière de jouer les comédies de l'auteur de *Zélinde* et de la *Réponse à « l'Impromptu de Versailles »* : les affaires sont les affaires !

**Boursault** (Edme), vingt-cinq ans. Bien que de caractère pacifique et n'ayant aucun grief personnel contre Molière, le jeune Boursault fut amené à jouer un rôle important dans la querelle. C'est même le seul de ses détracteurs que Molière désigna nommément et ridiculisa comme tel sur la scène. Comment Boursault avait-il été amené à prendre parti pour les grands comédiens? Lui aussi se destinait à la carrière littéraire; et il avait déjà écrit pour l'Hôtel de Bourgogne quelques petites comédies dans le goût de la farce (*le Mort vivant*, *les Nicandres*), mais qui n'avaient guère été remarquées. Corneille le protégeait; il l'appelait son « enfant ». Lui persuada-t-il qu'il serait avantageux pour lui de se solidariser avec les grands comédiens? c'est probable; et l'on peut penser qu'il l'encouragea. « Il m'attaque de gaieté de cœur, écrira Molière dans *l'Impromptu*, pour se faire connaître de quelque façon que ce soit. » Se reconnut-il, comme il le prétendit, dans le *Lysidas* de *la Critique* ? Molière mettra les choses au point en distinguant nettement Boursault de Lysidas.

Boursault, « retournant » *la Critique*, écrivit donc *le Portrait du peintre, ou la Contre-Critique de « l'École des femmes »*, qui fut représenté à l'Hôtel de Bourgogne au début d'octobre 1663. Pour convaincre le public que c'était lui que Molière avait mis sur scène sous le nom de Lysidas, il s'y peignait sous le nom de Lizidor. Boursault ne poussa cependant pas les choses plus loin : en publiant sa pièce, il refusa d'y laisser la « Chanson de la coquille » de Donneau de Visé, que les comédiens avaient introduite dans sa pièce. Molière avait d'ailleurs réduit le rôle de Boursault à celui d'un prête-nom; Boursault, dans son avis *Au lecteur*, protesta, mais ne riposta pas. Là s'achève son rôle dans la querelle; mais non sa carrière littéraire; il donnera en effet, plus tard, plusieurs pièces, dont on garde encore le nom : *le Mercure galant* (1683), *Ésope à la Cour* (1701).

**Pierre** et **Thomas Corneille.** Pierre Corneille, cinquante-sept ans, est revenu au théâtre en 1659 avec *Œdipe*; en 1662, il a donné *Sertorius* au Marais et, en janvier 1663, *Sophonisbe* à l'Hôtel de Bourgogne. *Sophonisbe* n'a pas réussi et suscite une « querelle » entre critiques (d'Aubignac, Donneau de Visé). Installé depuis un an à Paris dans un appartement de l'hôtel du duc de Guise, Corneille règne pourtant sur tout un « clan » littéraire : l'historien Mézeray, l'abbé de Pure, Somaize, Donneau de Visé, le jeune Boursault, l'acteur Villiers. Ce « clan » et le soutien de quelques grands, comme le duc de Montausier et le maréchal de Bellefonds, assurent à Corneille une place privilégiée et font de lui une sorte de forteresse de la vie littéraire.

L'important, à l'heure de la querelle de *l'École des femmes*, est que le parti cornélien est tout-puissant à l'Hôtel de Bourgogne. Quant à Molière, il connaissait Corneille depuis plusieurs années : en 1658, sa troupe avait joué à Rouen (c'est en cette circonstance que l'actrice M^{lle} Du Parc avait reçu les hommages galants de Pierre et de Thomas Corneille); Molière s'était présenté pour la première fois à la Cour avec *Nicomède* (24 octobre 1658); la première représentation des *Précieuses ridicules* était accompagnée de *Cinna*; et l'on sait qu'un portrait de Molière par Mignard le représente dans le rôle de Jules César de *la Mort de Pompée*. De 1659 à 1662, la troupe de Molière avait repris les pièces suivantes de Pierre Corneille : *Nicomède, Héraclius, Rodogune, Cinna, le Menteur, la Mort de Pompée, le Cid, Horace, Sertorius*; à quoi il faut ajouter, de Thomas Corneille : *Dom Bertrand de Cigarral* et *le Geôlier de soi-même*.

Thomas Corneille, trente-huit ans, était venu en octobre 1662, avec son frère Pierre, habiter à Paris. De 1650 à 1663, Thomas a fait représenter huit comédies et neuf tragédies, parmi lesquelles *Timocrate* (1656), le plus grand succès théâtral du XVII^e siècle. Dès les *Précieuses ridicules*, Thomas avait jugé sévèrement la troupe de Molière (lettre à l'abbé de Pure, 1^er décembre 1659) : il avait souhaité la voir s'unir à la troupe du Marais, qui avait fait la gloire de son frère, à laquelle il avait lui-même confié six de ses pièces (dont *Timocrate*), mais qui se voyait depuis quelques années réduite, pour retenir le public, à monter des pièces à machines. Or, loin de faciliter la fusion des deux troupes, Molière avait ravi au Marais Jodelet et son frère L'Espy. Par ailleurs, selon l'abbé d'Aubignac, Thomas, qui se faisait appeler M. de L'Isle, avait cru ses prétentions nobiliaires raillées par Molière dans *l'École des femmes* (vers 179-182); ce n'était peut-être là qu'une fâcheuse coïncidence, car Charles Sorel se faisait également appeler M. de L'Isle. Il n'en reste pas moins que les deux frères vont désormais faire cause commune contre Molière. En effet, Pierre Corneille, de son côté, ne pardonnait pas à Molière d'avoir repris textuellement dans *l'École des femmes* (vers 641-642) une réplique de Pompée dans *Sertorius*; sans compter que le vers 745 de *l'École des femmes* semblait parodier le vers 1277 d'*Horace*. Là encore il n'est pas certain que Molière ait visé ces deux Corneille et qu'il ait repris ces vers avec une intention parodique; en 1659-1660, il avait joué *Horace* et en juin 1662 *Sertorius* : l'auteur a pu involontairement faire passer dans son texte des répliques d'acteur. Fait plus déterminant : Molière aurait volé son bien à Corneille en montant *Sertorius* au Palais-Royal le 23 juin 1662; *Sertorius* avait été représenté pour la première fois au Marais le 25 février 1662; pour que la pièce fût tombée dans le domaine public et que Molière pût la reprendre sans l'accord de Corneille, il aurait fallu attendre qu'elle fût imprimée; elle ne le sera qu'en juillet. Corneille intervint-il? c'est possible; car Molière s'en tint à cette seule représentation du 23 juin et ne reprendra *Sertorius* qu'en septembre, après sa publication. Ce faisceau de dépits, de récriminations, de malentendus expliquerait l'animosité de Corneille contre Molière. Animosité qui se traduisit dans les faits, puisque, si l'on en croit encore l'abbé d'Aubignac[1], Corneille essaya « de détruire » *l'École des femmes* par une « cabale » « dès la première représentation ». On verra la suite et comment, dans *la Critique*, puis dans *l'Impromptu*, les attaques de Molière contre Pierre Corneille ont, suivant le mot de G. Michaut, « tout l'air de représailles ». Là encore, ces querelles d'auteurs n'empêchaient nullement les affaires; et Molière continuait de jouer du Corneille. Corneille lui-même oubliera *l'École des femmes* en 1667, il confiera à la troupe de Molière son *Attila* et, en 1670, son *Tite et Bérénice;* enfin, en 1671, on verra Molière et Corneille écrire en collaboration la comédie-ballet de *Psyché*.

**Montfleury** (Antoine Jacob), fils de l'acteur Montfleury, vingt-quatre ans; auteur dramatique dont la postérité a retenu le nom de deux ou trois pièces (*la Femme juge et partie*, 1669; *la Fille capitaine*, 1671; *l'Ambigu comique*, 1673). Il avait débuté au théâtre avec deux petites comédies en un acte et en vers : *le Mariage de rien* (1660) et *les Bêtes raisonnables* (1661); puis il avait écrit des œuvres plus importantes : une comédie en trois actes et en vers, *l'École des jaloux, ou le Cocu volontaire* (1662), et une tragi-comédie, *Trasibule* (1663). Encouragé par son père et poussé par le jeune duc d'Enghien, il « retourna » *l'Impromptu de Versailles* pour en faire *l'Impromptu de l'Hôtel de Condé*, pièce qui avait le mérite de rester dans les bornes d'une satire malveillante, mais non offensante.

●

# II. LES PHASES DE LA QUERELLE

## *LE PRÉTEXTE :*
## *« L'ÉCOLE DES FEMMES » (26 décembre 1662)*

Le succès de *l'École des femmes* (26 décembre 1662) — le plus grand que Molière connut dans sa carrière — sonna contre lui le signal de rassemblement pour tous ceux qui avaient quelque raison de jalouser cet intrus, revenu à Paris quatre ans plus tôt et à qui la protection du duc d'Orléans, l'accueil favorable du roi, de la Cour, de la ville et du parterre promettait d'heureux lendemains.

Jalousie, d'abord et avant tout, des **comédiens de l'Hôtel de Bourgogne**[2]. Cette jalousie remontait à l'arrivée même de Molière

---

1. *Quatrième Dissertation concernant le poème dramatique*, publiée en juillet 1663. « Cette comédie », dit encore l'abbé à Corneille, « vous a fait désespérer »; 2. Il y avait alors quatre troupes établies à Paris : la « troupe royale » de l'Hôtel de Bourgogne, la plus ancienne, la troupe « officielle », dirions-nous; la troupe du Marais, qui n'était plus que l'ombre d'elle-même (au dire de Tallemant des Réaux, elle n'avait plus en 1660 « un seul bon acteur ni une seule bonne actrice »); la troupe italienne (de Scaramouche), qui jouait en italien et improvisait sur des canevas; enfin celle de Molière.

à Paris, quand, le 24 octobre 1658, sa troupe avait été admise à se produire au Louvre devant le roi et la Cour ; « les fameux comédiens qui faisaient alors si bien valoir l'Hôtel de Bourgogne, étaient présents à cette représentation » (Préface de 1682). Molière et sa troupe jouèrent d'abord *Nicomède*, une tragédie de Pierre Corneille, que les grands comédiens avaient créée en février 1651 et pour laquelle ils avaient obtenu un vif succès ; puis une farce de la composition de Molière, *le Docteur amoureux*. Si les « grands comédiens » écoutèrent en silence cette troupe de campagne s'attaquer à la grande tragédie en jouant avec une diction simple ; s'ils purent apprécier les paroles flatteuses que Molière leur adressa après la tragédie dans son *Remerciement au roi*[1], s'ils rirent même de la farce, ils s'inquiétèrent de voir le roi féliciter personnellement Molière et donner aussitôt des ordres pour que sa troupe s'établisse à Paris, une troupe composée seulement de dix acteurs et actrices, dont les noms, la veille encore, à l'exception peut-être de l'aguichante Du Parc, étaient parfaitement inconnus des Parisiens.

Or, continuant de puiser dans le répertoire tragique de l'Hôtel de Bourgogne et renouvelant le répertoire comique par des farces qu'on croyait passées de mode, la troupe de Molière se fixait chaque jour plus solidement à Paris et attirait à elle un public de plus en plus nombreux. Passe encore quand Molière, partageant la salle du Petit-Bourbon avec les Italiens, ne jouait que les « jours extraordinaires », c'est-à-dire des jours différents de ceux de l'Hôtel de Bourgogne! Mais quand les Italiens quittèrent provisoirement Paris en juillet 1659, Molière leur reprit les « jours ordinaires » : c'était entrer directement en concurrence avec l'Hôtel de Bourgogne. Pis encore! en novembre 1659, dans ses *Précieuses ridicules*, Molière, passant à l'attaque, avait osé railler la diction des grands comédiens : à quels comédiens donnerez-vous votre pièce, avait demandé Cathos au ridicule marquis de Mascarille? et celui-ci de répondre : « Belle demande! Aux grands comédiens. Il n'y a qu'eux qui soient capables de faire valoir les choses ; les autres sont des ignorants qui récitent comme l'on parle ; ils ne savent pas faire ronfler les vers et s'arrêter au bel endroit : et le moyen de connaître où est le beau vers, si le comédien ne s'y arrête et ne nous avertit par là qu'il faut faire le brouhaha » (scène IX). Il est dès lors vraisemblable que les grands comédiens n'ont pas été étrangers, vers la fin de 1660, à l'initiative du surintendant des Bâtiments, qui ordonna la démolition du Petit-Bourbon. On se débarrasserait ainsi de concurrents dangereux, en les poussant par nécessité

---

1. « La pièce étant achevée, M. de Molière vint sur le théâtre ; et, après avoir remercié Sa Majesté en des termes très modestes de la bonté qu'Elle avait eue d'excuser ses défauts et ceux de toute sa troupe, qui n'avait paru qu'en tremblant devant une assemblée si auguste, il lui dit que l'envie qu'ils avaient eue d'avoir l'honneur de divertir le plus grand roi du monde leur avait fait oublier que Sa Majesté avait à son service d'excellents originaux, dont ils n'étaient que de très faibles copies » (Préface de l'édition de 1682).

à repartir pour la province. Mais le duc d'Orléans s'évertua à maintenir la troupe de Molière à Paris en attendant qu'une nouvelle salle leur fût trouvée. Les grands comédiens tentèrent alors de disloquer la troupe et d'attirer à eux certains comédiens de Molière en leur faisant d'alléchantes propositions : les appels restèrent vains; et Molière s'installa bientôt au Palais-Royal.

Pour l'origine et l'essentiel de la querelle de *l'École des femmes*, il ne s'agit donc ni d'un « conflit littéraire » ni d'une « rivalité d'auteurs », mais bien d'une rivalité d'acteurs, d'un « conflit professionnel » (R. Bray). La Grange le confirme dans son *Registre* quand, durant l'été 1662, il note que, vexés que de mai à août le roi ait deux fois mandé la troupe de Molière à Saint-Germain, les grands comédiens sont allés solliciter la reine mère d'intervenir pour « leur procurer l'avantage de servir le roi, la troupe de Molière leur donnant beaucoup de jalousie ». On verra d'ailleurs les détracteurs de Molière s'en prendre à l'acteur, autant sinon plus qu'à l'auteur; et l'on verra comment Molière, excédé, sortira enfin de sa réserve dans *l'Impromptu de Versailles* pour administrer aux comédiens rivaux, en public et devant le roi, une bonne volée de bois vert. Dans ce même *Impromptu*, n'a-t-il pas lui-même déclaré hautement : « Le plus grand mal que je leur aie fait, c'est que j'ai eu le bonheur de plaire un peu plus qu'ils n'auraient voulu; et tout leur procédé, depuis que nous sommes venus à Paris, a trop marqué ce qui les touche » (scène V).

Aux grands comédiens se joignirent bientôt les **auteurs** de l'Hôtel de Bourgogne; certains comédiens ayant des prétentions d'auteur, la collusion était inévitable. On reprochait à Molière « de détruire la belle comédie » (*Panégyrique de « l'École des femmes »*), c'est-à-dire le genre comique noble, opposé au comique trivial de la farce. La farce, que l'on croyait depuis longtemps vouée à la disparition, n'avait dû d'épuiser ses dernières forces qu'au burlesque et au talent de quelques comédiens habiles comme Jodelet et Philipin. Et l'on s'indignait de voir que Molière, non content de ramener de province quelques vieilles farces bonnes à divertir des campagnards, engageait dans sa troupe ce même Jodelet, celui-là qui, quinze ans plus tôt, débitait, le cure-dent à la bouche, des strophes à ses dents (Scarron, *Jodelet, ou le Maître valet*) ou qui, mis à nu sur le balcon d'une belle, y recevait le contenu de deux pots de chambre (Scarron, *Dom Japhet d'Arménie*). Tout cela semblait d'un passé révolu. Scarron lui-même avait pu écrire en 1657 : « Aujourd'hui, la farce est comme abolie », et Jodelet était mort en 1660.

Mais Molière, depuis son retour à Paris, s'était mis à l'école de Scaramouche, avec lequel il partagea le Petit-Bourbon, puis le Palais-Royal. Tout en renonçant aux improvisations de la *commedia dell'arte*, il empruntait aux Italiens quelques-uns de leurs personnages facétieux ou ridicules pour les intégrer à une réalité quotidienne et universelle. Dans l'esprit de la farce, il créait un genre comique nouveau ; liant dans ses comédies des éléments empruntés à la farce à un contenu psychologique, il écrivait de plaisantes comédies de mœurs et de caractère. Faudrait-il désormais rire à gorge déployée sur de grands problèmes traités dans une comédie en cinq actes et en vers ? Auteurs et comédiens se demandaient si, pour plaire au public qui affluait chez Molière, ils ne devraient renoncer aux comédies élégantes à la manière de Corneille et de Rotrou, et engager de nouveaux Gaultier-Garguille, Gros-Guillaume et Turlupin !

Aux protestations des auteurs se mêlaient les critiques de ceux qui, comme le poète Lysidas de *la Critique,* ne comprenaient pas qu'une pièce pût réussir sans les règles et que les pièces approuvées par les **doctes** fussent désertées par le public. Au nom des bienséances et de la vraisemblance, ils épluchaient *l'École des femmes* pour rabattre le mérite de la pièce, dont ils refusaient obstinément de chercher à s'expliquer le succès.

Ils rallièrent les « précieuses façonnières[1] », qui se disaient choquées du réalisme de la pièce et de certains mots ; les fausses prudes, qui croyaient que Molière rabaissait les femmes en ne voulant voir en elles que des « animaux » ou des « diablesses » ; certains dévots aussi, qui ne comprenaient pas qu'on pût faire rire aux dépens de bons chrétiens invoquant Dieu et l'enfer.

# PREMIÈRES ATTAQUES ET RIPOSTES (JANVIER-AVRIL 1663)

S'il y eut « cabale » aux premières représentations de *l'École des femmes,* l'attaque resta néanmoins anonyme et confuse. On fronde, mais on ne se démasque pas. Au début de janvier 1663, le jeune Boileau-Despréaux écrit dans ses *Stances* adressées à Molière :

> En vain mille jaloux esprits,
> Molière, osent avec mépris
> Censurer ton plus bel ouvrage...

Le 13 janvier, rendant compte dans sa *Muse historique* de la représentation donnée le 6 devant le roi, la reine et la reine mère, le gazetier Loret témoigne, lui aussi, et du succès de *l'École des femmes* et des critiques qui lui sont faites, sans préciser la nature de ces critiques :

> On joua *l'École des femmes,*
> Qui fit rire Leurs Majestés
> Jusqu'à s'en tenir les côtés [...];

---

1. Pas toutes les précieuses ; et il est certain, par exemple, que la marquise de Rambouillet ne fut pas des adversaires de Molière, puisqu'en mars 1664 elle invitera Molière à venir jouer à son hôtel *l'École des maris* et *l'Impromptu de Versailles.*

> Pièce qu'en plusieurs lieux on fronde,
> Mais où pourtant va tant de monde
> Que jamais sujet important
> Pour le voir n'en attira tant.

Donneau de Visé écrit de même dans ses *Nouvelles nouvelles* (début de février) : « Cette pièce a produit des effets tout nouveaux ; tout le monde l'a trouvée méchante [mauvaise], et tout le monde y a couru. » Et Molière, dans la Préface de l'*École des femmes* parue en mars, commencera par ces mots : « Bien des gens ont frondé d'abord cette comédie. »

Mais bientôt les détracteurs de Molière semblent vouloir sortir du rang. **Donneau de Visé** eut la hardiesse de s'avancer le premier ; encore prit-il ses précautions et garda-t-il un apparent anonymat. Publiant en février son recueil de *Nouvelles nouvelles*, où, en quelques pages hâtivement ajoutées, il dissertait en forme de dialogue sur la carrière de Molière, et particulièrement sur l'*École des femmes*, il procédait en dosant subtilement critiques et éloges modérés. L'*École des femmes* n'obtenait grâce à ses yeux que par son succès incontestable. Il n'en passait pas moins la pièce au crible. Il en ressortait une attitude nettement défavorable, hostile même. Quels qu'aient été les mobiles qui avaient poussé Donneau de Visé à écrire ces pages, il paraissait bien informé des projets de Molière, puisqu'il était en mesure d'informer son lecteur que Molière préparait une *Critique de « l'École des femmes »*, où il dirait « toutes les fautes que l'on reprend dans sa pièce », pour pouvoir plus sûrement les excuser. Donneau de Visé ajoutait que lui-même préparait une pièce sur ce sujet.

Chacun fourbissait ses armes. Chacun s'observait : les comédiens de l'Hôtel de Bourgogne allaient voir l'*École des femmes*, et Molière se rendait à l'Hôtel de Bourgogne[1].

Pendant ce temps, Molière s'assure de puissants appuis. Henriette d'Angleterre, belle-sœur de Louis XIV, accepte la Dédicace de l'*École des femmes*, qui s'imprime (le privilège pour l'impression est du 4 février). Et le roi fait accorder à Molière une pension de mille livres. La commission chargée par Colbert d'établir la liste des pensions à donner aux gens de lettres s'est réunie le 3 février ; Chapelain y donne son jugement sur Molière : « Il a connu le caractère du comique et l'exécute naturellement ; l'invention de ses meilleures pièces est imitée, mais judicieusement ; sa morale est bonne. » Ainsi, en haut lieu, on n'a rien trouvé de scabreux à l'*École des femmes*. Quand la liste des bénéficiaires est connue (mars-avril 1663), Molière y figure avec la mention : « excellent poète comique ». Mention fort importante ; non pour l'éloge, qui, comparé à celui des autres écri-

---

**1.** Voir *la Critique*, scène VI, lignes 85-86, et l'*Impromptu*, scène première, lignes 144-145 et note 4.

vains, n'a rien que de banal[1], mais parce que tous les « beaux esprits » attendaient avec impatience de se voir sur la liste et que, comme le note La Grange, c'est « en qualité de bel esprit » que Molière reçoit cette distinction, non comme acteur ou comme chef de troupe : le « farceur » était mis au rang des Chapelain et des Corneille! De quoi mobiliser contre lui l'envie des beaux esprits dédaignés!

Pendant les semaines de Pâques, les théâtres, selon l'usage, suspendaient leurs représentations. Molière en profite pour écrire un *Remerciement au roi* (en cent deux vers) : loin d'abuser de termes hyperboliques, comme c'en était trop souvent l'habitude, il se contente de faire encore rire le roi, en raillant les marquis emplumés et enrubannés qui assiègent sa porte. Aucune allusion à *l'École des femmes*, mais le rapprochement est facile à faire : certains marquis ont fait la petite bouche à certains propos contenus dans *l'École des femmes;* ce sont eux qui, pour se faire valoir dans les ruelles et à la Cour, colportent les propos malveillants des grands comédiens. En même temps paraît en librairie *l'École des femmes* (l'achevé d'imprimer est du 17 mars); et la dédicace de Molière à la belle-sœur du roi atteste publiquement « la faveur dont il jouissait dans la jeune Cour rangée autour de la triomphante princesse » (G. Michaut). La pièce était précédée d'une Préface, où Molière confirmait les révélations de Donneau de Visé : il projetait de terminer et de jouer une *Critique de « l'École des femmes »;* pour l'heure, il se défendait d'engager le combat, s'en tenait à quelques généralités et, en bon publiciste, excitait l'appétit du lecteur en le renvoyant au prochain numéro.

## LA « CRITIQUE » ET LES CONTRE-CRITIQUES (JUIN-OCTOBRE 1663)

C'est donc finalement Molière qui prit l'offensive en formulant les « critiques officiellement inavouées » de ses adversaires, et en portant la querelle au tribunal du public. Fort de l'appui du roi, de la Cour et de ses amis, il passait outre aux menaces qui lui promettaient des « coups de bâton » s'il faisait jouer sa critique[2].

● Le vendredi 1er juin 1663, à la suite de la reprise attendue de *l'École des femmes* (elle n'avait pas été donnée depuis le 9 mars, date du début de la clôture annuelle), la troupe de Molière jouait *la Critique de « l'École des femmes »*. Inaugurant le pamphlet dramatique, Molière cherchait surtout à mettre les rieurs de son côté. Il ne peut répondre

---

1. Chapelain y est désigné comme « le plus grand poète français qui ait jamais été, et du plus solide jugement » (3 000 livres); Desmarets de Saint-Sorlin, comme « le plus fertile auteur et doué de la plus belle imagination qui ait été jamais » (1 200 livres); Benserade, comme un « poète français fort agréable » (1 500 livres); et Pierre Corneille, comme le « premier poète dramatique du monde » (2 000 livres); 2. Donneau de Visé, *Zélinde*, scène VI (lettre de Licaste).

directement à ses détracteurs, puisque, hormis Donneau de Visé, ils s'en tiennent jusqu'ici à faire circuler des critiques orales. Mais, contraint à ne défendre que des points de détail ou à rester dans les généralités, il utilise les temps morts pour exposer ses principes. Il reprend aussi sa satire contre les marquis; il leur adjoint les beaux esprits, les pédants, les faux dévots, les précieuses façonnières, les prudes hypocrites, c'est-à-dire tous ceux qui lui semblent avoir participé à la cabale montée contre *l'École des femmes* : maladresse certaine! Car le succès de *la Critique*, exaspérant la fureur des mécontents, va désormais unir tous ces gens-là aux auteurs rivaux, aux comédiens de l'Hôtel de Bourgogne, que Molière, au passage, n'a pas manqué d'égratigner (scène VI, lignes 88-90), et à tous ceux qui, à tort (comme Boursault) ou à raison (comme Corneille), se sont crus visés par telle ou telle allusion. Déjà certains bruits circulent, incontrôlables : Molière aurait été malmené dans la rue par le chevalier d'Armagnac, grand écuyer de France et prince lorrain, qui lui aurait fait tourner la perruque sur la tête; et le duc de La Feuillade, croyant que Molière avait voulu le jouer dans le Marquis de *la Critique*, se serait approché de lui à Versailles et lui aurait frotté rudement le visage contre les boutons de son habit en s'écriant joyeusement : « Tarte à la crème! Tarte à la crème! »

● La verve de Molière semblait s'être aussi exercée contre le seul qui avait critiqué ouvertement *l'École des femmes*, Donneau de Visé, que ses *Nouvelles nouvelles* venaient de pousser dans le monde littéraire. Sans que le portrait fût exact, le poète Lysidas de *la Critique* empruntait de nombreux traits à l'auteur des *Nouvelles nouvelles*. Ce fut donc Donneau de Visé qui riposta le premier. Avant même la représentation de *la Critique*, n'avait-il pas annoncé qu'il répondrait à Molière? La contre-attaque se fit attendre deux mois : Donneau de Visé avait peut-être perdu du temps à vouloir faire représenter sa réplique, à laquelle il avait donné la forme d'une comédie en un acte et en prose. Le 15 juillet 1663, il prenait enfin un privilège; et en août (l'achevé d'imprimer est du 4) paraissait *Zélinde, ou la Véritable Critique de « l'École des femmes », et la critique de « la Critique »*; l'ouvrage était anonyme, ce qui jadis l'a fait attribuer, à tort, à l'acteur Villiers.

Dépité par le tour qu'avaient pris les événements, Donneau de Visé accentuait ses critiques contre *l'École des femmes* : plus de ménagement cette fois; tout était considéré comme blâmable dans cette « méchante comédie ». Donneau cherchait en outre à provoquer la vindicte publique en coalisant contre Molière tous ceux qui avaient pu se croire atteints par ses railleries : l'abbé d'Aubignac, les honnêtes femmes que certains passages de *l'École* avaient pu choquer, les marquis et avec eux tous les gens de qualité, les dévots, les comédiens, les auteurs et avec eux tous ceux qui s'intéressaient au théâtre et que Donneau accusait Molière d'avoir ridiculisés en la personne de Lysidas.

Trois jours plus tard (l'achevé d'imprimer est du 7 août), fort de la garantie morale de la reine mère, à laquelle il avait dédié sa pièce, Molière publiait sa *Critique*.

● Cependant, les comédiens de l'Hôtel de Bourgogne, loin de désarmer, restaient à la tête des adversaires de Molière. Menacés de se voir dépossédés du privilège de divertir la Cour et malmenés par Molière, ils décidèrent de riposter sur leur propre théâtre. Soutenus par Corneille, qui protégeait Boursault, ils persuadèrent ce jeune homme qui hantait le monde du théâtre de riposter au nom de tous : sa carrière dépendait de son acceptation[1]. On lui fit croire que Molière l'avait joué sous le nom de Lysidas. Peut-être flatté, comme Lysidas (*la Critique*, fin de la scène VI), d'attirer sur lui l'attention de Molière et n'ayant « rien à perdre » dans cette querelle[2], il se mit au travail et parodia *la Critique*[3] dans *le Portrait du peintre, ou la Contre-Critique de « l'École des femmes »*. Cette comédie en un acte et en vers fut jouée à l'Hôtel de Bourgogne vers le 10 octobre 1663.

## « L'IMPROMPTU DE VERSAILLES » ET LA GUERRE DES IMPROMPTUS (NOVEMBRE-DÉCEMBRE 1663)

● « Le peintre » étant le sobriquet donné à Molière par ses adversaires, Molière voulut aussitôt aller voir quel « portrait » les grands comédiens faisaient de lui. Lors de cette « visite », il aurait été, selon Donneau de Visé, presque hué; selon Chevalier, confirmé par Molière (*l'Impromptu*, scène V), il aurait fait bonne contenance et ri avec le public. Un fait certain : l'attaque de Boursault visait personnellement Molière. Il fallait répondre; et Molière promit de ne pas tarder :

> Ayant de notre peintre attaqué la vertu,
> Quelqu'un lui demanda : « Molière, qu'en dis-tu? »
> Lui, répondit d'abord, de son ton agréable :
> « Admirable, morbleu! du dernier admirable!
> Et je me trouve si tellement bien tiré
> Qu'avant qu'il soit huit jours, certes, j'y répondrai[4]. »

---

1. La petite-fille de Boursault rapportera elle-même plus tard : « On l'obligea, presque malgré lui, à faire la critique d'une des plus belles comédies de Molière [...]. Ce fut pour obéir à ceux qui l'y avaient engagé et à qui il ne pouvait rien refuser, qu'il fit jouer en 1663 sa comédie du *Portrait du peintre* »; 2. Molière écrit de Boursault dans *l'Impromptu de Versailles* (scène v) : « Il m'attaque de gaieté de cœur, pour se faire connaître de quelque façon que ce soit. C'est un homme qui n'a rien à perdre; et les comédiens ne me l'ont déchaîné que pour m'engager à une sotte guerre »; 3. Voir *l'Impromptu de Versailles*, scène v, lignes 103-105. Boursault reprenait là une idée de la *Zélinde* (voir Documents, page 143), où l'un des personnages projetait de faire louer *l'École des femmes* par ceux-là mêmes qui la désapprouvaient dans *la Critique* : une précieuse, des courtisans ridicules et un poète; 4. *Les Amours de Calotin*, I, III. Le quatrième vers est emprunté au *Portrait du peintre* (scène VII), où il est dit par un admirateur ridicule de *l'École des femmes*.

On ne sait avec précision si Molière mit moins ou plus de huit jours à préparer sa réponse; car la date de la représentation du *Portrait du peintre* est déduite de celle de *l'Impromptu de Versailles*. Mais la riposte fut « foudroyante » de « mépris » (G. Michaut). Il ne répond pas seulement à ses adversaires : il les nargue. Lui a-t-on reproché d'être un mauvais tragédien et un piètre auteur tragique? Il fait précéder sa réponse de la reprise de *Dom Garcie de Navarre*, pièce sérieuse que l'on croyait définitivement condamnée. Des médisances ont-elles circulé sur Armande Béjart et sur lui? Il évoque en public son récent mariage et rend le public témoin d'une scène de ménage. L'a-t-on accusé de faire des personnalités? Il attaque directement Boursault en le couvrant de ridicule, il ne ménage pas Corneille, il parodie sur la scène les grands comédiens et raille leur vanité d'acteurs.

Sa pièce, comme il l'avait promis, fut « improvisée » en quelques jours[1]. Louis XIV, d'ailleurs, avait mandé « par ordre » la troupe de Molière à Versailles pour la seconde quinzaine d'octobre, et, selon le propre témoignage de Molière, il lui avait demandé d'inclure dans son programme sa réponse au *Portrait du peintre* pour divertir la Cour de ce nouvel épisode de ce qu'on appelait déjà la « guerre comique ». *L'Impromptu* de Molière fut ainsi représenté pour la première fois à Versailles — d'où son nom — probablement le 18 ou le 19 octobre 1663[2]. Riposte habile, puisque, en incluant la comédie dans la comédie, Molière faisait paraître ses comédiens autour de lui et les rendait solidaires de leur chef. Quant au coup porté par Molière à ses ennemis, il était d'autant plus rude que Molière répétait n'agir que sur l'ordre du roi, et que c'était de Versailles même qu'il leur lançait sa réponse. Sans vouloir profiter de son avantage, il déclarait pourtant publiquement que cette « sotte guerre » avait assez duré, qu'il ne perdrait plus son temps à répliquer. Et il terminait par une protestation véhémente, où il adjurait tous ses adversaires de ne plus franchir certaines « bornes » : « Je leur abandonne de bon cœur mes ouvrages, ma figure, mes gestes, mes paroles, mon ton de voix et ma façon de réciter [...]. Mais, en leur abandonnant tout cela, ils me doivent faire la grâce de me laisser le reste et de ne point toucher à des matières de la nature de celles sur lesquelles on m'a dit qu'ils m'attaquaient dans leurs comédies. »

● Molière tint parole de ne plus « faire aucune réponse à toutes leurs critiques et leurs contre-critiques » (scène V). Et s'il transporta son *Impromptu* à Paris (première représentation au Palais-Royal le 4 novembre), il s'interdit de le publier. Ses victimes ne l'imitèrent pas.

---

1. Voir *l'Impromptu de Versailles*, scène première, ligne 69, où Molière lui-même le « huit jours »; 2. C'est par erreur, selon R. Bray et G. Mongrédien, que l'édition de 1682 donne la date du 14 octobre. Le roi n'arriva en effet à Versailles que le 15 octobre (et en repartit le 23); Molière joua donc entre le 15 et le 22 octobre. Si l'ordre des représentations indiqué par La Grange est exact, *l'Impromptu* ne put être joué que le 18 ou le 19.

Le premier à intervenir fut, en novembre 1663, l'acteur **Mont-fleury**; il ne pardonnait pas à Molière de l'avoir ridiculisé à Versailles dans *l'Impromptu*. Il écrivit au roi un placet où il accusait Molière d'avoir épousé la fille (Armande Béjart) de sa maîtresse (Madeleine Béjart) : l'inceste était sous-entendu. La réponse du roi en dit long sur ce qu'il pensait de ces basses calomnies : en ce même mois de novembre, Molière était admis à son « lever », et, d'après le témoignage de Racine, qui se trouvait auprès de lui, le roi « lui donna assez de louanges »; mieux, trois mois plus tard, le roi sera le parrain du premier enfant de ce mariage incriminé[1].

Au tour de **Boursault** d'intervenir : à la fin de novembre (l'achevé d'imprimer est du 17 novembre 1663), Boursault publiait son *Portrait du peintre*, peut-être édulcoré, mais précédé d'une préface où il protestait de l' « outrage » que lui avait fait Molière dans *l'Impromptu*, qualifié de « galimatias » : aucun « honnête homme », disait-il, ne se serait permis de se venger de la sorte, à coups d' « injures[2] ».

Boursault allait-il reprendre le combat ? Sa « réponse » fut annoncée. Mais, comme il hésitait ou tardait, le fils de l'acteur **Montfleury** se substitua à lui (troisième intervention). En attendant que sa pièce fût prête (Montfleury n'écrivait qu'en vers), les comédiens de l'Hôtel de Bourgogne acceptèrent une petite comédie du premier adversaire déclaré de Molière, **Donneau de Visé**, la *Réponse à « l'Impromptu de Versailles », ou la Vengeance des marquis* (quatrième intervention). Cette comédie en prose, à la rédaction de laquelle l'acteur Villiers a peut-être collaboré, aurait, selon les dires de Donneau de Visé, été écrite en « un jour et demi »; elle fut représentée à l'Hôtel de Bourgogne à la fin de novembre 1663, et elle eût pu s'appeler « la Vengeance des comédiens » : au cours d'une conversation sur *l'Impromptu de Versailles*, que les personnages de la pièce viennent d'aller voir représenter, Donneau de Visé se livre à une satire personnelle, plus violente que celle de *Zélinde*, et où il s'en prend à la troupe du Palais-Royal autant qu'à Molière (pour la première fois, on y trouvait une allusion directe aux infidélités prétendues d'Armande Béjart). Heureusement pour Molière, cette pièce était d'une lamentable platitude. Au début de décembre 1663, Donneau de Visé publiait des *Diversités galantes*, dédiées au duc de Guise, le protecteur de Corneille et le sien, dans lesquelles, outre la *Réponse à « l'Impromptu de Versailles »*, était incluse une curieuse *Lettre sur les affaires du théâtre* : Donneau de Visé intervenait une dernière fois dans la querelle pour

---

1. Le baptême de Louis Molière eut lieu le 28 février 1664 à Saint-Germain-l'Auxerrois. Le parrain (le roi) y fut représenté par le duc de Créqui, et la marraine (Henriette d'Angleterre) par la maréchale de Choiseul; 2. Il est certain, comme le redira Donneau de Visé dans sa *Réponse à « l'Impromptu de Versailles »* (scène II), que Molière avait eu tort de blâmer en Montfleury « plus la nature que le comédien ». « Je ne crois pas, affirmera Donneau, que cette vengeance sente l'honnête homme; et elle marque plus d'aigreur que d'esprit. »

répéter ses accusations insidieuses contre Molière, comme celle d'avoir, dans *l'École des femmes*, outragé la religion; il y ajoutait qu'en attaquant les marquis Molière avait cherché à discréditer la noblesse tout entière, « l'appui et l'ornement de l'État[1] ».

● Bien que Donneau de Visé, pris de quelque scrupule ou de quelque crainte, ait protesté n'avoir jamais voulu attaquer Molière « dans sa vie privée », c'était l'homme, et non plus seulement l'auteur, que l'on voulait atteindre. Il fallut le fils de Montfleury pour que la querelle revînt sur un terrain purement littéraire et reprît la forme d'une joute entre deux troupes rivales.

Le 11 décembre, à l'occasion du mariage du duc d'Enghien et d'Anne de Bavière, Molière avait joué à l'Hôtel de Condé, devant le roi, la reine, Monsieur et Madame, *la Critique* et *l'Impromptu de Versailles*[2]. Le jeune duc, à qui Boursault avait dédié son *Portrait du peintre*, souhaita — du moins, on le suppose — que, pour que les parties fussent égales, un auteur répondît à *l'Impromptu* en le parodiant comme Boursault avait fait pour *la Critique*. Le jeune auteur Montfleury, qui avait à venger l'honneur de son père, avait déjà préparé une réponse à Molière : on s'en empara; et, dès le 16 décembre, son *Impromptu* fut présenté à l'Hôtel de Condé (d'où son nom d'*Impromptu de l'Hôtel de Condé*). Il fut repris peu après (fin décembre) à l'Hôtel de Bourgogne[3]. On remarquait que Montfleury attaquait encore l'auteur de *l'École des femmes*, de *la Critique* et de *l'Impromptu de Versailles*, mais surtout l'acteur, et particulièrement le tragédien.

## LES DERNIERS ÉCHOS DE LA QUERELLE (JANVIER-MARS 1664)

Bien que tout semblât avoir été dit, tout n'était cependant pas terminé. Malgré le silence obstiné de Molière, de nouveaux renforts vont prolonger encore quelques mois la querelle. C'est ainsi qu'en janvier 1664 paraissait en librairie un *Panégyrique de « l'École des femmes »*, ou *Conversation comique sur les œuvres de M. de Molière*, dû au futur gazetier Charles Robinet. « Ce sera, si tu veux, disait-il au lecteur, moutarde après dîner; en effet, c'est parler, ce semble, d'une chose lorsque

---

1. « Quoi! avoir tant de mépris pour des personnes qui ont tant de fois, et si généreusement, exposé leur vie pour la gloire de leur prince! et tout cela, pour ce que leur qualité demande qu'ils soient plus ajustés que les autres, et qu'ils y sont obligés pour maintenir l'éclat de la plus brillante cour du monde et pour faire honneur à leur souverain! » Voir *l'Impromptu*, scène v, lignes 167-169 : Donneau ne faisait, après tout, que renvoyer la balle à Molière!; 2. Déjà, du 29 septembre au 5 octobre, la troupe de Molière avait joué chez le prince de Condé à Chantilly; parmi les pièces représentées figuraient *l'École des femmes* et *la Critique*; 3. Avec assez peu de vraisemblance, on inverse généralement les faits (G. Mongrédien) : *l'Impromptu* de Montfleury aurait d'abord été représenté le 16 décembre à l'Hôtel de Bourgogne, puis à l'Hôtel de Condé par la troupe du prince.

l'on n'en dit plus mot, et, selon le proverbe, réveiller le chat qui dort. » En réalité, ce prétendu *Panégyrique* — le titre avait été imposé par l'éditeur, et ce n'était qu'une diatribe — avait été composé avant la représentation, à Paris, de *l'Impromptu de Versailles* (le privilège datait du 30 octobre); mais l'éditeur, comme l'apprend Robinet à son lecteur, en avait, pour des raisons qu'on ignore, retardé de « trois mois » la parution (l'achevé d'imprimer était du 30 novembre). Ce dialogue en prose offrait un débat contradictoire : deux jeunes filles désiraient « savoir si leurs futurs époux n'étaient point infectés des maximes de *l'École des maris* et de celle *des femmes*, si désavantageuses au sexe »; un défenseur et un détracteur de Molière parlaient successivement; tous deux s'accordaient finalement pour condamner Molière. Rien de neuf ici; mais une reprise de la plupart des griefs adressés depuis un an à *l'École des femmes*.

Molière préparait alors son *Tartuffe;* et, le 29 janvier 1664, il faisait représenter dans l'appartement de la reine mère, au Louvre, une nouvelle comédie-ballet, *le Mariage forcé*, où Louis XIV parut en personne sous le costume d'un Égyptien. Pensait-il encore à la « querelle »? Deux pièces vont répondre pour lui. Car, fait significatif, les deux derniers documents intéressant directement la querelle de *l'École des femmes* viennent non des détracteurs de Molière, mais de ses défenseurs. Ce fut d'abord un acteur du Marais et auteur dramatique, Jean Simonin, dit Chevalier. Il consacra à Molière le prologue de ses *Amours de Calotin* : il y reprenait, en les résumant, les arguments de ses adversaires pour les tourner en ridicule. Cette comédie en trois actes et en vers fut jouée au Marais au début de 1664 (peut-être dès la fin de 1663) et imprimée en février 1664. Puis un auteur, par ailleurs inconnu, Philippe de La Croix (un pseudonyme, pense-t-on), publia en mars 1664 un dialogue en prose intitulé *la Guerre comique, ou la Défense de « l'École des femmes »* : tardive défense certes, mais le seul ouvrage pourtant qui fût « un plaidoyer sincère, fort complet et fort adroit, en faveur de l'œuvre de Molière » (Van Vrée). La victoire restait ainsi à Molière. Comme le disait Chevalier dans ses *Amours de Calotin* (acte premier, scène II) :

> Pour plaire aujourd'hui,
> Il faut être Molière, ou faire comme lui.

## LES CONSÉQUENCES DE LA QUERELLE

Ainsi se termina la « guerre comique » de 1663 entre l'Hôtel de Bourgogne et le Palais-Royal. Peut-être, comme le prétendit un des personnages des *Amours de Calotin*, tout ce bruit autour de *l'École des femmes* n'avait-il eu pour but que de « faire rire » : les auteurs ne se seraient efforcés de se faire le plus de mal possible entre eux que pour attirer au théâtre un public plus nombreux et pour gagner de l'argent. C'est une façon de voir les choses. En tout cas, la querelle de *l'École des femmes* montre à quel point le théâtre passionnait la société au début de la seconde partie du XVIIᵉ siècle. Elle a certainement contribué à accroître encore le goût du public pour le théâtre. Tant de passions soulevées par une pièce ou à propos d'une pièce montrent également la place que désormais occupe Molière dans la vie théâtrale. Molière y a gagné d'assurer à sa troupe une place prépondérante à la ville comme à la Cour. En mai 1664, le roi lui commandera d'animer aux fêtes de Versailles « les plaisirs de l'Ile enchantée »; et, l'année suivante (août 1665), il demandera à son frère de lui céder ses comédiens, qui deviendront ainsi « troupe du Roi ». Molière y a gagné pour lui-même de solides appuis. Il a été amené, pour répondre à ses adversaires, à définir les principes de son art dramatique. Enfin, de « farceur » qu'il était, il est devenu un « poète comique » reconnu.

*L'École des femmes*, on l'a vu, n'avait été qu'un prétexte. Mais si les auteurs vont bientôt faire la paix (Corneille et Donneau de Visé deviendront les fournisseurs de Molière), la rivalité entre l'Hôtel de Bourgogne et le Palais-Royal n'est pas apaisée; en 1670, les grands comédiens susciteront contre Molière une venimeuse satire, *Élomire hypocondre*, prouvant par là qu'ils n'avaient pas désarmé. Il reste aussi à Molière de sournois ennemis, cachés sous le masque de la dévotion; ils n'attendent qu'une occasion plus favorable pour agir en force. Ils n'auront guère longtemps à attendre : à ces fêtes de Versailles de mai 1664, Molière jouera *la Princesse d'Élide*... et les trois actes de *Tartuffe*.

Molière entre dans l'ère des luttes âpres et violentes.

# III. LES ARGUMENTS

*Cette étude se limite aux œuvres représentées ou publiées en 1663; presque toutes les références renvoient à des textes contenus dans le présent volume.*

*Parmi les critiques adressées à Molière, il en est qui ont été formulées par Molière lui-même, avant que ses adversaires l'eussent fait : c'est qu'il reprend des critiques exprimées oralement. En revanche, maintes critiques générales ont été adressées à Molière avant l'École des femmes et sont reprises en 1663. Molière juge inutile d'y répondre.*

Abréviations :

*Stances* : Stances à Molière, de Boileau.
*Nouv.* : Nouvelles nouvelles, de Donneau de Visé.
*Zél.* : Zélinde, de Donneau de Visé.
*Cr.* : la Critique de « l'École des femmes », de Molière.
*Port.* : le Portrait du peintre, de Boursault.
*Impr.* : l'Impromptu de Versailles, de Molière.
*Cond.* : l'Impromptu de l'Hôtel de Condé, de Montfleury.
*Panég.* : Panégyrique de « l'École des femmes », de Robinet.

Le chiffre romain qui suit une référence renvoie au numéro de la scène.

## CRITIQUES ET RÉPONSES

● *Critiques d'ordre littéraire.*

**a)** *L'École des femmes* est une **« rapsodie »**, que « tout le monde » a trouvée mauvaise; d'ailleurs, « l'auteur n'entend pas le théâtre » *(Nouv.; Zél.,* III; *Cr.,* III; *Port.,* VIII).
   *Réponse :*

> Si tu savais un peu moins plaire,
> Tu ne leur déplairais pas tant *(Stances).*

   « Cette comédie est une des plus plaisantes que l'auteur ait écrites » *(Cr.,* III).

**b)** Ces sortes de comédies, si loin de « la beauté des pièces sérieuses », ne sont que des **« bagatelles »**; elles ne doivent leur succès qu'à l'« adresse » de leur auteur, qui sait flatter « les mauvais goûts du siècle » *(Nouv.; Cr.,* VI).
   *Réponse :* La comédie est aussi difficile et peut-être plus difficile à faire que la tragédie; et « c'est une étrange entreprise que celle de faire rire les honnêtes gens » *(Cr.,* VI; *Impr.,* I).

**c)** Le **titre** : la pièce est « mal nommée »; c'est plutôt une seconde « école des maris » *(Nouv.).*

**d)** Absence d'originalité et **plagiat** : son œuvre comique est composée de bons mots qui ont déjà couru partout, notamment dans les vieilles farces *(Cond.,* IV); et l'« impertinent *le* » d'Agnès, qui a fait le succès de la pièce, a été « pris dans une vieille chanson » *(Zél.,* VIII). Il emprunte aux autres ce qu'il a de meilleur : il a puisé dans les « vieux bouquins », dans les canevas d'Arlequin, Trivelin et Scaramouche, ces Italiens avec qui il joue *(Zél.,* VIII); il transcrit les « mémoires » que lui remettent les « gens de qualité » *(Nouv.; Zél.,* VI et VIII). Le sujet de *l'École des femmes* n'est même pas de son invention : il est tiré de Boccace, de Scarron et, pour « ce qu'il y a de plus beau », du conteur italien Straparole *(Nouv.; Zél.,* VIII). Quand il n'emprunte pas, il se copie lui-même; et *l'École des femmes* ne fait que reprendre *l'École des maris (Nouv.).* A force même de se répéter, il sera bientôt épuisé *(Zél.,* VI; *Impr.,* IV).

**e)** Les **règles** : « ceux qui possèdent Aristote et Horace voient [...] que cette comédie pèche contre toutes les règles de l'art » *(Cr.,* VI).
   *Réponse :* « Elle ne pèche contre aucune des règles dont vous parlez »; « peut-être n'avons-nous point de pièce au théâtre plus régulière que celle-là » *(Cr.,* VI).

**f)** Les **invraisemblances** :
   1° Le **lieu** : toutes les scènes se passent dans la rue; or il n'y a de passants que les personnages de la pièce; est-il vraisemblable qu'un barbon qui garde jalousement une jeune fille la fasse venir dans la rue pour lui parler, et lui parler de mariage? Est-il normal qu'Arnolphe, de retour de voyage, n'entre jamais chez lui et donne en pleine rue ses recommandations à ses serviteurs? *(Zél.,* III et VIII; *Cond.,* IV);
   2° Arnolphe (acte premier, scène IV) remet « trop librement » son argent à Horace *(Zél.,* III; *Cr.,* VI).
   *Réponse :* « La lettre de son meilleur ami lui est une caution suffisante » *(Cr.,* VI);
   3° « Pendant tout le temps qu'elle paraît niaise, Agnès s'exprime en bien des endroits avec des termes qu'il est impossible qu'elle sache » *(Zél.,* VIII). Comment, élevée pour rester ignorante, a-t-elle su écrire une longue lettre à Horace et a-t-elle eu assez d'esprit pour trouver le subterfuge du « grès », qui lui permet de la lui faire parvenir? *(Zél.,* VIII; *Port.,* VIII);
   4° Ce subterfuge est lui-même invraisemblable. Jette-t-on un gros pavé dans la rue? et quelle idée pousse Horace à revenir vers ce pavé qu'on lui a jeté pour le chasser? *(Zél.,* III);
   5° Arnolphe « ne soutient pas son caractère » quand il enseigne à Agnès ce qu'il a pris soin jusque-là de lui cacher; quel intérêt a-t-il à lui apprendre « comment se gouvernent les femmes coquettes »? *(Zél.,* III);

6° Il est invraisemblable qu'Horace continue de prendre Arnolphe comme confident, puisque ce dernier ne lui témoigne que de la froideur (*Zél.*, III);

7° Comment admettre la scène (acte IV) où Arnolphe ne voit ni n'entend le notaire, alors que ce dernier dialogue avec lui? (*Zél.*, III; *Port.*, VIII).

**g) L'action :**

1° « C'est le sujet le plus mal conduit qui fût jamais » (*Nouv.*);

2° « Dans cette comédie-ci, il ne se passe point d'actions, et tout consiste en des récits que vient faire ou Agnès ou Horace » (*Cr.*, VI; *Panég.*, V).

> *Réponse :* « Il n'est pas vrai de dire que toute la pièce n'est qu'en récits. On y voit beaucoup d'actions qui se passent sur la scène, et les récits eux-mêmes y sont des actions »; « ils sont tous faits innocemment, ces récits, à la personne intéressée, qui par là entre, à tous coups, dans une confusion à réjouir les spectateurs, et prend, à chaque nouvelle, toutes les mesures qu'il peut pour se parer du malheur qu'il craint » (*Cr.*, VI);

3° « La scène du valet et de la servante au-dedans de la maison » (acte premier, scène II) est « d'une longueur ennuyeuse et tout à fait impertinente » (hors sujet) [*Cr.*, VI; *Port.*, VIII].

> *Réponse :* « De même qu'Arnolphe se trouve attrapé, pendant son voyage, par la pure innocence de sa maîtresse, il demeure, au retour, longtemps à sa porte par l'innocence de ses valets, afin qu'il soit partout puni par les choses qu'il a cru faire la sûreté de ses précautions » (*Cr.*, VI);

4° Chrysalde et le notaire sont des personnages « inutiles » (*Zél.*, III);

5° Le dénouement : il est on ne peut plus romanesque; on accepte le retour opportun d'Oronte, père d'Horace; mais comment admettre qu'on fasse venir d'Amérique un personnage jusqu'alors inconnu, pour faire de lui le père d'Agnès? (*Zél.*, III; *Port.*, VIII).

**h)** *L'École des femmes* est une comédie pleine de **« fadaises » :** « pas le moindre grain de sel », mais des plaisanteries « assez froides », « d'un goût détestable », et des comparaisons d'une vulgarité repoussante (*Cr.*, III et VI; *Port.*, VIII). Exemples : « les enfants par l'oreille » (*Cr.*, III et VI), « tarte à la crème » (*Cr.*, III et VI), les « puces » qui, la nuit, ont inquiété Agnès (*Port.*, VIII), « la femme est le potage de l'homme » (*Cr.*, III; *Port.*, IV).

> *Réponse :* Pour ce qui est des *enfants par l'oreille* [...], l'auteur n'a pas mis cela pour être de soi un bon mot, mais seulement pour une chose qui caractérise l'homme et peint d'autant mieux son extravagance, puisqu'il rapporte une sottise trivale qu'a dite Agnès comme la chose la plus belle du monde, et qui lui donne une joie inconcevable » (*Cr.*, VI).

**i)** *L'École des femmes* est un **« poème bouffon »** (*Port.*, VIII), et Molière l'« auteur burlesque d'aujourd'hui » (*Cond.*, III).

Quelques exemples de bouffonneries :

1° La scène (acte II, scène II) où Alain et Georgette tombent tant de fois à genoux dans la boue, et où Arnolphe jette son chapeau et son manteau (*Zél.*, VIII; *Cond.*, IV);

2° Arnolphe est ridicule (acte II, scène V) quand, à la nouvelle énoncée par Agnès : « Le petit chat est mort », il répond : « Nous sommes tous mortels » (*Port.*, VIII);

3° Arnolphe est encore ridicule (acte III, scène II) quand il parle « en théologien à la personne du monde qu'il croit la plus innocente » (*Zél.*, III);

4° Arnolphe tombe dans un comique « outré » (acte V, scène IV) quand il « explique à Agnès la violence de son amour »; lui, « qui paraît si sérieux en tant d'endroits, devient bouffon par amour (*Cr.*, VI; *Cond.*, IV).

> *Réponse :* C'est « la satire des amants » dans la violence de la passion; « les honnêtes gens même et les plus sérieux, en de pareilles occasions », n'échappent pas au ridicule (*Cr.*, VI).

**j)** L'auteur de *l'École des femmes* est un **mauvais poète :** « mots impropres », « fautes de construction » (*Zél.*, III); « des vers dont la plupart n'ont guère plus de cadence ni d'harmonie que ceux des airs du Pont-Neuf » (*Panég.*) et qui, « sur le papier, perdent leur agrément » (*Cond.*, IV).

● *Critiques d'ordre moral et social.*

**a)** *L'École des femmes* est une pièce **indécente**, « qui tient sans cesse la pudeur en alarme et salit à tous moments l'imagination »; « une honnête femme ne saurait la voir sans confusion », tant il y a, « à visage découvert », d'« ordures », de « saletés » et d'« obscénité » (*Zél.*, III et VIII; *Cr.*, III et VI; *Port.*, IV; *Panég.*, V).

> *Réponse* : « Je ne sais pas ce que vous y avez trouvé qui blesse la pudeur », etc. (*Cr.*, III).

**b)** On reproche particulièrement à Molière l'**équivoque scandaleuse du** « **le** » d'Agnès, quand elle « dit ce qu'on lui a pris »; « ce *le* est insolent au dernier point », « il a une obscénité qui n'est pas supportable » (*Zél.*, III et VIII; *Cr.*, III; *Port.*, IV; *Panég.*, V).

> *Réponse* : « Que trouvez-vous là de sale? » (*Cr.*, III). Agnès « ne dit pas un mot qui de soi ne soit fort honnête; et si vous voulez entendre dessous quelque autre chose, c'est vous qui faites l'ordure, et non pas elle, puisqu'elle parle seulement d'un ruban qu'on lui a pris » (*Cr.*, VI). — La mauvaise foi de Molière est ici évidente (voir *Zélinde*, scène VI, lettre de Licaste); il esquive d'ailleurs une réponse plus précise, et passe aussitôt à l'attaque des précieuses.

**c)** Arnolphe remet cent pistoles à Horace (acte premier, scène IV) : « Puisque c'est le personnage ridicule de la pièce, fallait-il lui faire faire l'action d'un honnête homme? » (*Cr.*, VI).

> *Réponse* : « Il n'est pas incompatible qu'une personne soit ridicule en de certaines choses et honnête homme en d'autres » (*Cr.*, VI).

**d)** *L'École des femmes* contient des **« satires désobligeantes »** (*Zél.*, VIII; *Cr.*, VI; *Panég.*, IV-V-VI).

> *Réponse* : « Ces sortes de satires tombent directement sur les mœurs, et ne frappent les personnes que par réflexion. N'allons point nous appliquer nous-mêmes les traits d'une censure générale » (*Cr.*, VI).

1° Ainsi Molière dit des injures aux **femmes** en les appelant des « animaux » (*Zél.*, VIII; *Cr.*, VI).

> *Réponse* : Arnolphe n'est pas Molière; et quand Molière prête ce terme à Arnolphe, c'est un personnage ridicule qu'il fait parler (*Cr.*, VI).

2° « Il satirise même les femmes de bien » en leur donnant « le titre d'honnêtes diablesses » (*Impr.*, V).

> *Réponse* : « Les injures des amants n'offensent jamais » (*Cr.*, VI).

3° Il s'attaque encore aux **« précieuses »** (*Zél.*, VIII); il « ne veut pas que les femmes aient de l'esprit »; « il condamne toutes nos expressions élevées, et prétend que nous parlions toujours terre à terre » (*Impr.*, V). Il s'en prend également aux **« coquettes »** et aux **« prudes »** (*Impr.*, V).

> *Réponse* : « L'honnêteté d'une femme n'est pas dans les grimaces [...]. Je ne vois rien de plus ridicule que cette délicatesse d'honneur qui prend tout en mauvaise part, donne un sens criminel aux plus innocentes paroles et s'offense de l'ombre des choses. Croyez-moi, celles qui font tant de façons n'en sont pas estimées plus femmes de bien » (*Cr.*, III). Et pourquoi certaines femmes sont-elles « plus chastes des oreilles que de tout le reste du corps » (*Cr.*, V)? Quant aux « prudes », ne sont-elles pas ridicules, « celles qui, étant sur le retour de l'âge, veulent remplacer de quelque chose ce qu'elles voient qu'elles perdent, et prétendent que les grimaces d'une pruderie scrupuleuse leur tiendront lieu de jeunesse et de beauté »? (*Cr.*, V).

4° Molière ne cesse de ridiculiser les **marquis;** et il est « bien hardi de jouer les personnes de naissance » (*Zél.*, VIII). « Toujours des marquis! » (*Impr.*, V).

> *Réponse* : Ne sont-ils pas des « extravagants », des « fainéants de cour », qui « affectent », « à dessein formé », un langage « ridicule » et ne sont que de « mauvais plaisants » (*Cr.*, I)? « Marquis de Mascarille », pour la plupart, ils « décident toujours et parlent hardiment de toutes choses, sans s'y connaître » (*Cr.*, V). Le marquis est devenu un « type », comme le valet bouffon l'était dans les « comédies anciennes » : c'est « le plaisant de la comédie » (*Impr.*, I).

5° Molière fait des « **personnalités** » (*Port.*, IV).

*Réponse* : « Son dessein est de peindre les mœurs sans vouloir toucher aux personnes; [...] tous les personnages qu'il représente sont des personnages en l'air », etc. (*Impr.*, IV).

● **Critiques d'ordre religieux.**

« Cette *École* est pleine d'impiété » (*Panég.*, V). Molière fait rire d'un « sermon » (acte III, scène II); or, le seul nom de « sermon » mérite « du respect »; « et qui veut qu'on en rie en a ri le premier » (*Port.*, VIII). « Le sermon et les *Maximes* [...] choquent même le respect que l'on doit à nos mystères » (*Cr.*, VI; et cf. *Zél.*, III). On reproche particulièrement à Molière d'évoquer de façon ridicule les « chaudières bouillantes » des « enfers » (*Cr.*, VI).

*Réponse* : Molière se défend du reproche d'impiété par la garantie morale de la reine mère, à laquelle il a dédié *la Critique de « l'École des femmes »*; la reine prouve, en ne dédaignant pas « de rire de cette même bouche dont Elle prie si bien Dieu », que « la véritable dévotion n'est point contraire aux honnêtes divertissements » (Dédicace). Quant au sermon, « de vrais dévots qui l'ont ouï n'ont pas trouvé qu'il choquât le respect que l'on doit à nos mystères »; et les « paroles d'*enfer* et de *chaudières bouillantes* sont assez justifiées par l'extravagance d'Arnolphe et par l'innocence de celle à qui il parle » (*Cr.*, VI).

● **Critiques du jeu de l'acteur.**

**a)** Molière est un **mauvais tragédien** (*Nouv.*; *Cond.*, III et IV); et il fait rire « dans les endroits où l'on n'a jamais ri » (*Cond.*, IV); on lui reproche sa démarche et son débit (son « hoquet éternel ») [*Cond.*, IV].

**b)** C'est un aussi **mauvais acteur de comédie.** Il ne sait que se contorsionner et faire des « grimaces » pour provoquer le rire; ce défaut est particulièrement sensible quand, dans une comédie, il joue un personnage sérieux (voyez le geste d'Arnolphe avant le « sermon ») [*Cond.*, IV].

**c)** « Bouffon du temps », Molière n'est qu'un **« bon farceur »**; et c'est en « farceur » qu'il joue le rôle d'Arnolphe (*Cond.*, III et IV). « De Scaramouche, il a la survivance » (*Cond.*, IV; et cf. *Nouv.*; *Zél.*, VIII; *Panég.*, V).

● **Critiques d'ordre personnel.**

On reproche à Molière :

**a)** Sa vanité : il se croit « seul capable de se donner des louanges » (*Nouv.*); dans *la Critique* et dans *l'Impromptu*, partout il se loue ou fait faire son panégyrique (*Zél.*, VI; *Cond.*, V);

**b)** Son adresse à se faire « quantité d'approbateurs », surtout chez les « gens de qualité » (*Nouv.*);

**c)** Son avidité (*Cond.*, IV);

**d)** Sa jalousie (et l'on sous-entend qu'il a de fortes raisons de l'être) [*Nouv.*]. De là, on passera rapidement à faire des allusions plus ou moins perfides à ses infortunes conjugales (*Réponse à « l'Impr. de Vers. »*; *Cond.*, V);

**e)** Son impiété (voir ci-dessus : critiques d'ordre religieux);

**f)** « C'est un dangereux personnage » (*Zél.*, VI).

*Réponse générale* : « Qu'ils se contentent de ce que je puis leur accorder avec bienséance. [...] Je leur abandonne de bon cœur mes ouvrages, ma figure, mes gestes, mes paroles, mon ton de voix et ma façon de réciter, pour en faire et dire tout ce qu'il leur plaira [...]. Mais ils me doivent faire la grâce de me laisser le reste » (*Impr.*, V).

# THÉORIES DE MOLIÈRE

**1• *La comédie :***

« La comédie a ses charmes » et « n'est pas moins difficile à faire » que la tragédie (*Cr.*, VI);

« C'est une étrange entreprise que celle de faire rire les honnêtes gens » (*Cr.*, VI; de même *Impr.*, I);

Il faut « entrer comme il faut dans le ridicule des hommes » et « rendre agréablement sur le théâtre les défauts de tout le monde » (*Cr.*, VI);

« L'affaire de la comédie est de représenter en général tous les défauts des hommes, et principalement des hommes de notre siècle » (*Impr.*, IV);

Il faut « peindre les mœurs sans vouloir toucher aux personnes » (*Impr.*, IV). « Toutes les peintures ridicules qu'on expose sur les théâtres doivent être regardées sans chagrin de tout le monde. Ce sont miroirs publics, où il ne faut jamais témoigner qu'on se voie » (*Cr.*, VI).

**2° *Esthétique théâtrale :***

« Lorsque vous peignez les hommes, il faut peindre d'après nature; on veut que ces portraits ressemblent; et vous n'avez rien fait, si vous n'y faites reconnaître les gens de votre siècle » (*Cr.*, VI);

Les règles « ne sont que quelques observations aisées, que le bon sens a faites sur ce qui peut ôter le plaisir que l'on prend à ces sortes de poèmes; et le même bon sens qui a fait autrefois ces observations les fait aisément tous les jours, sans le secours d'Horace et d'Aristote. Je voudrais bien savoir si la grande règle de toutes les règles n'est pas de plaire » (*Cr.*, VI). « Le grand art est de plaire » (*Cr.*, VI);

« La bonne façon » de juger d'une pièce « est de se laisser prendre aux choses, et de n'avoir ni prétention aveugle, ni complaisance affectée, ni délicatesse ridicule » (*Cr.*, V). « Ne consultons dans une comédie que l'effet qu'elle fait sur nous. Laissons-nous aller de bonne foi aux choses qui nous prennent par les entrailles, et ne cherchons point de raisonnements pour nous empêcher d'avoir du plaisir » (*Cr.*, VI);

« Sachez [...] que la grande épreuve de toutes vos comédies, c'est le jugement de la Cour; que c'est son goût qu'il faut étudier pour trouver l'art de réussir; [...] que, du simple bon sens naturel et du commerce de tout le beau monde, on s'y fait une manière d'esprit, qui, sans comparaison, juge plus finement des choses que tout le savoir enrouillé des pédants » (*Cr.*, VI).

**3• *Le public :***

« Apprends [...] que le bon sens n'a point de place déterminée à la comédie; que la différence du demi-louis d'or et de la pièce de quinze sols ne fait rien du tout au bon goût; que, debout et assis, on peut donner un mauvais jugement » (*Cr.*, V).

**4° *Théorie du comédien :***

« Il imite d'après nature » (*Impr.*, I);

Il faut dire les choses « le plus naturellement » et non « avec emphase » (*Impr.*, I);

Tâchez, demande Molière à ses comédiens, « de bien prendre le caractère de vos rôles, et de vous figurer que vous êtes ce que vous représentez ». « Ayez toujours ce caractère devant les yeux. » « Entrez bien dans ce caractère. » Imprimez « fortement dans l'esprit » vos caractères (*Impr.*, I).

# REMARQUES SUR LE VOCABULAIRE

Abréviations. — *Cr.* : *Critique de l'École des femmes; Imp.* : *Impromptu de Versailles.* Le chiffre romain renvoie à la scène, le chiffre arabe à la ligne.

Molière se donne pour détracteurs des personnages ridicules; et notamment des **précieuses** et des **marquis.** On retrouvera donc ici un nombre important de mots et de tournures du vocabulaire **précieux,** tel le fameux *furieusement* (Climène : *Cr.,* III, 128; VI, 165; *Imp.,* IV, 140; l'adjectif étant passé par contagion dans les habitudes, Élise pourra même dire de Climène : « J'ai toujours eu pour elle une *furieuse* aversion »); telles encore les tournures : *le vrai de la chose, le fin des choses, être du dernier laid* (Climène : *Cr.,* III, 38; VI, 334; *Imp.,* IV, 121).

On aura également quelques exemples du « jargon obscur » des marquis ridicules, ce que Molière appelle leurs « turlupinades » (*Cr.,* I, 31, 35). Inutile de s'y arrêter : c'est un vocabulaire extérieur, pourrait-on dire, à l'auteur polémiste.

*<br>* *

*La Critique* et *l'Impromptu* sont essentiellement des **conversations.** C'est dire qu'y fourmillent tous les termes banals par lesquels, dans une conversation, on énonce un jugement, on exprime une opinion, on interroge, on s'exclame, on acquiesce, on désapprouve, etc.

Cette polémique dialoguée — que les personnages soient ridicules ou non — oppose des « gens de qualité » ou qui fréquentent la haute société. C'est dire que, même quand la conversation devient discussion véhémente, on se garde de tout éclat; on évite, comme le dit Uranie (*Cr.,* I, 52), de « s'échauffer un peu trop ». Aussi trouve-t-on, répétées à l'envi, maintes **formules de politesse :** *de grâce* (17 exemples, sans compter les tournures comme : « faites-moi la grâce de... »), *s'il vous plaît* (10 exemples), *je vous prie,* etc.

Souvent on se fait comprendre à **demi-mot** (« je ne dis pas la moitié de ce que je pense », reconnaît Élise, *Cr.,* III, 170). C'est alors que prend tout son avantage un mot de signification vague, sorte de passe-partout, comme le mot *chose. La Critique* contient 49 fois le mot « chose(s) », et *l'Impromptu* 31. Ce mot désignait notamment : *a)* un ensemble indéterminé (parler « hardiment de toutes choses, sans s'y connaître », *Cr.,* V, 64); *b)* ce qui est indéfinissable (« j'admire encore de certaines gens sur des choses que nous devons sentir par nous-mêmes », *Cr.,* VI, 292); *c)* il s'employait par discrétion, pudeur ou prudence (« je voudrais bien savoir si les honnêtes gens même et les plus sérieux ne font pas des choses...? », *Cr.,* VI, 431); *d)* il était passé dans le style familier, puis dans le style soutenu pour remplacer un terme précis (« nous avons ici quelque chose à répéter ensemble », *Imp.,* II, 46); *e)* il résumait ce qui précédait (« je ne m'oppose point à toutes ces choses », *Imp.,* V, 200); *f)* et les précieuses ne dédaignaient pas de l'employer (« c'est prendre le fin des choses », *Cr.,* VI, 334).

Dans *l'Impromptu,* avec 10 emplois, le mot *affaire* lui fait quelque concurrence, bien que ces deux mots aient des emplois différents (« C'était une affaire toute trouvée et qui venait fort bien à la chose... », *Imp.,* I, 125-126; de même *Imp.,* I, 36-37).

*<br>* *

Un certain nombre de termes (pour la plupart des adjectifs) reviennent assez fréquemment sous la plume de Molière polémiste, pour caractériser soit les qualités et les défauts de l'homme des « ruelles » et d'« antichambre », familier des conversations, soit ce qu'il dit (pour ou contre Molière), Molière distinguant la société des « gens triés » de celle qui rassemble « toutes sortes de personnes » (*Cr.,* I, 20-23).

*a*) Terme à sens favorable :

*raisonnable* (*Cr.*, I, 24; VI, 78; *Imp.*, I, 166 [au sens de « convenable »]); et *raison* (*Cr.*, V, 133).

*spirituel* (*Cr.*, I, 43, 45; III, 174; VI, 335); avoir ou montrer de l'*esprit* (« esprit » ayant souvent le sens d'« intelligence ») [*Cr.*, I, 39; V, 84, 90, 106; VI, 222, 238, 359, 392; *Imp.*, I, 99; V, 25; VII, 3]; *spirituellement* (*Cr.*, VI, 333); *bel esprit* (beaux esprits), celui qui se distingue par la politesse de ses discours (*Cr.*, II, 43); mais l'excès en tout est un défaut, et il y a le bel esprit professionnel, qui est tant soit peu ridicule (*Cr.*, I, 12, 14; VI, 230).

*galant* (*Cr.*, I, 43; V, 44; *Imp.*, I, 172); un *galant* (*Imp.*, I, 112, 119, 283); *galanterie* (*Imp.*, IV, 62).

*plaisant* (qui plaît; puis divertissant) [*Cr.*, I, 27; III, 50; V, 4; VI, 233, 257, 391, 399, 447; *Imp.*, I, 207, 233; III, 4, 41; V, 175]; on peut d'ailleurs être un *mauvais plaisant* (*Cr.*, I, 49) ou un *méchant plaisant* (*Imp.*, V, 36). A ce mot se rattachent : *plaire* (*Cr.*, VI, 266, 276, 303, 304; *Imp.*, I, 89; V, 152, 157, 164); *se plaire à* (*Imp.*, I, 82); *plaisanterie* (*Cr.*, I, 32; III, 39; VI, 204, 227); *plaisanter* (*Cr.*, I, 38; VI, 195); *plaisir* (*Cr.*, I, 19; VI, 262, 269, 283; *Imp.*, I, 86; II, 61; V, 159).

*b*) Terme neutre (le contexte lui donnant le sens favorable ou défavorable) :

*étrange* (*Cr.*, III, 128; VI, 127, 195, 243, 294; *Imp.*, I, 27, 110; IV, 140) [voir *étrangement, Cr.*, VI, 164].

*c*) Termes à sens défavorable :

*turlupin* (qui renvoie aux marquis ridicules) [*Cr.*, I, 51; II, 57]; d'où *turlupinades* (*Cr.*, I, 31; VI, 202; *Imp.*, IV, 116).

*ridicule* (qui fait rire; puis digne de risée; et, employé comme nom, celui ou ce qui fait rire ou provoque la risée) [*Cr.*, I, 47; III, 99; V, 38, 56, 63, 105; VI, 101, 122, 183, 228, 234, 347, 353, 363, 410; *Imp.*, I, 134, 138, 236; IV, 59; V, 111].

*impertinent* (sot; qui agit mal à propos; chose déplacée, contraire à la bienséance) [*Cr.*, IV, 25, 41; VI, 120, 342; *Imp.*, III, 1; V, 24, 38].

*extravagant* (*Cr.*, I, 25, 26, 28; V, 78; VI, 362); *extravagance* (*Cr.*, VI, 402, 426).

*méchant* (mauvais, qui ne vaut rien) [*Cr.*, III, 19; IV, 43, 50; V, 28, 65; VI, 49, 59; *Imp.*, V, 143; V, 36, 61].

*sot* (adjectif : *Cr.*, I, 18; II, 21, 43; *Imp.*, V, 182); nom : *Cr.*, II, 8; IV, 13); *sottise(s)* [*Cr.*, I, 48; II, 15; III, 110; VI, 79, 161, 402].

**<sub>*</sub>***

Ce que Molière condamne surtout, c'est l'affectation (le contraire du « naturel »). Cette affectation porte sur le langage; mais elle oblige aussi à toute une gymnastique du corps et particulièrement du visage; d'où les « grimaces affectées » de certaines précieuses (*Cr.*, II, 31-36 et III, 104) :

*affecter* (*Cr.*, I, 46; II, 33; III, 104, 108; V, 56; *Imp.*, III, 18); *affectation* (*Cr.*, III, 98, 154).

*faire des façons* (*Cr.*, III, 102; *Imp.*, IV, 96); *façonnière* (en parlant d'une femme) [*Cr.*, II, 31; *Imp.*, I, 243, 252].

*grimaces* (*Cr.*, III, 96, 104; V, 109; VI, 233; *Imp.*, I, 277).

En revanche, Molière prône, avec le « naturel », le bon goût, le bon sens :

le *(bon) goût* (*Cr.*, V, 49; VI, 164, 217, 279; mais on peut avoir le goût détestable [*Cr.*, III, 43]).

le *bon sens* (ou *sens commun*) [*Cr.*, III, 37; V, 35, 47, 60; VI, 194, 221 (le « simple bon sens naturel »), 261, 263].

Phot. Larousse.

**FRONTISPICE DE « LA CRITIQUE DE L'ÉCOLE DES FEMMES »**

Gravure de J. Sauvé pour l'édition de 1682.

# LA CRITIQUE DE
# L'ÉCOLE DES FEMMES
# 1663

## NOTICE

### COMPOSITION ET REPRÉSENTATION

Après *l'École des femmes* (26 décembre 1662), face à tous ceux qui ont des raisons d'envier son succès, face à tous ceux qui mettent en doute son talent, face à tous ceux qui peuvent craindre les ébats de sa verve comique et satirique, Molière se devait de faire front. Généralement, un auteur se défendait dans la Préface de l'ouvrage critiqué ou dans le suivant. Lui songe à donner une forme originale à sa réponse. A la fin de mars 1663, quand il publie *l'École des femmes*, il laisse prévoir cette contre-attaque : « Bien des gens, écrit-il, ont frondé d'abord cette comédie; mais les rieurs ont été pour elle, et tout le mal qu'on en a pu dire n'a pu faire qu'elle n'ait eu un succès dont je me contente. » Mais il refuse de répondre dans une Préface aux « censeurs » : directeur de théâtre, il se défendra sur son théâtre. Il révèle « qu'une grande partie des choses » qu'il aurait à dire « sur ce sujet est déjà dans une dissertation » qu'il a faite « en dialogue », une « petite comédie », précise-t-il, dont le sujet lui est venu « après les deux ou trois premières représentations » de *l'École des femmes*. Encouragé par son ami l'abbé Du Buisson, il a l'intention de faire paraître un jour cette « Critique » dialoguée.

Ainsi, le titre et les thèmes de sa réponse sont déjà trouvés; son objet aussi, puisqu'à la fin de sa Préface il assure le lecteur que, si sa *Critique* voit le jour, « ce sera seulement pour venger le public du chagrin délicat de certaines gens; car, pour moi, termine-t-il, je m'en tiens assez vengé par la réussite de ma comédie ».

*La Critique de « l'École des femmes »* fut représentée pour la première fois sur le théâtre du Palais-Royal, à la suite de la reprise de *l'École des femmes*, le vendredi 1er juin 1663. Comme Molière y faisait l'éloge du jugement de la Cour, la Cour ne pouvait qu'applaudir à *la Critique*; le parterre, chaudement défendu, y trouvait lui-même son compte. Aussi *la Critique* va-t-elle à Paris, à la Cour et « en visite » chez les grands connaître aussitôt le succès.

Elle parut en librairie au mois d'août (le privilège était du 10 juin, et l'achevé d'imprimer du 7 août). Molière avait dédié *l'École des femmes* à Madame (Henriette d'Angleterre); par là, il semblait vouloir répondre aux marquis et aux précieuses, qui accusaient sa pièce d' « obscénité » : comment la jeune et vertueuse belle-sœur du roi aurait-elle pu accorder sa caution à une œuvre obscène? Il dédie *la Critique* à la reine mère (Anne d'Autriche); par là, il semblait vouloir répondre aux dévots, qui ne lui pardonnaient pas le « sermon » d'Arnolphe et les « maximes » sur le mariage : comment la reine mère, connue pour sa stricte dévotion, aurait-elle pu accorder sa caution à une œuvre impie?

*La Critique de « l'École des femmes »* resta d'abord attachée au succès de *l'École des femmes;* du 1ᵉʳ juin à la fin de 1663, au Palais-Royal et « en visite », elle fut jouée 40 fois à la suite de *l'École des femmes.* Du temps de Molière, sa carrière s'acheva à Versailles en octobre 1664. Après la mort de Molière, elle fut reprise à l'Hôtel Guénégaud en 1679 (1679-1680 : 5 représentations) et à la Comédie-Française en 1680 (1680-1691 : 16 représentations; Armande Béjart, devenue Mᶫᶫᵉ Guérin, y jouait toujours Élise, et Du Croisy Lysidas). Elle disparut de la scène au XVIIIᵉ siècle. Elle fut reprise en 1835, puis en 1880 (avec Coquelin, dans le rôle du Marquis); au total, pour le XIXᵉ siècle, 63 représentations. Du début du XXᵉ siècle à 1966, la Comédie-Française l'a jouée encore 162 fois (dont 143 fois dans les quinze dernières années).

## ANALYSE DE LA PIÈCE

Deux femmes du monde, Uranie et Élise, sa cousine, en attendant Dorante, invité à « souper », se plaignent des « sottes visites » qu'elles reçoivent trop souvent, et en particulier de celle d'un certain marquis ridicule **(scène première)**. Le laquais Galopin leur annonce l'arrivée de la « précieuse » Climène, qu'elles savent « la plus grande façonnière du monde » **(scène II)**.

Climène vient d'assister à une représentation de *l'École des femmes :* la pudeur, dit-elle, y est mise à rude épreuve. Uranie combat ses scrupules, tandis qu'Élise feint de les partager **(scène III)**.

Le marquis ridicule est annoncé. Galopin tente en vain de l'empêcher d'entrer. La conversation reprend : le marquis abonde sottement dans le sens de Climène et condamne péremptoirement *l'École des femmes* **(scène IV)**. Survient Dorante, qui prend fait et cause pour Molière, défend le bon sens du parterre contre l'affectation des marquis ridicules et condamne les « grimaces d'une pruderie scrupuleuse » **(scène V)**.

A l'arrivée de Lysidas, « poète » pédant et vaniteux, la conversation devient discussion. Si, aux questions de Dorante, le marquis ne répond que par des « turlupinades », Lysidas est amené, lui, à préciser les raisons pour lesquelles il condamne Molière : le succès des pièces comiques fait négliger la tragédie; la Cour, qui applaudit aux pièces de Molière, n'est pas le critère du bon goût; enfin, *l'École des femmes* ne respecte pas les « règles ». Dorante répond à chacun de ces arguments : il défend la comédie et soutient que la règle suprême consiste à plaire au public. Il justifie Molière, mais le marquis ne daigne pas l'écouter **(scène VI)**. C'est alors que Galopin vient annoncer que le « souper » est servi, ce qui met fin à la discussion et termine la comédie **(scène VII)**.

## STRUCTURE DE « LA CRITIQUE »

*La Critique de « l'École des femmes »* entre dans la catégorie des pièces de circonstance. Le titre en précise l'objet : il s'agit de porter un jugement sur la valeur (qualités et défauts) d'une œuvre littéraire. Cette « critique » étant faite par l'auteur même de la pièce soumise à jugement, on sait d'avance que le jugement est partial; l'auteur ne parlera des prétendus défauts de son œuvre que pour réfuter les arguments de ses adversaires. Si bien qu'il se livrera moins à une « critique » qu'à une « défense ». Et les détracteurs de Molière n'auront pas tort, du moins dans les intentions, de répondre à *la Critique* par une « contre-critique », qui serait la « véritable critique », et même de procéder à une « critique de *la Critique* »; mais leur réplique n'aura pas davantage l'esprit d'impartialité nécessaire à qui prétend juger les œuvres d'autrui.

Molière indique le genre adopté pour sa *Critique* : une « comédie ». Nous aurons ainsi une suite de jugements dialogués et animés. Ce qui suppose que des « personnages » vont se trouver réunis pour la discussion. Inutile d'attendre une intrigue : il suffit de donner à ces personnages l'occasion de se trouver réunis pour discuter sur un sujet déterminé, le premier prétexte étant bon pour arrêter la discussion et terminer la comédie.

**Le lieu de la discussion :** il est précisé dans le texte. Nous sommes à Paris (scène V, ligne 3), au premier étage de la maison d'Uranie (scène II, ligne 14), dans sa « chambre » (le terme revient plusieurs fois) : c'était ordinairement, au XVIIᵉ siècle, au premier étage d'un hôtel, le lieu où l'on couchait et où les dames recevaient visiteurs et visiteuses (rappelons-nous la « chambre bleue » de Mᵐᵉ de Rambouillet). Il y avait là, outre le lit, « sièges » (tabourets) [scènes III, ligne 3; IV, 25; V, 137] et « fauteuils » (scène III, ligne 4).

**Le temps et l'heure :** « quatre jours » après la première représentation de *l'École des femmes* (scène V, lignes 2-3), c'est-à-dire aux derniers jours de décembre 1662.

C'est la fin de l'après-midi, peu avant le « souper » (on invitait alors les beaux esprits à souper) [scène première, lignes 9-10, et scène II, ligne 42]; il se fait tard (scène première, lignes 53-54; scène II, lignes 17-18; scène III, ligne I) : Climène revient d'une représentation au Palais-Royal de *l'École des femmes* (scène III, lignes 16-17; les représentations théâtrales commençaient alors vers les 2 ou 3 heures, certaines même après les vêpres, vers 4 ou 5 heures); et, au début de la scène VI, Lysidas s'excuse de son arrivée tardive : il lui a fallu lire sa pièce chez une marquise et y recevoir « une heure » de louanges; on ne lira donc sa pièce qu' « après souper ». On attend d'ailleurs Dorante, qui a été invité pour ce souper (scène première, lignes 53-55). A la dernière scène, on annoncera que la table est servie.

**Les personnages**[1]. Si Molière fait l'éloge et de la Cour et du parterre, qui ont assuré le succès de *l'École des femmes,* c'est aux applaudissements de la Cour qu'il semble attacher le plus de prix; non parce que la Cour a le jugement plus sûr que le parterre, mais parce qu'elle a avec elle l'autorité. En conséquence, il a choisi la plupart des personnages de *la Critique* parmi les nobles, ceux qu'on appelait les « gens de qualité ».

Les personnages de *la Critique* sont répartis suivant un procédé fort simple : *partisans* de Molière d'une part, *adversaires* de l'autre. La discussion viendra de la confrontation des uns et des autres. Mais il suffit que les partisans de Molière soient des gens sensés et ses adversaires des personnages ridicules pour que la partie soit gagnée d'avance par Molière.

Les **partisans,** que Molière veut « honnêtes gens », sont : la jeune et impétueuse *Elise,* qui raille les détracteurs de Molière avec une grâce mutine et une espièglerie souriante; *Uranie,* sa cousine, qui joint au bon sens les qualités d'une maîtresse de maison accomplie, et qui, pondérée et réservée, sait néanmoins animer une conversation et défendre avec tact son opinion; *Dorante,* l'interprète, ou plutôt le défenseur de la pensée de Molière : c'est un chevalier (scène V, ligne 13); il sera le représentant de ces « honnêtes gens » de Cour, au goût sûr, au jugement indulgent par principe, mesuré mais sincère; il est fort de son bon sens naturel et de l'autorité de la Cour.

---

1. Les noms de ces personnages ont peut-être été intentionnellement choisis par Molière. D'après leur étymologie, les noms d'*Uranie* et d'*Élise,* les deux femmes qui défendent *l'École des femmes,* signifient « la céleste » et « la distinguée »; *Climène,* une précieuse qu'on a déjà vue dans *les Fâcheux* et qui court ici les « chambres » pour critiquer la pièce de Molière, serait « la célèbre », « la renommée »; *Lysidas,* qui devrait s'écrire « Lycidas » (dans *Zélinde,* Donneau de Visé, en parlant de lui, écrit toujours « Licidas » — *la Critique* n'a pas encore été publiée —; mais il faudrait prononcer : Li-zi-das, puisque Boursault, qui crut se reconnaître dans ce personnage, le reprit dans *le Portrait du peintre* en le transformant en Lizidor), renvoie à un « descendant de loup », image des hommes de lettres qui se déchirent entre eux à belles dents. Dorante, le porte-parole de Molière, est, au contraire, un nom sans signification particulière; il est le sens commun; ce prénom, avant de devenir celui des jeunes premiers, désigne au théâtre l'homme encore jeune mais réfléchi, tel le Dorante de *l'Illusion comique,* de Corneille, l'ami de Pridamant et de son fils.

Les **adversaires** sont classés en catégories nettement définies. D'abord le clan des marquis, représenté ici par *le Marquis*, un anonymat qui en dit long sur les intentions de Molière : refusant d'individualiser, c'est l'ensemble des marquis que Molière attaque. Et ce Marquis sera un être ridicule, de ceux qui falsifient la nature, qui « grimacent », de ces prétentieux qui tranchent de l'homme d'importance, mais sont incapables de justifier leurs jugements. Molière, dans *les Précieuses ridicules*, avait déjà ridiculisé les marquis à travers Mascarille, un valet qui singe les marquis; mais il avait alors agi avec prudence : il lui était toujours facile de soutenir qu'on ne pouvait s'offenser d'une caricature qui n'atteignait que celui qui avait pris le masque du ridicule. Il était passé à l'attaque directe avec *les Fâcheux*, puis, après *l'École des femmes*, dans son *Remerciement au roi*. Ici, une nouvelle étape est franchie : le Marquis sera purement et simplement assimilé à Mascarille (scène V, ligne 62).

Ensuite le clan des précieuses, représenté ici, dans ce qu'il a de plus extravagant, par *Climène*. Là encore, une étape est franchie. Climène n'a pas, comme Cathos et Magdelon, la prétention de se hausser à la hauteur des précieuses : c'est une précieuse; Molière y ajoute une nuance de pruderie hypocrite.

Enfin, le clan des pédants, avec le poète *Lysidas*, de ceux qui ramènent l'univers littéraire à leur seule personne en étant convaincus d'être les arbitres du goût. A la différence de Cyrano de Bergerac qui, avec son Granger du *Pédant joué*, attaquait le pédantisme d'école et les cuistres, Molière (exception faite d'un court passage, scène VI, lignes 313-314) ne ridicule ici que le pédantisme mondain : le pédant de « chambre » cherche à briller devant un auditoire gagné aux choses de l'esprit et à imposer un jugement qui n'est que le reflet de sa suffisance livresque et de son dépit de se voir approuvé par ceux-là seuls qui ont intérêt à l'approuver.

**L'action.** La structure dramatique de la pièce est simple : l'action fera passer une conversation en discussion sur le sujet du jour, *l'École des femmes*. L'habileté consistera à introduire progressivement, en ménageant l'intérêt, les éléments nécessaires pour définir, nourrir et animer le dialogue.

La conversation, qui a pour *cadre* la « chambre » d'*Uranie*, commence dans une ambiance familiale, puisque l'on voit deux cousines échanger de menus propos sur les incidents de la vie mondaine (scènes première et II). Conversation interrompue, puis reprise avec l'entrée de *Climène*, qui donnera le *sujet* du débat en dirigeant la conversation sur la dernière pièce de Molière (scène III). Cette conversation entre femmes ne saurait durer sans lasser l'attention du spectateur; un homme entre dans le cercle : c'est *le Marquis* (scène IV). Après la venue de deux détracteurs de Molière (Climène et le Marquis), Molière introduit le contrepoids avec *Dorante* (scène V); son arrivée était attendue, ce qui rompt avec l'entrée imprévue de Climène (le hasard) et celle du Marquis (l'obstacle, la présence du Marquis étant redoutée des deux cousines). Enfin, le côté ridicule, le personnage qui fait rire, le dernier arrivant, celui qui laissera le spectateur sur l'impression que ceux qui blâment la pièce de Molière sont des personnages ridicules : *Lysidas* (scène VI). Une très courte scène amènera le *dénouement* (scène VII), un dénouement qui ne peut en être un dans une œuvre sans intrigue; il s'agit d'un arrêt de la discussion, non d'une conclusion. C'est au spectateur de conclure; et Molière a tout fait pour que cette conclusion fût, bien entendu, à son avantage.

## LA PORTÉE DE « LA CRITIQUE »

*La Critique de « l'École des femmes »* n'est pas une œuvre de critique théorique, un traité dialogué où l'on pose le pour et le contre. Bien qu'elle se rattache étroitement à l'*École des femmes*, la *Critique* dépasse l'œuvre de circonstance, par son jeu et les idées qui y sont exposées et débattues. C'est peut-être moins l'auteur de l'*École des femmes* qui se défend qu'un auteur dramatique qui, fort de solides appuis et de son succès, conscient de l'originalité de son talent, combat contre les envieux, les jaloux et les pédants, et défend son art.

Il esquisse en outre plusieurs figures originales, qui prendront place dans son univers comique : le Marquis, qu'on retrouvera dans l'*Impromptu de Versailles* et le *Misanthrope;* la précieuse prude, type de l'Arsinoé du *Misanthrope;* le pédant mondain, qui sera l'Oronte du *Misanthrope* et le Trissotin des *Femmes savantes;* la femme (ou jeune fille) aimable et sensée (Uranie dans *la Critique*) : Éliante dans le *Misanthrope,* Henriette dans *les Femmes savantes;* l'honnête homme, l'élément modérateur, le bon sens (Dorante dans *la Critique*) : Philinte dans le *Misanthrope,* Cléante dans *Tartuffe,* Clitandre dans *les Femmes savantes.*

Première œuvre polémique de Molière, *la Critique* garde un ton discret, général, fuyant les individualités marquées qui eussent nui à celui qui prétendait s'imposer à Paris avec l'aide du roi et de la Cour. Molière parle-t-il de lui? ce sera peut-être Damon (scène II), mais non Molière; lui-même refuse de jouer le rôle de Dorante, de celui qui le défend, et, vraisemblablement, prend le rôle du marquis ridicule, détracteur obstiné de l'*École des femmes.* Attaque-t-il Donneau de Visé? il lui donne le nom de Lysidas, un personnage si peu individualisé que Boursault croira s'y reconnaître. Des allusions à Corneille, mais très générales et vagues; même procédé pour l'abbé d'Aubignac. Molière défend son œuvre, mais craint d'entrer de plain-pied dans la polémique. Il discute avec esprit, mais se défend parfois maladroitement. Son génie dramatique se révèle justement dans le fait que le théoricien s'efface devant l'auteur dramatique, qu'il sacrifie la critique au jeu et à l'animation de sa comédie.

# À LA REINE MÈRE[1]

MADAME,

Je sais bien que Votre Majesté n'a que faire de toutes nos dédicaces, et que ces prétendus devoirs, dont on lui dit élégamment qu'on s'acquitte envers Elle, sont des hommages, à dire vrai, dont Elle nous dispenserait très volontiers. Mais je ne laisse pas[2] d'avoir l'audace de lui dédier *la Critique de l'École des femmes* ; et je n'ai pu refuser cette petite occasion de pouvoir témoigner ma joie à Votre Majesté sur cette heureuse convalescence, qui redonne à nos vœux la plus grande et la meilleure princesse du monde, et nous promet en Elle de longues années d'une santé vigoureuse[3]. Comme chacun regarde les choses du côté de ce qui le touche, je me réjouis, dans cette allégresse générale, de pouvoir encore obtenir l'honneur de divertir Votre Majesté ; Elle, Madame, qui prouve si bien que la véritable dévotion n'est point contraire aux honnêtes divertissements ; qui, de ses hautes pensées et de ses importantes occupations, descend si humainement dans le plaisir de nos spectacles et ne dédaigne pas de rire de cette même bouche dont Elle prie si bien Dieu. Je flatte, dis-je, mon esprit de l'espérance de cette gloire ; j'en attends le moment avec toutes les impatiences du monde ; et quand je jouirai de ce bonheur, ce sera la plus grande joie que puisse recevoir,

MADAME,

DE VOTRE MAJESTÉ,

Le très humble, très obéissant
et très fidèle serviteur et sujet,

J.-B. P. MOLIÈRE[4].

---

1. Anne d'Autriche, née en 1601, avait épousé Louis XIII en 1615. Régente après la mort du roi (1643), elle avait été éloignée des affaires en 1661 par le jeune Louis XIV, et vivait retirée, pratiquant « la véritable dévotion ». Nous savons (voir, page 21, le témoignage de Loret) qu'elle assista le 6 janvier 1663, au Louvre, à une représentation de *l'École des femmes*. On peut supposer, d'après cette dédicace, qu'elle assista aussi à une représentation de *la Critique*. C'est chez elle, dans son appartement du Louvre, que, le 29 janvier 1664, Molière créera la comédie-ballet du *Mariage forcé* ; 2. *Ne pas laisser* de faire quelque chose, c'est le faire malgré ce qui peut s'y opposer ; la tournure équivaut à « cependant » ; 3. Elle avait souffert d'un accès de fièvre. *La Gazette* annonce, à la date du 14 juillet 1663 (rappelons que l'« achevé d'imprimer » de *la Critique* est du 7 août) : la reine mère « se porte de mieux en mieux : ce qui rend la joie de cette cour et de toute la France des plus parfaites » ; 4. Jean-Baptiste Poquelin Molière. A partir de l'édition collective de 1666, les éditions portent seulement « Molière ».

# PERSONNAGES[1]

URANIE

ÉLISE

CLIMÈNE

GALOPIN,     laquais

LE MARQUIS

DORANTE,     ou le Chevalier

LYSIDAS,     poète

*La scène est à Paris, dans la maison d'Uranie[2].*

---

**1.** Pour la première représentation, la distribution était la suivante : *Uranie*, Mlle De Brie (ou peut-être Madeleine Béjart); *Élise*, Armande Béjart, la jeune femme de Molière, qui jouait ici officiellement pour la première fois; *Climène*, Mlle Du Parc; *le Marquis*, probablement Molière (il reprendra dans *l'Impromptu* le rôle du « marquis ridicule »); mais on a pensé aussi à La Grange, qui, dans *l'Impromptu*, tenait également le rôle d'un « marquis ridicule »); *Dorante*, Brécourt; *Lysidas*, Du Croisy. — Sur ces comédiens, voir page 11, et la scène première de *l'Impromptu*, où il est indiqué clairement que certains d'entre eux reprennent leur rôle de *la Critique* et où Molière leur donne des conseils pour leur « jeu »; **2.** Indication donnée par l'édition de 1734, dite « des comédiens » (nombreux jeux de scène ajoutés).

# LA CRITIQUE DE
# L'ÉCOLE DES FEMMES

## Scène première. — URANIE, ÉLISE.

URANIE. — Quoi! cousine, personne ne t'est venu rendre visite?

ÉLISE. — Personne du monde[1].

URANIE. — Vraiment, voilà qui m'étonne[2], que nous ayons
5 été seules l'une et l'autre tout aujourd'hui.

ÉLISE. — Cela m'étonne aussi, car ce n'est guère notre coutume; et votre maison, Dieu merci, est le refuge ordinaire de tous les fainéants de la cour.

URANIE. — L'après-dînée[3], à dire vrai, m'a semblé fort
10 longue.

ÉLISE. — Et moi, je l'ai trouvée fort courte.

URANIE. — C'est que les beaux esprits[4], cousine, aiment la solitude.

ÉLISE. — Ah! très humble servante[5] au bel esprit; vous savez
15 que ce n'est pas là que je vise.

URANIE. — Pour moi, j'aime la compagnie, je l'avoue.

ÉLISE. — Je l'aime aussi, mais je l'aime choisie; et la quantité

---

1. On dit aujourd'hui : « personne au monde »; 2. *Étonner :* causer une violente émotion; 3. L'après-midi. On dînait alors vers midi et l'on soupait le soir. L'infinitif substantivé *dîner* a supplanté la forme *dînée*; 4. *Bel esprit :* « Celui qui se distingue du commun par la politesse de ses discours et de ses ouvrages » (*Dictionnaire de l'Académie*, 1694). C'est le sens favorable; mais l'expression prendra bientôt une nuance ironique, puis un sens méprisant; 5. Formule de politesse dont se servait une femme pour prendre congé, et aussi, ironiquement, pour refuser quelque chose (dans ce cas, avec l'ellipse du verbe *être*); Richelet, en 1680, commente ce passage : « Je me mets fort peu en peine de bel esprit, je n'y prétends rien, mon but n'est pas là. »

des sottes visites qu'il vous faut essuyer parmi les autres est
cause bien souvent que je prends plaisir d'être seule.

20  URANIE. — La délicatesse est trop grande, de ne pouvoir
souffrir que des gens triés[1].

ÉLISE. — Et la complaisance est trop générale, de souffrir
indifféremment toutes sortes de personnes.

URANIE. — Je goûte ceux qui sont raisonnables, et me diver-
25 tis des extravagants.

ÉLISE. — Ma foi, les extravagants ne vont guère loin sans
vous ennuyer, et la plupart de ces gens-là ne sont plus plaisants
dès la seconde visite (1). Mais, à propos d'extravagants, ne
voulez-vous pas me défaire de votre marquis incommode[2]?
30 Pensez-vous me le laisser toujours sur les bras, et que je puisse
durer à[3] ses turlupinades[4] perpétuelles?

URANIE. — Ce langage est à la mode, et on le tourne en plaisanterie à la cour.

ÉLISE. — Tant pis pour ceux qui le font, et qui se tuent tout
35 le jour à parler ce jargon obscur. La belle chose de faire entrer
aux conversations du Louvre de vieilles équivoques ramassées
parmi les boues des halles et de la place Maubert[5]! La jolie
façon de plaisanter pour des courtisans! et qu'un homme
montre d'esprit lorsqu'il vient vous dire : « Madame, vous
40 êtes dans la place Royale[6], et tout le monde vous voit de trois
lieues de Paris, car chacun vous voit de bon œil », à cause
que Bonneuil[7] est un village à trois lieues d'ici! Cela n'est-il

---

1. *Triés :* choisis avec soin, par opposition à une société « mêlée »; 2. *Incommode :*
importun, fâcheux; 3. *Durer à :* endurer; 4. *Turlupinade :* mauvaise plaisanterie,
à la manière de Turlupin, nom de théâtre donné à Henri Le Grand (1587-1637),
un des « farceurs » de l'Hôtel de Bourgogne; 5. La place Maubert (Érasme parlait
du « cloaque Maubert »), carrefour marchand, était devenue le lieu de rendez-vous
des « écoliers », mais aussi des truands; 6. La place Royale (aujourd'hui place des
Vosges) était le lieu de rendez-vous de la société élégante; 7. Bonneuil-sur-Marne,
au sud-est de Paris, qui se trouve en effet à trois lieues environ (12 km) de la place
des Vosges.

───────── **QUESTIONS** ─────────

1. Le début d'une conversation dans un salon : étudiez la vivacité
du dialogue. Quels détails montrent que les deux femmes pratiquent
la vie mondaine? — Comment Molière différencie-t-il Uranie et Élise
(dans leurs rapports sociaux, dans leur idéal mondain)? Quelle raison
donner au tutoiement d'Uranie et au vouvoiement d'Élise? Quel âge
peuvent avoir les deux cousines (voir, page 46, la distribution des rôles
et, page 11, l'âge des actrices)?

pas bien galant et bien spirituel? Et ceux qui trouvent ces belles
rencontres¹, n'ont-ils pas lieu de s'en glorifier?

45 URANIE. — On ne dit pas cela aussi comme une chose spi-
rituelle; et la plupart de ceux qui affectent ce langage savent
bien eux-mêmes qu'il est ridicule.

ÉLISE. — Tant pis encore, de prendre peine à dire des sottises,
et d'être mauvais plaisants de dessein formé². Je les en tiens
50 moins excusables, et, si j'en étais juge, je sais bien à quoi je
condamnerais tous ces Messieurs les turlupins³. (2)

URANIE. — Laissons cette matière qui t'échauffe un peu trop,
et disons que Dorante vient bien tard, à mon avis, pour le
souper que nous devons faire ensemble.

55 ÉLISE. — Peut-être l'a-t-il oublié, et que... (3)

SCÈNE II. — GALOPIN, URANIE, ÉLISE.

GALOPIN. — Voilà Climène, Madame, qui vient ici pour
vous voir.

URANIE. — Eh! mon Dieu! quelle visite!

ÉLISE. — Vous vous plaigniez d'être seule aussi : le ciel vous
5 en punit.

URANIE. — Vite, qu'on aille dire que je n'y suis pas.

GALOPIN. — On a déjà dit que vous y étiez.

URANIE. — Et qui est le sot qui l'a dit?

GALOPIN. — Moi, Madame.

---

1. *Rencontres* de mots, calembours; 2. De propos délibéré; 3. Ce mot, pour désigner les marquis ridicules, fit fortune. En 1674, Boileau dira (*l'Art poétique*, II,
vers 130-132) :
> Toutefois à la Cour les turlupins restèrent,
> Insipides plaisants, bouffons infortunés,
> D'un jeu de mots grossiers partisans surannés.

——— QUESTIONS ———

2. Montrez comment on passe du général au particulier et du particulier au général. — Quel est l'effet du calembour (lignes 38-42)?

3. SUR L'ENSEMBLE DE LA SCÈNE PREMIÈRE. — Analysez cette scène en
relevant les indications qui concernent le cadre de l'action (lieu, temps).
— Précisez le caractère d'Uranie et celui d'Élise, en expliquant leur
désaccord sur les *extravagants* et les *turlupins*. Quelle sorte de gens
s'attend-on à trouver par la suite dans la maison d'Uranie? En quoi
cela peut-il annoncer une « critique » de *l'École des femmes*?
— Ton et style de cette conversation entre deux femmes de qualité.

10 URANIE. — Diantre soit[1] le petit vilain! Je vous apprendrai bien à faire vos réponses de vous-même.

GALOPIN. — Je vais lui dire, Madame, que vous voulez être sortie.

URANIE. — Arrêtez, animal[2], et la laissez monter[3], puisque
15 la sottise est faite.

GALOPIN. — Elle parle encore à un homme dans la rue.

URANIE. — Ah! cousine, que cette visite m'embarrasse à l'heure qu'il est!

ÉLISE. — Il est vrai que la dame est un peu embarrassante
20 de son naturel; j'ai toujours eu pour elle une furieuse[4] aversion; et, n'en déplaise à sa qualité[5], c'est la plus sotte bête qui se soit jamais mêlée de raisonner.

URANIE. — L'épithète est un peu forte.

ÉLISE. — Allez, allez, elle mérite bien cela, et quelque chose
25 de plus, si on lui faisait justice. Est-ce qu'il y a une personne qui soit plus véritablement qu'elle ce qu'on appelle précieuse, à prendre le mot dans sa plus mauvaise signification[6]?

URANIE. — Elle se défend bien de ce nom pourtant.

ÉLISE. — Il est vrai; elle se défend du nom, mais non pas de
30 la chose; car enfin elle l'est depuis les pieds jusqu'à la tête, et la plus grande façonnière[7] du monde. Il semble que tout son corps soit démonté, et que les mouvements de ses hanches, de ses épaules et de sa tête n'aillent que par ressorts[8]. Elle affecte toujours un ton de voix languissant et niais, fait la moue pour

---

1. Au diable soit...; 2. Le terme *animal* était du style familier pour désigner un être humain considéré seulement comme être qui sent et se meut. Voir ligne 21, *bête*, ainsi que *l'École des femmes*, vers 1579 : « Dans le monde on fait tout pour ces animaux-là », et *l'Impromptu de Versailles*, scène première, ligne 27 (Molière parlant de ses comédiens). On l'employait fréquemment pour une personne rude et grossière (ici); 3. Laissez-la (place habituelle, au XVIIe siècle, du pronom complément avec un impératif coordonné); 4. *Furieuse* : extraordinaire (ce mot du langage des précieuses était passé dans la langue courante); 5. *Qualité* : condition d'une personne noble, noblesse; 6. Le mot, selon Furetière, ne désigna d'abord que des personnes « de grand mérite et de grande vertu, qui savaient bien le monde et la langue; mais, parce que d'autres ont affecté et outré leurs manières, cela a décrié le mot ». Molière, dans la Préface de ses *Précieuses ridicules*, distingue les « véritables précieuses » de celles « qui les imitent mal »; 7. *Façonnière* : qui fait des façons, maniérée. Pour ces façons, voir dans *l'Impromptu de Versailles*, scène IV, les conseils donnés par Molière à Mlle Du Parc; 8. Dans *le Portrait du peintre*, de Boursault (1663), même portrait de la marquise Oriane, « qui fait la précieuse » :

Elle affecte des mots qu'elle seule débite,
Et comme si son âme agissait par ressorts,
Son esprit se démonte aussi bien que son corps.

(Scène première.)

35 montrer une petite bouche, et roule les yeux pour les faire
paraître grands. (4)

URANIE. — Doucement donc : si elle venait à entendre...

ÉLISE. — Point, point, elle ne monte pas encore. Je me souviens toujours du soir qu'elle eut envie de voir Damon, sur la
40 réputation qu'on lui donne, et les choses que le public a vues
de lui[1]. Vous connaissez l'homme, et sa naturelle paresse à
soutenir la conversation. Elle l'avait invité à souper comme
bel esprit, et jamais il ne parut si sot, parmi une demi-douzaine
de gens à qui elle avait fait fête[2] de lui, et qui le regardaient
45 avec de grands yeux, comme une personne qui ne devait pas
être faite comme les autres. Ils pensaient tous qu'il était là
pour défrayer[3] la compagnie de bons mots, que chaque parole
qui sortait de sa bouche devait être extraordinaire, qu'il devait
faire des *Impromptus*[4] sur tout ce qu'on disait, et ne demander
50 à boire qu'avec une pointe[5]. Mais il les trompa fort par son
silence; et la dame fut aussi mal satisfaite de lui, que je le fus
d'elle. (5)

URANIE. — Tais-toi. Je vais la recevoir à la porte de la
chambre.

---

1. A la différence du « marquis incommode » et de Dorante (scène première,
lignes 29 et 53), Damon ne jouera aucun rôle dans cette pièce; 2. *Faire fête de :* faire
espérer une chose, ici la présence de Damon; 3. Faire les frais de la conversation
en amusant la compagnie de ses bons mots; 4. Le mot est ainsi en italiques dans
l'édition de 1663; 5. *Pointe :* « pensée qui surprend par quelque subtilité d'imagination, par quelque jeu de mots » (*Dictionnaire de l'Académie*, 1694).

---

## ——— QUESTIONS ———

4. Relevez les procédés qui donnent vie et vraisemblance à l'annonce
de la visite de Climène : comment se nuancent les réactions des deux
cousines? — Les effets comiques : dans quelle mesure Molière tire-t-il
parti de la niaiserie traditionnelle des valets de comédie? — Les moyens
dramatiques : comment l'intérêt du spectateur à l'égard du personnage
qui va entrer est-il ménagé?

5. Le portrait de Damon : ce portrait n'est-il pas un hors-d'œuvre?
La seule mode des portraits dans les salons suffit-elle à le justifier? Quel
sens particulier a-t-il d'être fait par Élise? — Plusieurs critiques voient
dans Damon le portrait de Molière lui-même, de celui que Boileau a
appelé « le Contemplateur »; comment, en effet, ne pas évoquer ce que
disait de Molière son adversaire Donneau de Visé au début de la scène VI
de *Zélinde* (voir Documents, page 141) et ne pas se rappeler le portrait
que laissa de lui en 1682 son ami La Grange : « Quoiqu'il fût très agréable
en conversation lorsque les gens lui plaisaient, il ne parlait guère en
compagnie, à moins qu'il ne se trouvât avec des personnes pour qui il
eût une estime particulière; cela faisait dire à ceux qui ne le connaissaient
pas qu'il était rêveur et mélancolique; mais s'il parlait peu, il parlait
juste » (édition des *Œuvres* de Molière)? Quel intérêt offre ce rapprochement?

55 ÉLISE. — Encore un mot. Je voudrais bien la voir mariée avec le marquis dont nous avons parlé : le bel assemblage que ce serait d'une précieuse et d'un turlupin!

URANIE. — Veux-tu te taire? la voici. **(6)**

SCÈNE III. — CLIMÈNE, URANIE, ÉLISE, GALOPIN.

URANIE. — Vraiment, c'est bien tard que...

CLIMÈNE. — Eh! de grâce, ma chère, faites-moi vite donner un siège.

URANIE, *à Galopin*. — Un fauteuil promptement.

5  CLIMÈNE. — Ah! mon Dieu!

URANIE. — Qu'est-ce donc?

CLIMÈNE. — Je n'en puis plus.

URANIE. — Qu'avez-vous?

CLIMÈNE. — Le cœur me manque.

10  URANIE. — Sont-ce vapeurs[1] qui vous ont prise?

CLIMÈNE. — Non.

URANIE. — Voulez-vous que l'on vous délace[2]?

CLIMÈNE. — Mon Dieu, non. Ah!

URANIE. — Quel est donc votre mal? et depuis quand vous 15 a-t-il pris[3]?

---

1. *Vapeurs :* « humeurs subtiles qui s'élèvent des parties basses et qui occupent et blessent le cerveau » (*Dictionnaire* de Furetière, 1690); elles étaient provoquées par une grande émotion; 2. Délacer le corsage, pour faciliter la respiration; 3. *Prendre* est employé ici intransitivement (comme dans l'expression « la fièvre lui prit »); à la ligne 10, il était employé transitivement, d'où l'accord du participe.

---

**■■■ QUESTIONS ■■■**

6. SUR L'ENSEMBLE DE LA SCÈNE II. — Quels renseignements nous donne cette scène sur les personnages de la pièce et sur le tour que va prendre la conversation? L' « assemblage » d'une « précieuse » (les précieuses, et surtout les prudes, comme Climène, répugnaient au mariage) et d'un « turlupin » n'est que prétexte à faire un bon mot. Or, dans l'exposition, n'est-ce pas une faute que d'attirer l'attention du spectateur sur un fait (accompli ou projeté) qui n'aura pas de suite? Comment concilier cette plaisanterie et les principes de la dramaturgie classique?

— Quel mot est révélateur de l'emprise des précieux sur le langage de ceux qui les trouvent ridicules? Ne peut-on pas imaginer que la « chambre » d'Uranie ne se distinguera guère des salons précieux de la seconde partie du XVIIe siècle?

CLIMÈNE. — Il y a plus de trois heures, et je l'ai rapporté du Palais-Royal[1].

URANIE. — Comment?

CLIMÈNE. — Je viens de voir, pour mes péchés, cette méchante
20 rapsodie[2] de *l'École des femmes*. Je suis encore en défaillance du mal de cœur que cela m'a donné, et je pense que je n'en reviendrai de plus de quinze jours[3]. (7)

ÉLISE. — Voyez un peu comme les maladies arrivent sans qu'on y songe.

25 URANIE. — Je ne sais pas de quel tempérament nous sommes, ma cousine et moi; mais nous fûmes avant-hier à la même pièce, et nous en revînmes toutes deux saines et gaillardes[4].

CLIMÈNE. — Quoi! vous l'avez vue?

URANIE. — Oui; et écoutée d'un bout à l'autre.

30 CLIMÈNE. — Et vous n'en avez pas été jusques aux convulsions, ma chère?

URANIE. — Je ne suis pas si délicate, Dieu merci; et je trouve, pour moi, que cette comédie serait plutôt capable de guérir les gens, que de les rendre malades.

35 CLIMÈNE. — Ah! mon Dieu! que dites-vous là? Cette proposition[5] peut-elle être avancée par une personne qui ait du revenu en sens commun[6]? Peut-on impunément, comme vous faites, rompre en visière[7] à la raison? Et dans le vrai de la chose, est-il un esprit si affamé de plaisanterie, qu'il puisse
40 tâter[8] des fadaises dont cette comédie est assaisonnée? Pour moi, je vous avoue que je n'ai pas trouvé le moindre grain de sel[9] dans tout cela. *Les enfants par l'oreille* m'ont paru d'un

---

1. La salle du Palais-Royal, où la troupe de Molière jouait depuis le 20 janvier 1661;
2. *Méchant* : mauvais, qui ne vaut rien. *Rapsodie* (en mauvaise part) : œuvre composée d'éléments empruntés à autrui et mal assemblés; 3. Je ne reviendrai pas de cette défaillance avant au moins quinze jours; 4. En bonne santé et joyeuses; 5. *Proposition* : affirmation; 6. Le bon sens comparé au capital qui rapporte (métaphore précieuse); 7. *Rompre en visière* : rompre sa lance, au cours d'un tournoi, dans la visière du casque de son adversaire, c'est-à-dire l'attaquer en face; 8. *Tâter* d'un aliment, c'était en faire l'essai en y goûtant; 9. *Sel* : ce qui donne du goût, du piquant.

---

**QUESTIONS**

7. Étudiez l'entrée en scène de Climène (paroles et gestes). Le personnage est-il conforme au portrait qu'Élise en a tracé à la scène précédente? — La façon dont est amené le sujet de cette comédie, la critique de *l'École des femmes*, vous semble-t-elle habile et naturelle?

goût détestable; la *tarte à la crème* m'a affadi le cœur[1], et j'ai pensé vomir au *potage*[2].

45   ÉLISE. — Mon Dieu! que tout cela est dit élégamment! J'aurais cru que cette pièce était bonne; mais Madame a une éloquence si persuasive, elle tourne les choses d'une manière si agréable, qu'il faut être de son sentiment, malgré qu'on en ait[3].

URANIE. — Pour moi, je n'ai pas tant de complaisance; et,
50   pour dire ma pensée, je tiens cette comédie une des plus plaisantes[4] que l'auteur ait produites.

CLIMÈNE. — Ah! vous me faites pitié, de parler ainsi; et je ne saurais vous souffrir cette obscurité de discernement (8). Peut-on, ayant de la vertu, trouver de l'agrément dans une
55   pièce qui tient sans cesse la pudeur en alarme, et salit à tous moments l'imagination?

ÉLISE. — Les jolies façons de parler que voilà! Que vous êtes, Madame, une rude joueuse[5] en critique, et que je plains le pauvre Molière de vous avoir pour ennemie!

60   CLIMÈNE. — Croyez-moi, ma chère, corrigez de bonne foi votre jugement; et, pour votre honneur, n'allez point dire par le monde que cette comédie vous ait plu.

URANIE. — Moi, je ne sais pas ce que vous y avez trouvé qui blesse la pudeur.

65   CLIMÈNE. — Hélas! tout; et je mets en fait qu'une honnête femme ne la saurait voir sans confusion[6], tant j'y ai découvert d'ordures et de saletés.

URANIE. — Il faut donc que pour les ordures vous ayez des lumières que les autres n'ont pas; car, pour moi, je n'y en ai
70   point vu.

CLIMÈNE. — C'est que vous ne voulez pas y en avoir vu, assurément; car enfin toutes ces ordures, Dieu merci, y sont à visage découvert. Elles n'ont point la moindre enveloppe qui les couvre, et les yeux les plus hardis sont effrayés de leur nudité.

---

1. M'a dégoûtée; 2. Pour ces trois citations, voir *l'École des femmes*, vers 164 et 1493; vers 99; vers 432-436; 3. Bien que ce soit de mauvais gré; 4. *Plaisant* : agréable; 5. Un adversaire redoutable; 6. Sans avoir à en rougir.

---

**QUESTIONS**

8. Les *fadaises* de l'*École des femmes* : le reproche est-il grave, et les arguments convaincants? Pourquoi Molière n'entre-t-il pas d'emblée dans l'essentiel du sujet? — En quoi consiste le bon goût d'après Climène?

75 ÉLISE. — Ah!

CLIMÈNE. — Hai, hai, hai[1].

URANIE. — Mais encore, s'il vous plaît, marquez-moi[2] une de ces ordures que vous dites.

CLIMÈNE. — Hélas! est-il nécessaire de vous les marquer?

80 URANIE. — Oui; je vous demande seulement un endroit qui vous ait fort choquée.

CLIMÈNE. — En faut-il d'autre que la scène de cette Agnès, lorsqu'elle dit ce que l'on lui a pris[3]?

URANIE. — Eh bien! que trouvez-vous là de sale?

85 CLIMÈNE. — Ah!

URANIE. — De grâce?

CLIMÈNE. — Fi!

URANIE. — Mais encore?

CLIMÈNE. — Je n'ai rien à vous dire.

90 URANIE. — Pour moi, je n'y entends point de mal.

CLIMÈNE. — Tant pis pour vous.

URANIE. — Tant mieux plutôt, ce me semble. Je regarde les choses du côté qu'on me les montre, et ne les tourne point pour y chercher ce qu'il ne faut pas voir.

95 CLIMÈNE. — L'honnêteté[4] d'une femme...

URANIE. — L'honnêteté d'une femme n'est pas dans les grimaces[5]. Il sied mal de vouloir être plus sage que celles qui sont sages. L'affectation en cette matière est pire qu'en toute autre; et je ne vois rien de si ridicule que cette délicatesse d'honneur[6] 100 qui prend tout en mauvaise part, donne un sens criminel aux plus innocentes paroles, et s'offense de l'ombre des choses. Croyez-moi, celles qui font tant de façons n'en sont pas estimées plus femmes de bien. Au contraire, leur sévérité mystérieuse et leurs grimaces affectées irritent la censure[7] de tout le 105 monde contre les actions de leur vie. On est ravi de découvrir ce qu'il y peut avoir à redire; et, pour tomber dans l'exemple,

---

1. Orthographié *Hay, hay, hay* en 1663; 2. *Marquer* : indiquer avec précision; 3. *L'École des femmes*, vers 569 et suiv.; 4. Le mot *honnêteté* impliquait alors non seulement probité, devoir, mais aussi respect des convenances et des règles de la bienséance; 5. *Grimace* : mine par laquelle on singe des sentiments qu'on n'éprouve pas (voir page suivante, ligne 108); 6. Susceptibilité en matière d'honneur; 7. Attirent les critiques.

il y avait l'autre jour des femmes à cette comédie, vis-à-vis de
la loge où nous étions, qui par les mines qu'elles affectèrent
durant toute la pièce, leurs détournements de tête et leurs
110 cachements[1] de visage, firent dire de tous côtés cent sottises
de leur conduite, que l'on n'aurait pas dites sans cela; et quelqu'un même des laquais cria tout haut qu'elles étaient plus
chastes des oreilles que de tout le reste du corps.

CLIMÈNE. — Enfin il faut être aveugle dans cette pièce, et
115 ne pas faire semblant d'y voir les choses.

URANIE. — Il ne faut pas y vouloir voir ce qui n'y est pas.

CLIMÈNE. — Ah! je soutiens, encore un coup, que les saletés
y crèvent les yeux.

URANIE. — Et moi, je ne demeure pas d'accord de cela.

120 CLIMÈNE. — Quoi! la pudeur n'est pas visiblement blessée
par ce que dit Agnès dans l'endroit dont nous parlons?

URANIE. — Non vraiment. Elle ne dit pas un mot qui de soi
ne soit fort honnête; et si vous voulez entendre[2] dessous quelque
autre chose, c'est vous qui faites l'ordure, et non pas elle,
125 puisqu'elle parle seulement d'un ruban qu'on lui a pris.

CLIMÈNE. — Ah! ruban tant qu'il vous plaira; mais ce *le*,
où elle s'arrête, n'est pas mis pour des prunes. Il vient sur ce *le*
d'étranges pensées. Ce *le* scandalise furieusement; et, quoi que
vous puissiez dire, vous ne sauriez défendre l'insolence de ce *le*.

130 ÉLISE. — Il est vrai, ma cousine, je suis pour Madame contre
ce *le*. Ce *le* est insolent au dernier point, et vous avez tort de
défendre ce *le*.

CLIMÈNE. — Il a une obscénité qui n'est pas supportable. (9)

1. *Cachement*, mot déjà vieilli au temps de Molière; 2. *Entendre :* comprendre.

**QUESTIONS**

9. L'*obscénité* de *l'École des femmes :* pour quelle raison Molière,
après des généralités, va-t-il s'en tenir seulement à un fait très précis :
le *le* d'Agnès? — Quelle place occupe la tirade d'Uranie sur les *grimaces*
(lignes 96-113) dans la réponse de Molière à ses détracteurs? — Peut-on
affirmer sans mauvaise foi qu'il n'y ait dans ce *le* aucun sous-entendu
gaillard? Uranie ne soutient-elle pas une position indéfendable, uniquement pour forcer la prude à entrer dans les détails et à se démasquer?
— Le vocabulaire et le ton de la pruderie : par comparaison avec l'Arsinoé
du *Misanthrope*, dégagez les principaux caractères de ce langage. Relevez les caractéristiques et les exemples du style précieux de Climène
(adjectifs substantivés, expressions et mots du vocabulaire précieux,
métaphores filées).

ÉLISE. — Comment dites-vous ce mot-là, Madame?

135 CLIMÈNE. — Obscénité, Madame.

ÉLISE. — Ah! mon Dieu! obscénité. Je ne sais ce que ce mot veut dire[1]; mais je le trouve le plus joli[2] du monde.

CLIMÈNE. — Enfin, vous voyez comme votre sang[3] prend mon parti.

140 URANIE. — Eh! mon Dieu! c'est une causeuse qui ne dit pas ce qu'elle pense. Ne vous y fiez pas beaucoup, si vous m'en voulez croire.

ÉLISE. — Ah! que vous êtes méchante, de me vouloir rendre suspecte à Madame! Voyez un peu où j'en serais, si elle allait 145 croire ce que vous dites. Serais-je si malheureuse, Madame, que vous eussiez de moi cette pensée?

CLIMÈNE. — Non, non. Je ne m'arrête pas à ses paroles, et je vous crois plus sincère qu'elle ne l'a dit.

ÉLISE. — Ah! que vous avez bien raison, Madame, et que 150 vous me rendrez justice, quand vous croirez que je vous trouve la plus engageante personne du monde, que j'entre dans vos sentiments et suis charmée de toutes les expressions qui sortent de votre bouche!

CLIMÈNE. — Hélas! je parle sans affectation.

155 ÉLISE. — On le voit bien, Madame, et que tout est naturel en vous. Vos paroles, le ton de votre voix, vos regards, vos pas, votre action et votre ajustement[4], ont je ne sais quel air de qualité[5], qui enchante les gens. Je vous étudie des yeux et des oreilles; et je suis si remplie de vous, que je tâche d'être votre 160 singe et de vous contrefaire en tout.

CLIMÈNE. — Vous vous moquez de moi, Madame.

ÉLISE. — Pardonnez-moi, Madame. Qui voudrait se moquer de vous?

CLIMÈNE. — Je ne suis pas un bon modèle, Madame.

165 ÉLISE. — Oh! que si, Madame!

---

1. Les mots *obscène* et *obscénité* existaient déjà. Mais ils étaient si peu employés au milieu du XVIIᵉ siècle que le mot *obscénité*, dans la bouche de la « précieuse » Climène, pouvait en effet passer pour un néologisme obscur; 2. *Joli* était le mot à la mode; les femmes surtout en usaient et abusaient; il « se mettait à tout », dit le P. Bouhours (1676); 3. Uranie et Élise sont du même *sang*, puisque cousines; 4. Votre façon d'agir et de vous habiller; 5. Voir page 50, note 5.

CLIMÈNE. — Vous me flattez, Madame.

ÉLISE. — Point du tout, Madame.

CLIMÈNE. — Épargnez-moi, s'il vous plaît, Madame.

ÉLISE. — Je vous épargne aussi, Madame, et je ne dis pas la
170 moitié de ce que je pense, Madame.

CLIMÈNE. — Ah! mon Dieu! brisons-là, de grâce. Vous me
jetteriez dans une confusion épouvantable[1]. *(A Uranie.)* Enfin,
nous voilà deux contre vous, et l'opiniâtreté sied si mal aux
personnes spirituelles... **(10) (11)**

## Scène IV. — LE MARQUIS, CLIMÈNE, GALOPIN, URANIE, ÉLISE.

GALOPIN, *à la porte de la chambre.* — Arrêtez, s'il vous plaît,
Monsieur.

LE MARQUIS. — Tu ne me connais pas, sans doute[2].

GALOPIN. — Si fait, je vous connais; mais vous n'entrerez pas.

5 LE MARQUIS. — Ah! que de bruit, petit laquais!

GALOPIN. — Cela n'est pas bien de vouloir entrer malgré les
gens.

LE MARQUIS. — Je veux voir ta maîtresse.

GALOPIN. — Elle n'y est pas, vous dis-je.

10 LE MARQUIS. — La voilà dans la chambre.

GALOPIN. — Il est vrai, la voilà; mais elle n'y est pas.

URANIE. — Qu'est-ce donc qu'il y a là?

LE MARQUIS. — C'est votre laquais, Madame, qui fait le sot.

---

1. *Épouvantable* : qui frappe d'épouvante (hyperbole précieuse qui, en s'affai-
blissant, s'est maintenue jusqu'à nos jours; voir encore page 66, ligne 102, et page 72,
ligne 120); 2. Sans aucun doute (de même, plus loin, ligne 31).

---

**——— QUESTIONS ———**

10. Comparez l'attitude d'Uranie et celle d'Élise dans leur façon
d'accabler et de ridiculiser Climène. Laquelle est la plus courtoise, laquelle
est la plus efficace? — Les effets comiques dans cette partie de la scène :
le décalage entre l'apparente aménité des paroles et la réalité des sentiments.

11. SUR L'ENSEMBLE DE LA SCÈNE III. — Faites le portrait de Climène
d'après cette scène; Climène est-elle dupe de l'ironie d'Élise? Le personnage est-il franchement antipathique?
— Comment Molière, faute d'arguments sérieux, procède-t-il pour
mettre les rieurs et le public de son côté?

GALOPIN. — Je lui dis que vous n'y êtes pas, Madame, et il
15 ne veut pas laisser d'entrer[1].

URANIE. — Et pourquoi dire à Monsieur que je n'y suis pas?

GALOPIN. — Vous me grondâtes, l'autre jour, de lui avoir
dit que vous y étiez.

URANIE. — Voyez cet insolent! Je vous prie, Monsieur, de
20 ne pas croire ce qu'il dit. C'est un petit écervelé, qui vous a
pris pour un autre.

LE MARQUIS. — Je l'ai bien vu, Madame; et, sans votre
respect[2], je lui aurais appris à connaître les gens de qualité.

ÉLISE. — Ma cousine vous est fort obligée de cette déférence.

25 URANIE, à Galopin. — Un siège donc, impertinent.

GALOPIN. — N'en voilà-t-il pas un?

URANIE. — Approchez-le.

(Le petit laquais pousse le siège rudement et sort[3].)

LE MARQUIS. — Votre petit laquais, Madame, a du mépris
30 pour ma personne.

ÉLISE. — Il aurait tort, sans doute.

LE MARQUIS. — C'est peut-être que je paie l'intérêt[4] de ma
mauvaise mine : (Il rit) hai! hai! hai! hai!

ÉLISE. — L'âge le rendra plus éclairé en honnêtes gens.

35 LE MARQUIS. — Sur quoi en étiez-vous, Mesdames, lorsque
je vous ai interrompues?

URANIE. — Sur la comédie de l'École des femmes.

LE MARQUIS. — Je ne fais que d'en sortir[5].

CLIMÈNE. — Eh bien! Monsieur, comment la trouvez-vous,
40 s'il vous plaît?

LE MARQUIS. — Tout à fait impertinente[6].

CLIMÈNE. — Ah! que j'en suis ravie!

LE MARQUIS. — C'est la plus méchante[7] chose du monde.
Comment, diable! à peine ai-je pu trouver place; j'ai pensé

---

1. Voir page 45, note 2; 2. Sans le respect que je vous porte; 3. C'est seulement
dans l'édition de 1734 que se trouve l'indication : et sort ; ce qui suit devient alors
la scène v (la scène v de l'édition de 1663 devient donc la scène vi, et ainsi de suite);
4. Image précieuse empruntée à la langue financière : je suis victime de...; 5. Ne
faire que, « venir de », et ne faire que de, « ne cesser de », sont souvent confondus
jusqu'à la fin du XVIIᵉ siècle; 6. Impertinente, dans le sens général d'« extravagante »;
7. Méchante, voir page 53, note 2.

Phot. Bernand.

« Ah! vous me faites pitié, de parler ainsi » (scène III, ligne 52).

Représentation de la Comédie-Française, 1957.

Hélène Perdrière (Uranie), Marie Sabouret (Climène), Micheline Boudet (Élise).

Le Marquis. — Quoi! Chevalier, est-ce que tu prétends soutenir cette pièce?
(Scène V, ligne 13.)

Phot. Bernand.

Uranie. — Asseyez-vous donc, Monsieur Lysidas;

Phot. Bernand.

45 être étouffé à la porte, et jamais on ne m'a tant marché sur les pieds. Voyez comme mes canons et mes rubans[1] en sont ajustés, de grâce.

ÉLISE. — Il est vrai que cela crie vengeance contre *l'École des femmes*, et que vous la condamnez avec justice.

50 LE MARQUIS. — Il ne s'est jamais fait, je pense, une si méchante comédie.

URANIE. — Ah! voici Dorante que nous attendions. **(12)**

## SCÈNE V. — DORANTE, LE MARQUIS, CLIMÈNE, ÉLISE, URANIE.

DORANTE. — Ne bougez, de grâce, et n'interrompez point votre discours[2]. Vous êtes là sur une matière qui, depuis quatre jours, fait presque l'entretien de toutes les maisons de Paris, et jamais on n'a rien vu de si plaisant que la diversité des juge-
5 ments qui se font là-dessus. Car enfin j'ai ouï condamner cette comédie à certaines gens, par les mêmes choses que j'ai vu d'autres estimer le plus. **(13)**

---

1. Les *canons* étaient des ornements de soie et de dentelle attachés, au-dessous du genou, au bas de la culotte (haut-de-chausses). Quant aux *rubans*, il s'agit particulièrement ici de ceux qui nouaient ou ornaient la chaussure des précieux; 2. Conversation.

─────── **QUESTIONS** ───────

12. SUR LA SCÈNE IV. — Précisez l'utilité de cette scène pour reposer d'une discussion qui risquait de tourner à l'aigre, et pour égayer le spectateur tout en ne perdant pas de vue *l'École des femmes*.
— Caractérisez le comique, en vous appuyant sur le fait que c'était Dorante qui était attendu pour « souper » et non le Marquis, et sur l'intermède de Galopin (rapprochez les lignes 8-9 des lignes 6-7 de la scène II). Pourquoi Galopin se réfère-t-il (ligne 17) à une précédente visite *(l'autre jour)* du Marquis, alors qu'il pouvait rappeler l'entrée toute récente (scène II) de Climène?
— Comparez le Marquis au Mascarille des *Précieuses ridicules ;* le Marquis est-il l' « honnête homme » des salons du XVIIe siècle (voyez sa vanité, l'importance qu'il donne à son extérieur, son intrusion intempestive dans la conversation, sa sottise, ses jugements péremptoires et peu variés)?
— Comment les partisans et les détracteurs de Molière commencent-ils à s'organiser? Qu'apporte de nouveau les réflexions du Marquis?
— Pourquoi, en faisant entrer Dorante, Molière ne laisse-t-il pas son Marquis discourir plus longtemps seul avec les trois femmes?

13. Voir page suivante.

URANIE. — Voilà Monsieur le Marquis qui en dit force mal.

LE MARQUIS. — Il est vrai, je la trouve détestable; morbleu!
10 détestable du dernier détestable[1]; ce qu'on appelle détestable.

DORANTE. — Et moi, mon cher Marquis, je trouve le jugement détestable.

LE MARQUIS. — Quoi! Chevalier, est-ce que tu prétends soutenir cette pièce?

15 DORANTE. — Oui, je prétends la soutenir.

LE MARQUIS. — Parbleu! je la garantis détestable.

DORANTE. — La caution n'est pas bourgeoise[2]. Mais, Marquis, par quelle raison, de grâce, cette comédie est-elle ce que tu dis?

20 LE MARQUIS. — Pourquoi elle est détestable?

DORANTE. — Oui.

LE MARQUIS. — Elle est détestable, parce qu'elle est détestable.

DORANTE. — Après cela, il n'y a plus rien à dire : voilà son procès fait. Mais encore instruis-nous, et nous dis[3] les défauts
25 qui y sont.

LE MARQUIS. — Que sais-je, moi? je ne me suis pas seulement donné la peine de l'écouter. Mais enfin je sais bien que je n'ai jamais rien vu de si méchant[4], Dieu me damne; et Dorilas, contre qui j'étais[5], a été de mon avis.

30 DORANTE. — L'autorité est belle, et te voilà bien appuyé. (14)

---

1. « Détestable, du dernier détestable » (éd. de 1734). Expression du langage précieux, où *dernier*, substantivé, modifie un adjectif en lui donnant une valeur superlative (voir *les Précieuses ridicules*, Magdelon, scènes IV et IX); 2. Encore une expression précieuse (employée par Mascarille, dans les *Précieuses*, scène IX) : une garantie était dite *bourgeoise* quand elle était fournie par une personne solvable, donc estimée sérieuse; 3. Voir page 50, note 3; 4. *Méchant*, voir page 53, note 2; 5. Auprès de qui j'étais placé.

---

### QUESTIONS

13. Opposez l'entrée de Dorante à celle du Marquis; cette opposition suffit-elle à montrer de quel côté va se ranger Dorante (n'oubliez pas que Dorante est l'invité et le Marquis l'intrus)?

14. Comment se confirme ici la sottise du Marquis, incapable de justifier son opinion? Était-il utile que cette sottise se manifestât devant Dorante? — Effet de la répétition de l'adjectif *détestable*. — Importance de la remarque des lignes 26-27 (que vous opposerez à la remarque d'Uranie, scène III, ligne 29). N'explique-t-elle pas que le Marquis ne pourra porter ses jugements que par personnes interposées (Lysandre, Araminte; et déjà ici, à la ligne 28 : Dorilas)?

LE MARQUIS. — Il ne faut que voir les continuels éclats de rire que le parterre[1] y fait. Je ne veux point d'autre chose pour témoigner qu'elle ne vaut rien.

DORANTE. — Tu es donc, Marquis, de ces Messieurs du bel
35 air[2], qui ne veulent pas que le parterre ait du sens commun, et qui seraient fâchés d'avoir ri avec lui, fût-ce de la meilleure chose du monde? Je vis l'autre jour sur le théâtre[3] un de nos amis, qui se rendit ridicule par là. Il écouta toute la pièce avec un sérieux le plus sombre du monde; et tout ce qui égayait
40 les autres ridait son front. A tous les éclats de rire, il haussait les épaules, et regardait le parterre en pitié; et quelquefois aussi le regardant avec dépit, il lui disait tout haut : « Ris donc, parterre! ris donc[4]! » Ce fut une seconde comédie, que le chagrin[5] de notre ami. Il la donna en galant homme[6] à toute
45 l'assemblée, et chacun demeura d'accord qu'on ne pouvait pas mieux jouer qu'il fît[7]. Apprends, Marquis, je te prie, et les autres aussi, que le bon sens n'a point de place déterminée à la comédie; que la différence du demi-louis d'or et de la pièce de quinze sols[8] ne fait rien du tout au bon goût; que, debout et assis, on
50 peut donner un mauvais jugement; et qu'enfin, à le prendre en général[9], je me fierais assez à l'approbation du parterre, par la raison qu'entre ceux qui le composent il y en a plusieurs qui sont capables de juger d'une pièce selon les règles, et que les autres en jugent par la bonne façon d'en juger, qui est de
55 se laisser prendre aux choses, et de n'avoir ni prévention aveugle, ni complaisance affectée, ni délicatesse ridicule.

---

1. *Parterre* : partie de la salle de spectacle comprise entre la scène et l'orchestre, d'une part, et le fond du théâtre, d'autre part; le public s'y tenait debout. Se pressaient pêle-mêle au parterre bourgeois, artisans, poètes, clercs et laquais; 2. *Le bel air*, ce sont les belles manières, celles de la Cour et des gens de « qualité » (qui occupaient les loges et la scène; voir note 3). L'expression, après avoir été à la mode, s'employait ironiquement; 3. C'est-à-dire sur les chaises rangées de chaque côté de la scène et où, pour un « demi-louis », pouvaient prendre place des gentilshommes, usage qui se maintint à la Comédie-Française jusqu'en 1759; 4. Dans son édition de Boileau (1716), Brossette nomme l'auteur de cette incartade, un certain « Plapisson, qui passait pour un grand philosophe ». Antoine Adam (*Histoire de la littérature française au XVIIᵉ siècle*, t. III, page 289, note) propose de lire : M. de Plabuisson, ou de Clapisson; 5. *Chagrin* : mauvaise humeur; 6. En homme de bonne compagnie, puisqu'il offre généreusement un nouveau spectacle au public; 7. En 1661, dans *les Fâcheux* (acte premier, scène première), Molière adressait déjà un semblable reproche aux marquis installés sur la scène :

> [...] Faut-il, sur nos défauts extrêmes,
> Qu'en théâtre public nous nous jouions nous-mêmes?

8. Le *demi-louis d'or* (places « sur le théâtre ») a valu, au XVIIᵉ siècle, de 110 à 140 sols. Les places à *quinze sols* sont celles du parterre. La place aux loges coûtait trente sols; 9. A tout bien considérer.

LE MARQUIS. — Te voilà donc, Chevalier, le défenseur du parterre? Parbleu! je m'en réjouis, et je ne manquerai pas de l'avertir que tu es de ses amis. Hai! hai! hai! hai! hai! hai! (15)

60 DORANTE. — Ris tant que tu voudras. Je suis pour le bon sens, et ne saurais souffrir les ébullitions de cerveau de nos marquis de Mascarille. J'enrage de voir de ces gens qui se traduisent en ridicules[1], malgré leur qualité; de ces gens qui décident toujours et parlent hardiment de toutes choses, sans 65 s'y connaître; qui dans une comédie se récrieront[2] aux méchants endroits, et ne branleront pas[3] à ceux qui sont bons; qui voyant un tableau, ou écoutant un concert de musique, blâment de même et louent tout à contre-sens, prennent par où ils peuvent les termes de l'art qu'ils attrapent, et ne manquent jamais de 70 les estropier et de les mettre hors de place. Eh! morbleu! Messieurs, taisez-vous, quand Dieu ne vous a pas donné la connaissance d'une chose; n'apprêtez point à rire à ceux[4] qui vous entendent parler, et songez qu'en ne disant mot, on croira peut-être que vous êtes d'habiles gens.

75 LE MARQUIS. — Parbleu! Chevalier, tu le prends là...

DORANTE. — Mon Dieu, Marquis, ce n'est pas à toi que je parle. C'est à une douzaine de Messieurs qui déshonorent les gens de cour par leurs manières extravagantes, et font croire parmi le peuple que nous nous ressemblons tous. Pour moi, 80 je m'en veux justifier le plus qu'il me sera possible; et je les

---

1. Qui se produisent en public pour se montrer ridicules; 2. Admireront bruyamment; 3. Ne feront pas le moindre mouvement; 4. Ne disposez pas à rire ceux...

————— QUESTIONS —————

15. La défense du parterre : pourquoi Molière commence-t-il par défendre le parterre, public qui faisait le plus souvent la loi au théâtre, mais qui ne pouvait imposer un auteur malgré la Cour? Et pourquoi le fait-il défendre par un noble (Dorante est chevalier)? — Relevez les arguments de Dorante et discutez-les. — Qu'est-ce que *se laisser prendre aux choses* (ligne 55)? Comparez avec ce que dira Musset dans *Après une lecture* :

Que tous les pédants frappent leur tête creuse,
Vive le mélodrame où Margot a pleuré!

— Étudiez le mouvement de la tirade : n'est-elle pas faite pour être applaudie de ce parterre qu'elle défend?

dauberai[1] tant en toutes rencontres[2], qu'à la fin ils se rendront sages. **(16)**

LE MARQUIS. — Dis-moi un peu, Chevalier, crois-tu que Lysandre ait de l'esprit[3] ?

85   DORANTE. — Oui, sans doute[4], et beaucoup.

URANIE. — C'est une chose qu'on ne peut pas nier.

LE MARQUIS. — Demandez-lui ce qu'il lui semble de *l'École des femmes*, vous verrez qu'il vous dira qu'elle ne lui plaît pas.

DORANTE. — Eh ! mon Dieu ! il y en a beaucoup que le trop
90   d'esprit gâte, qui voient mal les choses à force de lumière, et même qui seraient bien fâchés d'être de l'avis des autres, pour avoir la gloire de décider.

URANIE. — Il est vrai. Notre ami est de ces gens-là, sans doute. Il veut être le premier de son opinion, et qu'on attende
95   par respect son jugement. Toute approbation qui marche avant la sienne est un attentat sur ses lumières, dont il se venge hautement en prenant le contraire parti. Il veut qu'on le consulte sur toutes les affaires d'esprit ; et je suis sûre que, si l'auteur lui eût montré sa comédie avant que de la faire voir au public,
100  il l'eût trouvée la plus belle du monde[5]. **(17)**

LE MARQUIS. — Et que direz-vous de la marquise Araminte, qui la publie partout pour épouvantable, et dit qu'elle n'a pu jamais souffrir les ordures dont elle est pleine ?

---

1. *Dauber* (frapper de coups) : maltraiter en paroles (sens figuré). On appela dès lors Molière le « daubeur » (voir *l'Impromptu de l'Hôtel de Condé*, scène première, Documentation thématique) ; 2. En toutes occasions ; 3. *Esprit* : intelligence ; 4. Certainement ; 5. Dans sa *Défense de la « Sophonisbe »* de M. *Corneille* (1663), Donneau de Visé reprochait à l'abbé d'Aubignac, l'auteur de la *Pratique du théâtre* (1657), d'avoir dit un jour : « M. de Corneille ne me vient pas visiter, ne vient pas consulter ses pièces avec moi, ne vient pas prendre de mes leçons ; toutes celles qu'il fera seront critiquées. »

--- **QUESTIONS** ---

16. La satire des marquis. Molière prend soin de faire une prudente distinction : laquelle? Quels marquis attaque-t-il? En quoi les paroles de Dorante portent-elles sur le snobisme un jugement qui reste actuel pour nous? — Imaginez, durant ce dialogue, l'attitude de Dorante et celle du Marquis. Et que font Uranie et Élise? Écoutent-elles impassibles?

17. La satire contre les gens d'esprit : là encore, quelle restriction Molière fait-il? — Pourquoi Uranie intervient-elle maintenant? Est-ce pour appuyer Dorante?

DORANTE. — Je dirai que cela est digne du caractère qu'elle
5 a pris; et qu'il y a des personnes qui se rendent ridicules, pour
vouloir avoir trop d'honneur. Bien qu'elle ait de l'esprit, elle
a suivi le mauvais exemple de celles qui, étant sur le retour
de l'âge, veulent remplacer de[1] quelque chose ce qu'elles voient
qu'elles perdent, et prétendent que les grimaces d'une pruderie
10 scrupuleuse leur tiendront lieu de jeunesse et de beauté. Celle-ci
pousse l'affaire plus avant qu'aucune; et l'habileté de son scrupule découvre des saletés où jamais personne n'en avait vu.
On tient[2] qu'il va, ce scrupule, jusques à défigurer notre langue,
et qu'il n'y a point presque de mots dont la sévérité de cette
15 dame ne veuille retrancher ou la tête ou la queue, pour les
syllabes déshonnêtes qu'elle y trouve. **(18)**

URANIE. — Vous êtes bien fou, Chevalier.

LE MARQUIS. — Enfin, Chevalier, tu crois défendre ta comédie en faisant la satire de ceux qui la condamnent.

20 DORANTE. — Non pas; mais je tiens que cette dame se scandalise à tort...

ÉLISE. — Tout beau[3]! Monsieur le Chevalier, il pourrait y
en avoir d'autres qu'elle qui seraient dans les mêmes sentiments.

DORANTE. — Je sais bien que ce n'est pas vous, au moins;
25 et que lorsque vous avez vu cette représentation...

ÉLISE. — Il est vrai; mais j'ai changé d'avis; et Madame
sait appuyer le sien par des raisons si convaincantes, qu'elle
m'a entraînée de son côté.

DORANTE, *à Climène*. — Ah! Madame, je vous demande
30 pardon; et, si vous le voulez, je me dédirai, pour l'amour de
vous, de tout ce que j'ai dit.

---

**1.** Par; **2.** On soutient; **3.** *Tout beau!* : interjection pour inviter quelqu'un à se
modérer ou pour lui imposer silence; fréquente dans les premières tragédies de Corneille, elle ne fut bientôt plus admise que dans le style familier.

──── **QUESTIONS** ────

**18.** Réponse à ceux qui taxent *l'École des femmes* d'*obscénité* : pourquoi Molière revient-il sur cette question? — L'attaque contre les prudes.
Comparez la marquise Aramine avec d'autres prudes du théâtre de
Molière : la prude que joue Mlle Béjart dans *l'Impromptu de Versailles*
(scène première, lignes 270-277); celle qu'évoque Dorine dans *Tartuffe*
(vers 118-140); l'Arsinoé du *Misanthrope*; sans oublier certains traits de
Philaminte dans *les Femmes savantes* (vers 909-918 : « le retranchement »
de « syllabes sales »). — Le comique de situation qui résulte de la présence de Climène pendant cette partie de la scène.

CLIMÈNE. — Je ne veux pas que ce soit pour l'amour de moi, mais pour l'amour de la raison; car enfin cette pièce, à le bien prendre, est tout à fait indéfendable, et je ne conçois pas...

135 URANIE. — Ah! voici l'auteur Monsieur Lysidas[1]. Il vient tout à propos pour cette matière. Monsieur Lysidas, prenez un siège vous-même, et vous mettez là. (19) (20)

## Scène VI. — LYSIDAS, DORANTE, LE MARQUIS, ÉLISE, URANIE, CLIMÈNE.

LYSIDAS. — Madame, je viens un peu tard; mais il m'a fallu lire ma pièce chez Madame la Marquise dont je vous avais parlé; et les louanges qui lui ont été données m'ont retenu une heure de plus que je ne croyais.

5 ÉLISE. — C'est un grand charme que les louanges pour arrêter un auteur.

URANIE. — Asseyez-vous donc, Monsieur Lysidas; nous lirons votre pièce après souper.

LYSIDAS. — Tous ceux qui étaient là doivent venir à sa

---

1. Certaines éditions mettent une virgule entre *l'auteur* et *Monsieur Lysidas*. Lysidas est non pas un auteur, mais l'auteur par définition; c'est sa profession. Pour son Lysidas, Molière a emprunté nombre de traits à son détracteur, Donneau de Visé. Celui-ci a reconnu, dans *Zélinde* (voir Documentation thématique), que « tout le commencement du rôle » de Lysidas était « tiré » de ses *Nouvelles nouvelles*.

—————— QUESTIONS ——————

19. Analysez l'habileté de Molière pour ne pas prolonger la discussion au-delà de ce que peut supporter l'attention du spectateur.

20. SUR L'ENSEMBLE DE LA SCÈNE V. — Intérêt actuel de cette scène. Hors des éléments qui n'appartiennent qu'au XVIIᵉ siècle, recherchez les traits permanents.

— Qualifiez le ton avec lequel s'expriment les différents personnages.

— Relevez les exclamations : comment rendent-elles familière cette discussion? caractérisent-elles les personnages?

— La mode des portraits au XVIIᵉ siècle : détachez ceux de cette scène; comparez-les pour l'intérêt dramatique avec ceux de *Tartuffe* (acte premier, scène première) et ceux du *Misanthrope* (acte II, scène IV).

— Dans quelle mesure peut-on dire que Dorante est le porte-parole de Molière?

10 première représentation, et m'ont promis de faire leur devoir comme il faut[1].

URANIE. — Je le crois. Mais, encore une fois, asseyez-vous, s'il vous plaît. Nous sommes ici sur une matière que je serai bien aise que nous poussions[2].

15 LYSIDAS. — Je pense, Madame, que vous retiendrez aussi une loge pour ce jour-là.

URANIE. — Nous verrons. Poursuivons, de grâce, notre discours[3].

LYSIDAS. — Je vous donne avis, Madame, qu'elles sont 20 presque toutes retenues.

URANIE. — Voilà qui est bien. Enfin j'avais besoin de vous, lorsque vous êtes venu, et tout le monde était ici contre moi.

ÉLISE, *à Uranie, montrant Dorante.* — Il s'est mis d'abord de votre côté; mais maintenant qu'il sait que Madame *(mon-*
25 *trant Climène)* est à la tête du parti contraire, je pense que vous n'avez qu'à chercher un autre secours.

CLIMÈNE. — Non, non, je ne voudrais pas qu'il fît mal sa cour auprès de Madame votre cousine, et je permets à son esprit d'être du parti de son cœur.

30 DORANTE. — Avec cette permission, Madame, je prendrai la hardiesse de me défendre.

URANIE. — Mais auparavant sachons les sentiments de Monsieur Lysidas.

LYSIDAS. — Sur quoi, Madame?

35 URANIE. — Sur le sujet de *l'École des femmes.*

LYSIDAS. — Ah, ah!

DORANTE. — Que vous en semble?

LYSIDAS. — Je n'ai rien à dire là-dessus; et vous savez qu'entre nous autres auteurs, nous devons parler des ouvrages les uns 40 des autres avec beaucoup de circonspection.

DORANTE. — Mais encore, entre nous, que pensez-vous de cette comédie?

---

1. Ils soutiendront la pièce par leurs applaudissements. Donneau de Visé, que pastiche ici Molière, avait écrit dans ses *Nouvelles nouvelles* (3e partie) : « Tous ceux qui m'ont promis de venir savent déjà les beaux endroits par cœur, afin de ne pas les laisser passer sans les applaudir »; 2. Que nous menions plus loin, vers une conclusion; 3. Voir page 62, note 2.

LYSIDAS. — Moi, Monsieur?

URANIE. — De bonne foi, dites-nous votre avis.

45 LYSIDAS. — Je la trouve fort belle.

DORANTE. — Assurément?

LYSIDAS. — Assurément. Pourquoi non? N'est-elle pas en effet la plus belle du monde?

DORANTE. — Hom, hom! vous êtes un méchant diable, Mon- 50 sieur Lysidas : vous ne dites pas ce que vous pensez.

LYSIDAS. — Pardonnez-moi.

DORANTE. — Mon Dieu! je vous connais. Ne dissimulons point.

LYSIDAS. — Moi, Monsieur?

55 DORANTE. — Je vois bien que le bien que vous dites de cette pièce n'est que par honnêteté[1], et que, dans le fond du cœur, vous êtes de l'avis de beaucoup de gens qui la trouvent mauvaise.

LYSIDAS. — Hai, hai, hai.

DORANTE. — Avouez, ma foi, que c'est une méchante[2] chose 60 que cette comédie.

LYSIDAS. — Il est vrai qu'elle n'est pas approuvée par les connaisseurs. **(21)**

LE MARQUIS. — Ma foi, Chevalier, tu en tiens[3], et te voilà payé de ta raillerie. Ah, ah, ah, ah, ah!

65 DORANTE. — Pousse, mon cher Marquis, pousse[4].

LE MARQUIS. — Tu vois que nous avons les savants de notre côté.

DORANTE. — Il est vrai, le jugement de Monsieur Lysidas est quelque chose de considérable. Mais Monsieur Lysidas veut

---

1. Par bons procédés d'« honnête homme »; 2. Voir page 53, note 2; 3. *En tenir* : être pris, attrapé; 4. *Pousser* (sa botte) : appuyer soudainement le fleuret sur le point où l'on a touché l'adversaire; d'où, au figuré, profiter de son avantage pour achever (terme d'escrime).

---

**▬ QUESTIONS ▬▬▬▬▬▬▬▬▬▬▬▬▬▬▬▬▬▬▬▬▬▬▬▬**

21. Étudiez l'entrée de Lysidas. Comment le personnage se peint-il, dans ses répliques, infatué de lui-même, intrigant et hypocrite avisé? — Quelle est, à son entrée, la réaction des autres personnages? Pourquoi Dorante juge-t-il aussitôt que Lysidas ne dit pas ce qu'il pense? et comment procède-t-il pour lui faire dire ce qu'il pense? — Qu'est-ce que Lysidas entend par *connaisseurs* (ligne 62)?

70 bien que je ne me rende pas pour cela; et puisque j'ai bien
l'audace de me défendre *(montrant Climène)* contre les sentiments de Madame, il ne trouvera pas mauvais que je combatte
les siens.

ÉLISE. — Quoi! vous voyez contre vous Madame, Monsieur
75 le Marquis et Monsieur Lysidas, et vous osez résister encore?
Fi! que cela est de mauvaise grâce!

CLIMÈNE. — Voilà qui me confond, pour moi, que des personnes raisonnables se puissent mettre en tête de donner protection aux sottises de cette pièce.

80 LE MARQUIS. — Dieu me damne, Madame, elle est misérable depuis le commencement jusqu'à la fin.

DORANTE. — Cela est bientôt dit, Marquis. Il n'est rien plus
aisé que de trancher[1] ainsi; et je ne vois aucune chose qui
puisse être à couvert de la souveraineté de tes décisions.

85 LE MARQUIS. — Parbleu! tous les autres comédiens[2] qui
étaient là pour la voir en ont dit tous les maux du monde.

DORANTE. — Ah! je ne dis plus mot : tu as raison, Marquis.
Puisque les autres comédiens en disent du mal, il faut les en
croire assurément. Ce sont tous gens éclairés et qui parlent
90 sans intérêt. Il n'y a plus rien à dire, je me rends.

CLIMÈNE. — Rendez-vous, ou ne vous rendez pas, je sais fort
bien que vous ne me persuaderez point de souffrir les immodesties[3] de cette pièce, non plus que les satires désobligeantes
qu'on y voit contre les femmes.

95 URANIE. — Pour moi, je me garderai bien de m'en offenser
et de prendre rien sur mon compte de tout ce qui s'y dit. Ces
sortes de satires tombent directement sur les mœurs, et ne
frappent les personnes que par réflexion[4]. N'allons point nous
appliquer nous-mêmes les traits[5] d'une censure générale; et
00 profitons de la leçon, si nous pouvons, sans faire semblant
qu'on parle à nous. Toutes les peintures ridicules qu'on expose
sur les théâtres doivent être regardées sans chagrin[6] de[7] tout

---

1. *Trancher* (mot à la mode au XVIIe siècle) : couper court à un débat en décidant
de façon péremptoire; 2. Les comédiens du théâtre du Marais, rue Vieille-du-Temple
(dont l'un, pourtant, Jean Simonin, dit « Chevalier », prendra à la fin de l'année
la défense de Molière dans *les Amours de Calotin*); mais surtout les comédiens rivaux
de l'Hôtel de Bourgogne, rue Mauconseil, auxquels Molière s'attaquera bientôt
dans la première scène de *l'Impromptu de Versailles*; 3. *Immodesties* : inconvenances
par impudeur; 4. Par ricochet, indirectement; 5. Les flèches (sens figuré); 6. Voir
page 64, note 5; 7. Par.

le monde. Ce sont miroirs publics, où il ne faut jamais témoigner qu'on se voie; et c'est se taxer hautement d'un défaut, que
105 se scandaliser qu'on le reprenne. (22)

CLIMÈNE. — Pour moi, je ne parle pas de ces choses par la
part que j'y puisse[1] avoir, et je pense que je vis d'un air[2] dans
le monde à ne pas craindre d'être cherchée dans les peintures
qu'on fait là des femmes qui se gouvernent mal.

110 ÉLISE. — Assurément, Madame, on ne vous y cherchera point.
Votre conduite est assez connue, et ce sont de ces sortes de
choses qui ne sont contestées de personne.

URANIE, *à Climène*. — Aussi, Madame, n'ai-je rien dit qui
aille à vous[3]; et mes paroles, comme les satires de la comédie,
115 demeurent dans la thèse générale.

CLIMÈNE. — Je n'en doute pas, Madame. Mais enfin passons
sur ce chapitre. Je ne sais pas de quelle façon vous recevez les
injures qu'on dit à notre sexe dans un certain endroit de la
pièce; et pour moi, je vous avoue que je suis dans une colère
120 épouvantable, de voir que cet auteur impertinent nous appelle
des *animaux*[4].

URANIE. — Ne voyez-vous pas que c'est un ridicule[5] qu'il
fait parler?

DORANTE. — Et puis, Madame, ne savez-vous pas que les
125 injures des amants n'offensent jamais? qu'il est des amours
emportés aussi bien que des doucereux[6]? et qu'en de pareilles
occasions les paroles les plus étranges, et quelque chose de
pis encore, se prennent bien souvent pour des marques d'affec-
tion par celles mêmes qui les reçoivent?

---

1. Subjonctif au sens conditionnel; 2. *D'un air* (mot à la mode) : d'une façon;
3. Qui soit dirigé contre vous en particulier; 4. *L'École des femmes*, vers 1579. Et
voir page 50, note 2; 5. « On dit : c'est un ridicule, pour dire : c'est un homme ridicule » (*Dictionnaire de l'Académie*, 1694); 6. L'usage hésitait encore à cette date
sur le genre du mot *amour* ; ce n'est qu'à la fin du siècle que s'imposeront définitivement le masculin au singulier et le féminin au pluriel.

---

**▌ QUESTIONS**

22. Les grands comédiens et les précieuses contre Molière. Que vaut,
lignes 85-86, l'argument du Marquis? Pourquoi Dorante feint-il de se
rendre? — Selon Climène (lignes 92-94), quels sont les reproches essen-
tiels adressés par les précieuses à *l'École des femmes?* Jusqu'ici, a-t-il
été question d'autres reproches? — Pourquoi Molière laisse-t-il à Uranie le soin de le défendre (revoir la scène III)? Précisez les arguments
d'Uranie.

30    ÉLISE. — Dites tout ce que vous voudrez, je ne saurais digérer cela, non plus que le *potage* et la *tarte à la crème*, dont
Madame a parlé tantôt[1].

      LE MARQUIS. — Ah! ma foi, oui, *tarte à la crème!* Voilà ce
que j'avais remarqué tantôt; *tarte à la crème!* Que je vous suis
35  obligé, Madame, de m'avoir fait souvenir de *tarte à la crème!*
*Y* a-t-il assez de pommes en Normandie[2] pour *tarte à la crème?*
*Tarte à la crème*, morbleu! *tarte à la crème!*

      DORANTE. — Eh bien! que veux-tu dire : *tarte à la crème?*

      LE MARQUIS. — Parbleu! *tarte à la crème*, Chevalier.

40  DORANTE. — Mais encore?

      LE MARQUIS. — *Tarte à la crème!*

      DORANTE. — Dis-nous un peu tes raisons.

      LE MARQUIS. — *Tarte à la crème!*

      URANIE. — Mais il faut expliquer sa pensée, ce me semble.

45  LE MARQUIS. — *Tarte à la crème*, Madame!

      URANIE. — Que trouvez-vous là à redire?

      LE MARQUIS. — Moi, rien. *Tarte à la crème!*

      URANIE. — Ah! je le quitte[3].

      ÉLISE. — Monsieur le Marquis s'y prend bien, et vous
50  bourre[4] de la belle manière. Mais je voudrais bien que Monsieur
Lysidas voulût les achever[5] et leur donner quelques petits
coups de sa façon. **(23)**

---

1. Scène III, lignes 43-44; 2. Allusion aux trognons de pommes et aux pommes
cuites que les mécontents du parterre jetaient sur la scène; 3. *Je le quitte :* je quitte
la chose, j'abandonne la question (expression où *le* est neutre); 4. *Bourrer :* malmener (ici, en paroles); 5. *Achever* les adversaires (du marquis). *Vous*, ligne 149,
renvoyait à tout le monde en général; *les* désigne Dorante et Uranie, qui ont pressé
en vain le marquis de s'expliquer.

---

**▬▬▬▬ QUESTIONS ▬▬▬▬**

23. Pourquoi Dorante et le Marquis n'interviennent-ils qu'à la fin
de cette querelle de femmes? — Montrez comment ce débat tourne court;
quelles raisons ont poussé Molière à terminer en ridiculisant le Marquis?
— Appréciez cette remarque de Robert Garapon (la *Fantaisie verbale
et le comique...*, pages 274-275) sur l' « art que possède Molière de char-
ger de comique psychologique ce qui n'était avant lui que prétexte à
jeu verbal » : « Les mots *tarte à la crème*, répétés treize fois en douze
répliques, en arrivent à perdre toute espèce de sens; et l'objection de la
*tarte à la crème*, qui n'avait pas grande valeur quand elle était présentée
par Climène ou Élise, finit par n'en plus avoir du tout dans la bouche
du Marquis, voire par se retourner contre lui pour faire éclater sa sottise
prétentieuse... » — Justifiez le silence de Lysidas depuis la ligne 63.
Où est-il? Que fait-il?

LYSIDAS. — Ce n'est pas ma coutume de rien[1] blâmer, et je
suis assez indulgent pour les ouvrages des autres[2]. Mais, enfin,
155 sans choquer[3] l'amitié que Monsieur le Chevalier témoigne
pour l'auteur, on m'avouera que ces sortes de comédies ne
sont pas proprement des comédies[4], et qu'il y a une grande
différence de toutes ces bagatelles à la beauté des pièces sérieuses.
Cependant tout le monde donne là-dedans[5] aujourd'hui; on
160 ne court plus qu'à cela, et l'on voit une solitude effroyable
aux grands ouvrages, lorsque des sottises ont tout Paris[6]. Je
vous avoue que le cœur m'en saigne quelquefois, et cela est
honteux pour la France.

CLIMÈNE. — Il est vrai que le goût des gens est étrangement
165 gâté là-dessus, et que le siècle s'encanaille[7] furieusement.

ÉLISE. — Celui-là est joli encore, s'encanaille! Est-ce vous
qui l'avez inventé, Madame?

CLIMÈNE. — Hé!

ÉLISE. — Je m'en suis bien doutée.

170 DORANTE. — Vous croyez donc, Monsieur Lysidas, que tout
l'esprit et toute la beauté sont dans les poèmes sérieux, et que
les pièces comiques sont des niaiseries qui ne méritent aucune
louange?

URANIE. — Ce n'est pas mon sentiment, pour moi. La tra-
175 gédie, sans doute[8], est quelque chose de beau quand elle est

---

1. *Rien :* quoi que ce soit (sens positif tiré du latin *rem*, une chose); 2. Et l'on sait
pourquoi (voir lignes 38-40); 3. *Choquer* (avec un complément abstrait) : contrarier.
Cet infinitif ne se rapporte pas au sujet du verbe principal *avouera :* c'était une syn-
taxe permise à l'époque, quand le sens était clair; 4. *Comédies* est d'abord pris au
sens général de « pièces de théâtre », puis au sens de « pièces comiques ». Distinction
est faite, par Lysidas et les adversaires de Molière, entre les « pièces comiques selon
les règles » (elles seules méritent le nom de « comédies ») et les « farces »; pour eux,
Molière n'est qu'un « farceur »; 5. *Donner dans :* se jeter dans (pour noter l'engoue-
ment du public pour ces « bagatelles »). Molière semble reprendre ici les termes mêmes
(*bagatelles*) du Clorante des *Nouvelles nouvelles*, de Donneau de Visé (voir Documentation thématique,); 6. Allusion de Lysidas à la *Sophonisbe* de Corneille,
qui, créée à l'Hôtel de Bourgogne en janvier 1663, n'eut que deux représentations,
et aux comédies-farces que les comédiens de l'Hôtel de Bourgogne avaient dû
présenter pour rivaliser avec Molière. Lysidas exagère : le genre tragique (tragédies
et tragi-comédies) attirait encore un public nombreux; mais c'est un fait qu'on
assistait à une progression du nombre des comédies représentées (voir dans les
« Nouveaux Classiques Larousse » : *la Comédie au XVIIe siècle avant Molière*,
tome premier, page 14 et note 1; tome II, page 9 et notes 1-2); 7. *S'encanailler*,
néologisme précieux, dont Somaize, dans son *Grand Dictionnaire des précieuses*
(1661), attribue la création à la marquise de Maulny; 8. Sans aucun doute.

bien touchée[1]; mais la comédie a ses charmes, et je tiens que l'une n'est pas moins difficile à faire que l'autre.

DORANTE. — Assurément, Madame; et quand, pour la difficulté, vous mettriez un *plus* du côté de la comédie, peut-être que vous ne vous abuseriez pas. Car enfin, je trouve qu'il est bien plus aisé de se guinder[2] sur grands sentiments, de braver en vers la Fortune, accuser les Destins et dire des injures aux Dieux[3], que d'entrer[4] comme il faut dans le ridicule des hommes, et de rendre agréablement sur le théâtre les défauts de tout le monde. Lorsque vous peignez des héros, vous faites ce que vous voulez; ce sont des portraits à plaisir[5], où l'on ne cherche point de ressemblance; et vous n'avez qu'à suivre les traits d'une imagination qui se donne l'essor, et qui souvent laisse le vrai pour attraper le merveilleux[6]. Mais lorsque vous peignez les hommes, il faut peindre d'après nature; on veut que ces portraits ressemblent; et vous n'avez rien fait, si vous n'y faites reconnaître les gens de votre siècle. En un mot, dans les pièces sérieuses, il suffit, pour n'être point blâmé, de dire des choses qui soient de bon sens et bien écrites; mais ce n'est pas assez dans les autres, il y faut plaisanter; et c'est une étrange[7] entreprise que celle de faire rire les honnêtes gens[8].

CLIMÈNE. — Je crois être du nombre des honnêtes gens; et cependant je n'ai pas trouvé le mot pour rire dans tout ce que j'ai vu.

LE MARQUIS. — Ma foi, ni moi non plus.

DORANTE. — Pour toi, Marquis, je ne m'en étonne pas : c'est que tu n'y as point trouvé de turlupinades[9].

---

1. *Touchée* (terme de peinture) : traitée avec art; 2. *Se guinder*, au figuré, « se dit de l'esprit ou des choses de l'esprit, où l'on affecte trop d'élévation » (*Dictionnaire de l'Académie*, 1694); 3. Dorante ferait allusion aux tragédies de Corneille; voyez notamment la tirade de Curiace, dans *Horace*, vers 423-430 :

Que désormais le ciel, les enfers et la terre, *etc.*;

4. *Entrer dans* : pénétrer et bien saisir de l'intérieur pour exprimer avec vérité; 5. Peints suivant la fantaisie de l'auteur, sans fondement dans le réel; 6. L'extraordinaire; 7. *Étrange* : extraordinaire (par ses difficultés); 8. Pluriel d'« honnête homme ». — Les adversaires de Molière ont pensé sans hésiter que, dans cette tirade, il attaquait Corneille; et Donneau de Visé, dans sa *Lettre sur les affaires du théâtre* (déc. 1663), lui répondra : « Le nom de M. de Corneille, que nous pouvons justement appeler la gloire de la France, est adoré dans toute l'Europe [...]. Ses copies sont plus estimées que les originaux qu'Élomire [Molière] nous veut faire passer pour des chefs-d'œuvre beaucoup plus difficiles que des ouvrages sérieux »; 9. Voir page 48, note 4.

LYSIDAS. — Ma foi, Monsieur, ce qu'on y rencontre ne vaut
guère mieux, et toutes les plaisanteries y sont assez froides, à
205 mon avis. **(24)**

DORANTE. — La cour n'a pas trouvé cela.

LYSIDAS. — Ah! Monsieur, la cour!...

DORANTE. — Achevez, Monsieur Lysidas. Je vois bien que
vous voulez dire que la cour ne se connaît pas à ces choses; et
210 c'est le refuge ordinaire de vous autres, Messieurs les auteurs,
dans le mauvais succès[1] de vos ouvrages, que d'accuser l'injus-
tice du siècle et le peu de lumière des courtisans. Sachez, s'il
vous plaît, Monsieur Lysidas, que les courtisans ont d'aussi
bons yeux que d'autres; qu'on peut être habile avec un point
215 de Venise et des plumes[2], aussi bien qu'avec une perruque
courte et un petit rabat uni[3]; que la grande épreuve de toutes
vos comédies, c'est le jugement de la cour; que c'est son goût
qu'il faut étudier pour trouver l'art de réussir; qu'il n'y a
point de lieu où les décisions soient si justes; et sans mettre en
220 ligne de compte tous les gens savants qui y sont, que, du simple
bon sens naturel et du commerce de tout le beau monde, on
s'y fait une manière d'esprit, qui sans comparaison juge plus
finement des choses que tout le savoir enrouillé des pédants.

---

1. *Succès :* issue d'une affaire, en bonne ou en mauvaise part; 2. La mode était
aux collets en dentelle de Venise, plus fine et aussi plus coûteuse que la dentelle
de France et de Flandre. Dans *le Portrait du peintre* (octobre 1663), de Boursault,
le comte raille le baron Damis, qui porte encore des « collets de dentelle de Flandre » :

> Je te dis en ami, si tu vas chez le roi,
> Que tu n'entras pas sans un point de Venise... (scène II).

— Quant aux *plumes*, c'était aussi un luxe dispendieux : Mascarille, dans *les Précieuses* (scène IX), en porte dont « le brin » lui a coûté « un louis d'or »; 3. Costume
modeste tel qu'en portaient gens d'Église et intellectuels, comme Lysidas.

---

### ▄▄ QUESTIONS ▄▄

**24.** La défense de la comédie. Comment passe-t-on de l'éloge de la
tragédie (par Lysidas) à l'éloge de la comédie (par Dorante)? — Dégagez
les critiques adressées à *l'École des femmes* par Lysidas, Climène et le
Marquis, et les arguments de Dorante en faveur des « pièces comiques ».
— Ne pourrait-on pas reprocher à Molière de confondre sa défense de
*l'École des femmes* avec la défense de la comédie en général? Cette confusion n'est-elle pas volontaire et ne prouve-t-elle pas que Molière savait
pertinemment que sa pièce n'était pour beaucoup qu'un prétexte pour
discréditer son art? — Quelles raisons personnelles et historiques poussent
Molière, qui avait le goût du tragique et des rôles tragiques, à plaider
pour la comédie?

URANIE. — Il est vrai que, pour peu qu'on y demeure, il
25 vous passe là tous les jours assez de choses devant les yeux
pour acquérir quelque habitude de les connaître, et surtout
pour ce qui est de la bonne et mauvaise plaisanterie.

DORANTE. — La cour a quelques ridicules[1], j'en demeure
d'accord, et je suis, comme on voit, le premier à les fronder[2] **(25)**.
30 Mais, ma foi, il y en a un grand nombre parmi les beaux esprits
de profession; et si l'on joue[3] quelques marquis, je trouve qu'il
y a bien plus de quoi jouer les auteurs, et que ce serait une
chose plaisante à mettre sur le théâtre que leurs grimaces
savantes et leurs raffinements ridicules, leur vicieuse coutume
35 d'assassiner les gens de[4] leurs ouvrages, leur friandise[5] de
louanges, leurs ménagements de pensées[6], leur trafic de réputation et leurs ligues offensives et défensives, aussi bien que
leurs guerres d'esprit et leurs combats de prose et de vers.

LYSIDAS. — Molière est bien heureux, Monsieur, d'avoir un
40 protecteur aussi chaud que vous. Mais enfin, pour venir au
fait, il est question de savoir si sa pièce est bonne, et je m'offre
d'y montrer partout cent défauts visibles.

URANIE. — C'est une étrange chose de vous autres[7], Messieurs les poètes, que vous condamniez toujours les pièces où
45 tout le monde court, et ne disiez jamais du bien que de celles
où personne ne va. Vous montrez pour les unes une haine invin-
cible, et pour les autres une tendresse qui n'est pas concevable.

DORANTE. — C'est qu'il est généreux de se ranger du côté
des affligés.

---

**1.** Voir page 72, note 5; **2.** *Fronder* : attaquer en critiquant; **3.** *Jouer* quelqu'un :
le tourner en ridicule; **4.** Avec; **5.** *Friandise* : goût exagéré pour; **6.** « Leurs précautions oratoires et leurs discours hypocrites; ou bien les petits soins qu'ils donnent
à leur style pour faire valoir une pensée » (P. Mélèse); **7.** De la part de vous autres.

---

**■ QUESTIONS ■**

**25.** L'éloge de la Cour : pourquoi Molière donne-t-il à Lysidas, et
non au Marquis, la réplique (ligne 207) qui amènera Dorante à faire
l'éloge de la Cour? Contre qui Molière avait-il défendu le parterre?
Contre qui défend-il la Cour? Le choix de l'antagoniste est-il intention-
nel? — Rapprochez cet éloge de la Cour de la défense du parterre (scène v,
lignes 34-82) : montrez comment, dans l'un et l'autre cas, Molière sait
distinguer les marquis ridicules de l'ensemble des « gens de Cour ».
— Pour juger une pièce, que vaut contre *les savants* (ligne 66) l'accord
du parterre et de la Cour? Molière ne distingue-t-il pas ici *savants* et
*pédants* (lignes 220 et 223)?

250    URANIE. — Mais, de grâce, Monsieur Lysidas, faites-nous voir ces défauts, dont je ne me suis point aperçue. **(26)**

LYSIDAS. — Ceux qui possèdent Aristote et Horace[1] voient d'abord[2], Madame, que cette comédie pèche contre toutes les règles de l'art. **(27)**

255    URANIE. — Je vous avoue que je n'ai aucune habitude avec[3] ces Messieurs-là, et que je ne sais point les règles de l'art.

DORANTE. — Vous êtes de plaisantes[4] gens avec vos règles, dont vous embarrassez les ignorants et nous étourdissez tous les jours. Il semble, à vous ouïr parler, que ces règles de l'art
260    soient les plus grands mystères du monde; et cependant ce ne sont que quelques observations aisées, que le bon sens a faites sur ce qui peut ôter le plaisir que l'on prend à ces sortes de poèmes; et le même bon sens qui a fait autrefois ces observations les fait aisément tous les jours, sans le secours d'Horace
265    et d'Aristote. Je voudrais bien savoir si la grande règle de toutes les règles n'est pas de plaire[5], et si une pièce de théâtre qui a attrapé son but n'a pas suivi un bon chemin. Veut-on que tout un public s'abuse sur ces sortes de choses, et que chacun n'y soit pas juge du plaisir qu'il y prend?

270    URANIE. — J'ai remarqué une chose de ces Messieurs-là : c'est que ceux qui parlent le plus des règles, et qui les savent

---

1. C'est de la *Poétique* d'Aristote et de l'*Épître aux Pisons* (ou *Art poétique*) d'Horace que, depuis la Renaissance, les doctes prétendaient tirer les « règles » de l'art dramatique; 2. Dès l'abord, aussitôt; 3. Je ne fréquente pas; 4. Sens moderne de « amusant » (différent de celui de la scène III, ligne 51); 5. C'est ce qu'ont répété les écrivains classiques : La Fontaine (Préface de *Psyché*, 1669 : « Mon principal but est toujours de plaire »), Racine (Préface de *Bérénice*, 1670 : « La principale règle est de plaire et de toucher »), Boileau (vers 25 du chant III de l'*Art poétique*, 1674 : « Le secret est d'abord de plaire et de toucher »).

——————— **QUESTIONS** ———————

**26.** Molière contre *les beaux esprits de profession* : qu'est-ce qui faisait prévoir cette diatribe contre les « auteurs »? — De la ligne 230 à 238, Dorante ne fait-il pas le portrait même de Lysidas? Ce portrait n'annonce-t-il pas les Vadius et Trissotin? — Comparez l'éloge de la Cour et la satire des « beaux esprits de profession » (lignes 208-238) avec la tirade de Clitandre dans *les Femmes savantes* (vers 1331-1346). — Le succès (voir lignes 240-247) est-il nécessairement le critère d'une « bonne pièce »?

**27.** Dans la réplique de Lysidas, n'avons-nous pas la preuve de la fatuité et des outrances du personnage?

mieux que les autres, font des comédies que personne ne trouve belles[1].

DORANTE. — Et c'est ce qui marque, Madame, comme on
75 doit s'arrêter peu à leurs disputes embarrassées[2]. Car enfin, si les pièces qui sont selon les règles ne plaisent pas et que celles qui plaisent ne soient pas selon les règles, il faudrait de nécessité que les règles eussent été mal faites. Moquons-nous donc de cette chicane où ils veulent assujettir le goût du public, et
80 ne consultons dans une comédie que l'effet qu'elle fait sur nous. Laissons-nous aller de bonne foi aux choses qui nous prennent par les entrailles[3], et ne cherchons point de raisonnements pour nous empêcher d'avoir du plaisir.

URANIE. — Pour moi, quand je vois une comédie, je regarde
85 seulement si les choses me touchent; et, lorsque je m'y suis bien divertie, je ne vais point demander si j'ai eu tort, et si les règles d'Aristote me défendaient de rire.

DORANTE. — C'est justement comme un homme qui aurait trouvé une sauce excellente, et qui voudrait examiner si elle
90 est bonne sur les préceptes du *Cuisinier français*[4].

URANIE. — Il est vrai; et j'admire[5] les raffinements de certaines gens sur des choses que nous devons sentir par nous-mêmes.

DORANTE. — Vous avez raison, Madame, de les trouver étranges, tous ces raffinements mystérieux. Car enfin, s'ils ont
95 lieu, nous voilà réduits à ne nous plus croire; nos propres sens seront esclaves en toutes choses; et, jusques au manger et au boire, nous n'oserons plus trouver rien de bon, sans le congé[6] de Messieurs les experts. **(28)**

---

1. Donneau de Visé insinua dans *Zélinde* (voir Documentation thématique) que Molière visait ici l'abbé d'Aubignac. Celui-ci, célèbre comme critique et théoricien de l'art dramatique, notamment par sa *Pratique du théâtre* (1657), n'avait connu aucun succès comme auteur avec ses tragédies en prose : *la Pucelle d'Orléans* (éd. de 1642), *Zénobie* (éd. de 1647). Sa *Cyminde* (éd. de 1642) n'avait même pas été représentée; 2. Inextricablement confuses; 3. Voir ce que Dorante a déjà dit à la scène v, ligne 55; 4. Traité de gastronomie de François Pierre de La Varenne, écuyer de cuisine du marquis d'Uxelles. La première édition de cet ouvrage souvent réimprimé (5e éd. en 1654) datait de 1651; 5. *Admirer* : regarder avec étonnement; 6. *Congé* : permission.

---

**— QUESTIONS —**

**28.** Uranie et Dorante ne se livrent-ils pas dans ce passage (lignes 257-298) à un exposé plus dogmatique que critique? Molière ne s'efforce-t-il pas de définir son art plutôt que d'entrer dans des discussions stériles (*chicane*, ligne 279) avec ses détracteurs? S'il a raison d'apprécier avant tout le goût du public, a-t-il le droit de récuser le jugement des « experts »?
— Quel correctif Molière apportera-t-il peu après (lignes 302 et suiv.) à ce critère de la « bonne pièce »?

**URANIE ET DORANTE**
Centre dramatique de l'Ouest. Théâtre de l'Athénée (1951).

LE MARQUIS ET LYSIDAS ENTRE URANIE ET ÉLISE

Centre dramatique de l'Ouest. Théâtre de l'Athénée (1951).

LYSIDAS. — Enfin, Monsieur, toute votre raison, c'est que
300 *l'École des femmes* a plu; et vous ne vous souciez point qu'elle
soit dans les règles, pourvu...

DORANTE. — Tout beau[1], Monsieur Lysidas, je ne vous
accorde pas cela. Je dis bien que le grand art est de plaire, et
que cette comédie ayant plu à ceux pour qui elle est faite, je
305 trouve que c'est assez pour elle et qu'elle doit peu se soucier
du reste. Mais, avec cela, je soutiens qu'elle ne pèche contre
aucune des règles dont vous parlez. Je les ai lues, Dieu merci,
autant qu'un autre; et je ferais voir aisément que peut-être
n'avons-nous point de pièce au théâtre plus régulière que
310 celle-là. (29)

ÉLISE. — Courage, Monsieur Lysidas! nous sommes perdus
si vous reculez.

LYSIDAS. — Quoi! Monsieur, la protase, l'épitase et la
péripétie[2]...?

315 DORANTE. — Ah! Monsieur Lysidas, vous nous assommez
avec vos grands mots. Ne paraissez point si savant, de grâce.
Humanisez[3] votre discours, et parlez pour être entendu. Pensez-
vous qu'un nom grec donne plus de poids à vos raisons? Et ne
trouveriez-vous pas qu'il fût aussi beau de dire l'exposition du
320 sujet que la protase, le nœud que l'épitase, et le dénouement
que la péripétie[4]? (30)

LYSIDAS. — Ce sont termes de l'art dont il est permis de se
servir. Mais, puisque ces mots blessent vos oreilles, je m'expli-

---

1. *Tout beau* : voir page 67, note 3; 2. Trois termes de la poétique grecque pour
désigner l'exposition du sujet, le nœud et le brusque revirement de l'action (la *péripétie* s'appelait encore « catastase »). En y ajoutant le dénouement, ou « catastrophe »,
on a les quatre parties de la tragédie telles qu'elles étaient fixées par les « doctes »;
3. Plutôt que de parler en « pédant », employez des termes que comprenne (entende)
l'« honnête homme »; 4. En fait, le dénouement n'est que l'élimination de la dernière péripétie, avec les événements qui en résultent.

---

━━━━━━━ **QUESTIONS** ━━━━━━━━━━━━━━━━━

**29.** Faut-il confondre le vain plaisir d'amour-propre que prennent
les doctes comme Lysidas à critiquer, et qui les prive de la satisfaction
de sentir les belles choses, avec la critique de Dorante, qui, loin d'exclure
le sentiment de ces belles choses, prend ce sentiment pour base de ses
jugements?

**30.** Quel effet produisent les termes didactiques employés par Lysidas?
Nous a-t-il montré jusque-là qu'il avait l'habitude, comme les cuistres,
d'user de ce jargon?

querai d'une autre façon, et je vous prie de répondre positi-
325 vement à trois ou quatre choses que je vais dire. Peut-on souffrir
une pièce qui pèche contre le nom propre des pièces de théâtre?
Car enfin, le nom de poème dramatique vient d'un mot grec
qui signifie agir[1], pour montrer que la nature de ce poème
consiste dans l'action; et dans cette comédie-ci, il ne se passe
330 point d'actions, et tout consiste en des récits que vient faire
ou Agnès ou Horace.

LE MARQUIS. — Ah! ah! Chevalier.

CLIMÈNE. — Voilà qui est spirituellement remarqué, et c'est
prendre le fin des choses[2].

335 LYSIDAS. — Est-il rien de si peu spirituel, ou, pour mieux
dire, rien de si bas, que quelques mots où tout le monde rit,
et surtout celui des *enfants par l'oreille*[3]?

CLIMÈNE. — Fort bien.

ÉLISE. — Ah!

340 LYSIDAS. — La scène du valet et de la servante au-dedans
de la maison[4], n'est-elle pas d'une longueur ennuyeuse, et
tout à fait impertinente[5]?

LE MARQUIS. — Cela est vrai.

CLIMÈNE. — Assurément.

345 ÉLISE. — Il a raison.

LYSIDAS. — Arnolphe ne donne-t-il pas trop librement son
argent à Horace[6]? Et puisque c'est le personnage ridicule de
la pièce, fallait-il lui faire faire l'action d'un honnête homme?

LE MARQUIS. — Bon. La remarque est encore bonne.

350 CLIMÈNE. — Admirable.

ÉLISE. — Merveilleuse.

LYSIDAS. — Le sermon et les *Maximes*[7] ne sont-elles pas des
choses ridicules, et qui choquent même le respect que l'on doit
à nos mystères[8]?

355 LE MARQUIS. — C'est bien dit.

---

1. *Drama*, en grec, signifie en effet « action »; 2. Faire des différences subtiles, expression du langage précieux; 3. *L'École des femmes*, vers 164 et 1493; 4. *L'École des femmes*, acte premier, scène II; 5. Déplacée, hors sujet; 6. *L'École des femmes*, vers 282-287; 7. *L'École des femmes*, III, II; 8. Dogmes et cérémonies de l'Église voir Documentation thématique).

CLIMÈNE. — Voilà parlé comme il faut.

ÉLISE. — Il ne se peut rien de mieux.

LYSIDAS. — Et ce Monsieur de La Souche enfin, qu'on nous fait un homme d'esprit, et qui paraît si sérieux en tant d'en-
360 droits, ne descend-il point dans quelque chose de trop comique et de trop outré au cinquième acte[1], lorsqu'il explique à Agnès la violence de son amour, avec ces roulements d'yeux extravagants, ces soupirs ridicules, et ces larmes niaises qui font rire tout le monde[2]?

365 LE MARQUIS. — Morbleu! merveille!

CLIMÈNE. — Miracle!

ÉLISE. — Vivat, Monsieur Lysidas!

LYSIDAS. — Je laisse cent mille autres choses, de peur d'être ennuyeux.

370 LE MARQUIS. — Parbleu! Chevalier, te voilà mal ajusté[3].

DORANTE. — Il faut voir.

LE MARQUIS. — Tu as trouvé ton homme, ma foi!

DORANTE. — Peut-être.

LE MARQUIS. — Réponds, réponds, réponds, réponds.

375 DORANTE. — Volontiers. Il...

LE MARQUIS. — Réponds donc, je te prie.

DORANTE. — Laisse-moi donc faire. Si...

LE MARQUIS. — Parbleu! je te défie de répondre.

DORANTE. — Oui, si tu parles toujours.

380 CLIMÈNE. — De grâce, écoutons ses raisons.

DORANTE. — Premièrement, il n'est pas vrai de dire que toute la pièce n'est qu'en récits. On y voit beaucoup d'actions qui se passent sur la scène, et les récits eux-mêmes y sont des actions, suivant la constitution du sujet; d'autant qu'ils sont
385 tous faits innocemment, ces récits, à la personne intéressée[4], qui par là entre, à tous coups, dans une confusion à réjouir

---

1. Vers 1587-1604; 2. Tel était donc le jeu de Molière dans le rôle d'Arnolphe, ce qui exclut l'interprétation « tragique » du personnage; 3. Te voilà fort malmené!; 4. Arnolphe (I, iv; III, iv; IV, vi; V, ii et vi).

les spectateurs, et prend, à chaque nouvelle, toutes les mesures qu'il[1] peut pour se parer du malheur qu'il craint.

390 URANIE. — Pour moi, je trouve que la beauté du sujet de *l'École des femmes* consiste dans cette confidence perpétuelle; et ce qui me paraît assez plaisant, c'est qu'un homme qui a de l'esprit[2], et qui est averti de tout par une innocente qui est sa maîtresse[3], et par un étourdi qui est son rival, ne puisse avec cela éviter ce qui lui arrive.

395 LE MARQUIS. — Bagatelle, bagatelle.

CLIMÈNE. — Faible réponse.

ÉLISE. — Mauvaises raisons.

DORANTE. — Pour ce qui est des *enfants par l'oreille*, ils ne sont plaisants que par réflexion à Arnolphe[4]; et l'auteur n'a
400 pas mis cela pour être de soi un bon mot, mais seulement pour une chose qui caractérise l'homme et peint d'autant mieux son extravagance, puisqu'il rapporte une sottise triviale[5] qu'a dite Agnès comme la chose la plus belle du monde, et qui lui donne une joie inconcevable.

405 LE MARQUIS. — C'est mal répondre.

CLIMÈNE. — Cela ne satisfait point.

ÉLISE. — C'est ne rien dire.

DORANTE. — Quant à l'argent qu'il donne librement, outre que la lettre de son meilleur ami lui est une caution suffisante,
410 il n'est pas incompatible qu'une personne soit ridicule en de certaines choses et honnête homme en d'autres. Et pour la scène d'Alain et de Georgette dans le logis, que quelques-uns ont trouvée longue et froide, il est certain qu'elle n'est pas sans raison; et, de même qu'Arnolphe se trouve attrapé, pen-
415 dant son voyage, par la pure innocence de sa maîtresse, il demeure, au retour, longtemps à sa porte par l'innocence de ses valets, afin qu'il soit partout puni par les choses qu'il a cru faire la sûreté de ses précautions[6].

LE MARQUIS. — Voilà des raisons qui ne valent rien.

---

1. Accord avec le sens : Dorante pense à Arnolphe *(la personne intéressée)*; 2. De l'intelligence; 3. La jeune fille qui est aimée de lui (sens général dans le vocabulaire de l'époque); 4. Sur *réflexion*, voir page 71, note 4 : « Relativement à Arnolphe, parce que c'est lui qui dit cette sottise, et que sa joie en la disant suffit pour le peindre » (E. Despois); 5. *Trivial* : connu de tous (sans nuance défavorable); 6. Les choses par lesquelles il a cru rendre sûres ses précautions.

420   CLIMÈNE. — Tout cela ne fait que blanchir[1].

ÉLISE. — Cela fait pitié.

DORANTE. — Pour le discours moral que vous appelez un sermon, il est certain que de vrais dévots qui l'ont ouï n'ont pas trouvé qu'il choquât ce que vous dites; et sans doute que
425 ces paroles d'*enfer* et de *chaudières bouillantes*[2] sont assez justifiées par l'extravagance d'Arnolphe et par l'innocence de celle à qui il parle. Et quant au transport amoureux du cinquième acte, qu'on accuse d'être trop outré et trop comique, je voudrais bien savoir si ce n'est pas faire la satire des amants,
430 et si les honnêtes gens même et les plus sérieux, en de pareilles occasions, ne font pas des choses...?

LE MARQUIS. — Ma foi, Chevalier, tu ferais mieux de te taire.

DORANTE. — Fort bien. Mais enfin si nous nous regardions nous-mêmes, quand nous sommes bien amoureux...?

435 LE MARQUIS. — Je ne veux pas seulement t'écouter.

DORANTE. — Écoute-moi, si tu veux. Est-ce que dans la violence de la passion...?

LE MARQUIS. — La, la, la, la, lare, la, la, la, la, la, la.
(*Il chante.*)

440 DORANTE. — Quoi...?

LE MARQUIS. — La, la, la, la, lare, la, la, la, la, la, la.

DORANTE. — Je ne sais pas si...

LE MARQUIS. — La, la, la, la, lare, la, la, la, la, la, la.

URANIE. — Il me semble que...

445 LE MARQUIS. — La, la, la, lare, la, la, la, la, la, la, la, la, la, la! (31)

URANIE. — Il se passe des choses assez plaisantes dans notre dispute[3]. Je trouve qu'on en pourrait bien faire une petite comédie, et que cela ne serait pas trop mal à la queue de *l'École*
450 *des femmes*.

---

1. *Blanchir* se disait, au propre, « des coups de canon qui ne font qu'effleurer une muraille en y laissant une marque blanche », et, au figuré, « de ceux qui entreprennent d'attaquer ou de persuader quelqu'un, et dont tous les efforts sont inutiles » (*Dictionnaire de Trévoux*) ; 2. *L'École des femmes*, vers 727 et 737; 3. *Dispute* : discussion.

━━━━━━━━ QUESTIONS ━━━━━━━━
31. Voir page suivante.

DORANTE. — Vous avez raison.

LE MARQUIS. — Parbleu! Chevalier, tu jouerais là-dedans un rôle qui ne te serait pas avantageux.

DORANTE. — Il est vrai, Marquis.

455 CLIMÈNE. — Pour moi, je souhaiterais que cela se fît, pourvu qu'on traitât l'affaire comme elle s'est passée.

ÉLISE. — Et moi, je fournirais de bon cœur mon personnage.

LYSIDAS. — Je ne refuserais pas le mien, que je pense.

URANIE. — Puisque chacun en serait content, Chevalier, 460 faites un mémoire de tout, et le donnez[1] à Molière, que vous connaissez, pour le mettre en comédie.

CLIMÈNE. — Il n'aurait garde, sans doute, et ce ne serait pas des vers à sa louange.

URANIE. — Point, point; je connais son humeur : il ne se 465 soucie pas qu'on fronde[2] ses pièces, pourvu qu'il y vienne du monde.

DORANTE. — Oui. Mais quel dénouement pourrait-il trouver à ceci? Car il ne saurait y avoir ni mariage, ni reconnaissance;

---

1. Donnez-le (voir page 50, note 3); 2. Voir page 77, note 2.

---

**— QUESTIONS —**

31. Relevez avec précision (lignes 322-446) les griefs formulés par Lysidas contre *l'École des femmes*, et les réponses qu'y fait Dorante. — Pourquoi Molière a-t-il attendu la fin de sa pièce pour entrer enfin dans le vif du sujet? — Est-ce intentionnellement que se trouvent ici groupés, d'une part, l'ensemble des griefs et, d'autre part, l'ensemble des réponses, alors que, jusque-là (voir scène v et les passages précédents de la scène vi), chaque grief était formulé séparément et trouvait aussitôt sa réponse)? — Lignes 410-411 : cet axiome ne contient-il pas « toute la théorie du caractère complexe, du caractère mêlé de beaucoup de bon et d'un peu de mauvais, comme Alceste, ou de beaucoup de mauvais et d'un peu de bon, comme Dom Juan » (Émile Faguet)? — L'art d'animer et d'agrémenter la discussion : 1º Comment (lignes 322-369) Molière procède-t-il pour éviter la monotonie de la liste des griefs formulés par Lysidas? Quels sont alors les personnages qui interviennent et dans quel ordre? 2º L'intermède à valeur récréative et psychologique (lignes 370-380) avant les réponses de Dorante; 3º Puis, comment le procédé renouvelé des variations à trois voix (lignes 381-431) permet-il d'entrecouper ces réponses par de plaisantes interventions? 4º Quelle est enfin (lignes 432-446) l'utilité des *la, la, la, lare*?

et je ne sais point par où l'on pourrait faire finir la dispute.

470    URANIE. — Il faudrait rêver[1] quelque incident pour cela. (32) (33)


SCÈNE VII. — GALOPIN, LYSIDAS, DORANTE, LE MARQUIS, CLIMÈNE, ÉLISE, URANIE.

GALOPIN. — Madame, on a servi sur table[2].

DORANTE. — Ah! voilà justement ce qu'il faut pour le dénouement que nous cherchions, et l'on ne peut rien trouver de plus naturel. On disputera[3] fort et ferme de part et d'autre, comme
5 nous avons fait, sans que personne se rende; un petit laquais viendra dire qu'on a servi; on se lèvera, et chacun ira souper.

URANIE. — La comédie ne peut pas mieux finir, et nous ferons bien d'en demeurer là. (34)

---

1. Imaginer; 2. *Servir* (ou *mettre*) *sur table* : y disposer ce qu'il faut pour manger. On trouvera, ligne 6, l'expression abrégée, qui seule est restée; 3. *Disputer :* discuter.

──── **QUESTIONS** ────

32. Quel est le ton de cette fin de discussion? — Quel sens donner à la réplique de Dorante à la ligne 454?

33. SUR L'ENSEMBLE DE LA SCÈNE VI. — Plan de cette longue scène. Comment les idées s'enchaînent-elles? Quels en sont les éléments déjà contenus, en partie du moins, dans les scènes précédentes? Quels en sont les éléments nouveaux?
— Le rôle d'Uranie et d'Élise dans cette scène. Caractères de Lysidas et du Marquis.
— Montrez l'importance que Molière donne dans cette scène au reproche qu'on a fait à l'*École des femmes* de « pécher contre les règles de l'art ». Pourquoi insister sur ces règles, s'il est vrai, comme le note Jacques Scherer dans sa *Dramaturgie classique en France* (pages 431-432), que les règles « abondent en préceptes inutiles », ne disent rien ou presque rien sur les problèmes de structure, que « leurs conditions d'application restent vagues », enfin qu'elles « sont d'un maigre secours pour le dramaturge qui compose une œuvre »?
— Déterminez la place qui revient ici au grief d'impiété et au reproche adressé à Molière de ne pas avoir respecté les bienséances? Est-ce une affaire d'importance?

34. SUR LA SCÈNE VII. — Que pensez-vous de cette sorte de dénouement? Faut-il croire que Molière traite son public avec « désinvolture » ou parler de « pauvreté d'imagination »? Comment, néanmoins, cette « fin », pour clore la discussion, était-elle depuis longtemps à prévoir? Molière n'a-t-il pas raison de dire qu'on ne peut « rien trouver de plus naturel » (lignes 3-4)?

**ARMANDE BÉJART (1642-1700)**
École française du XVII<sup>e</sup> siècle.

Phot. Giraudon.

FRONTISPICE DE « L'IMPROMPTU DE VERSAILLES »
Gravure de J. Sauvé, d'après un dessin de P. Brissart, pour l'édition de 1682.

# L'IMPROMPTU
# DE VERSAILLES
# 1663

## *NOTICE*

### COMPOSITION ET REPRÉSENTATION
### DE « L'IMPROMPTU »

Quatre mois et demi après la première représentation de *la Critique de « l'École des femmes »*, Molière revient à l'attaque. Dans *la Critique*, il s'était gardé de toute allusion directe à ses détracteurs, ne nommant aucun d'eux; il avait tenu à rester dans la satire générale. Donneau de Visé, avec *Zélinde, ou la Véritable Critique de « l'École des femmes »*, et surtout Boursault, avec le *Portrait du peintre, ou la Contre-Critique de « l'École des femmes »*, n'avaient pas pris un tel soin. Le succès de *la Critique* avait exaspéré ses adversaires; leurs critiques exaspérèrent Molière. Sa riposte, on l'a vu[1], fut prompte et directe : il avait promis de répondre dans peu de jours, il tint parole; et c'est lui-même qui, en son propre nom qu'il se défend, en ne ménageant plus ni les grands comédiens ni Corneille, et en accablant Boursault.

Si l'on se réfère au texte de *l'Impromptu*, ce serait sur l'ordre formel du roi que Molière aurait entrepris de répondre à ses détracteurs (scène première, lignes 70-71, 122-123; scène II, lignes 14-15). Il est peu vraisemblable, pourtant, que Louis XIV ait pris à cœur cette « guerre comique » au point d'exiger de Molière qu'il réponde, et en si peu de temps. On doit plutôt admettre qu'ayant appris que Molière préparait une réponse, le roi lui demanda de la terminer au plus vite pour que la Cour et lui puissent en avoir la primeur et le divertissement à Versailles, où la troupe de Molière avait été mandée pour la seconde quinzaine d'octobre. En jouant sur l'imprécision des termes *(faire, travailler)*, Molière triche quelque peu sur la nature de

---

1. Pour la composition, la date et le contenu de *l'Impromptu*, revoir ci-dessus, pages 25-26.

l'« ordre » reçu, mais il se donne l'avantage de passer pour un courtisan zélé et de faire trembler ses adversaires. De là, dans *l'Impromptu*, ce curieux mélange de comique (pour le divertissement du roi) et de véhémence (pour la défense de Molière). De là aussi l'assurance de Molière : le ton est direct; Molière n'a plus à prendre d'habiles précautions : le roi participe en quelque sorte à la défense de Molière, il est à la fois spectateur et complice; Molière peut avoir le verbe haut.

*L'Impromptu* fut représenté pour la première fois devant le roi à Versailles le 18 ou le 19 octobre 1663. Conçu pour être joué à Versailles devant le roi, *l'Impromptu* aurait pu n'être que le « jeu » d'une seule journée. Molière ne publiera d'ailleurs jamais son texte (il ne sera livré au public qu'après la mort de Molière, dans l'édition collective de 1682). Mais Molière savait tirer parti des circonstances; et la querelle avait fait assez de bruit pour qu'on pût espérer que le public affluerait au Palais-Royal voir cet *Impromptu de Versailles*. L'affaire pouvait être bonne. Molière en fut si bien persuadé qu'il reprit en cette occasion sa malheureuse comédie héroïque *Dom Garcie de Navarre*, qu'il n'avait pas jouée au Palais-Royal depuis plus d'un an. La première représentation à Paris de *l'Impromptu de Versailles* fut donnée le 4 novembre 1663. De 1663 à 1665, on compte encore 28 représentations (dont 19 au Palais-Royal et le reste « en visite »). La dernière représentation du vivant de Molière eut lieu à Versailles en septembre 1665. Puis ce fut un très long silence. La Comédie-Française reprit la pièce en 1838 (trois représentations) et en 1880 (9 représentations). Pour le tricentenaire de Molière, la Comédie-Française, qui avait entrepris de rejouer tout le répertoire des œuvres de Molière, associa *la Critique* et *l'Impromptu* à *l'École des femmes* en jouant les trois pièces ensemble, le lundi 23 janvier 1922. Depuis, et jusqu'en 1963, *l'Impromptu* a été joué 132 fois à la Comédie-Française.

**ANALYSE DE LA PIÈCE** *(en italique, le sujet de la comédie répétée par Molière et sa troupe).*

A Versailles, dans la salle de la comédie, Molière rassemble ses comédiens pour leur faire répéter une pièce nouvelle commandée par le roi et qu'ils doivent jouer tout à l'heure devant lui; mais pas un comédien ne sait son rôle. Puisqu'il s'agit pour Molière de répondre aux critiques qui lui ont été faites, M^lle Béjart lui demande pourquoi il n'a pas donné suite à son projet d'une « comédie des comédiens », où il se serait plus facilement vengé de ses adversaires. Molière se laisse alors entraîner à parodier les comédiens de l'Hôtel de Bourgogne. Puis on en revient à la répétition; et chacun reçoit des conseils sur la façon de jouer le personnage de son rôle **(scène première)**. La répétition est retardée par l'arrivée d'un « fâcheux », venu papillonner autour des actrices **(scène II)**.

La répétition commence enfin : *deux marquis* (Molière et La Grange) *se disputent en prétendant chacun être celui que Molière a visé dans le rôle du Marquis de « la Critique de l'École des femmes »* (scène III). Un « chevalier » (Brécourt), pris comme arbitre, les met d'accord en affirmant que Molière ne peint que des caractères généraux. Molière interrompt la répétition pour parler en son nom et dire combien de caractères il lui reste à traiter : le sujet est inépuisable, tant il y a d'originaux en ce siècle! Quelques conseils aux comédiens, et l'on poursuit. *Surviennent deux précieuses* (M^lle Du Parc et M^lle Molière) [scène IV], puis *une prude* (M^lle De Brie) *accompagnée du poète Lysidas* (Du Croisy). On se promet d'applaudir une pièce, « *le Portrait du peintre* », que Boursault vient d'écrire contre Molière, pour venger tous ceux dont il a fait la satire. Nouvelle interruption de la répétition : M^lle Béjart presse Molière de répliquer en attaquant les comédiens de l'Hôtel de Bourgogne et leur auteur Boursault. Molière refuse de « donner dans ce panneau » : il a mieux à faire que de perdre son temps à riposter; s'il proteste contre les propos calomnieux que ses ennemis font courir sur son compte, il oubliera tout ce vain tapage : de nouvelles comédies seront sa meilleure réponse.

En attendant, les comédiens s'affolent d'avoir à jouer devant le roi une pièce dont ils ne savent pas les rôles (scène V). Des messagers se succèdent : le roi est arrivé et attend que les comédiens commencent. Que faire? On vient heureusement annoncer que le roi, averti des difficultés de la troupe, consent à remettre à plus tard la représentation de la pièce nouvelle (scènes VI-XI).

## LE GENRE DE « L'IMPROMPTU »

Par définition, l'« impromptu » devrait être, au théâtre, une pièce improvisée ou qui use de la liberté de l'improvisation. Pourtant, quand il s'adresse à ses comédiens (scène première, lignes 97-100) pour leur dire : si vous ne savez pas vos rôles « tout à fait », vous pouvez « y suppléer de votre esprit », Molière montre qu'il conçoit un « impromptu » comme quelque chose de différent de la *commedia dell'arte*, qui ne comportait pas de texte écrit à apprendre par cœur et à suivre scrupuleusement, mais seulement un canevas. Ici, le texte n'est pas laissé à la « fantaisie » des acteurs : seule l'intelligence doit suppléer à un défaut de mémoire.

A cette idée d'« improvisation » s'ajoute celle de « précipitation ». Et c'est en ce sens qu'il convient d'entendre le titre de la pièce. Déjà Molière avait dit de ses *Fâcheux* :

« Jamais entreprise au théâtre ne fut si précipitée que celle-ci; et c'est une chose, je crois, toute nouvelle, qu'une comédie ait été conçue, faite, apprise et représentée en quinze jours. Je ne dis pas cela pour me piquer de l'*impromptu*... » (Avertissement).

*L'Impromptu* donne donc l'impression d'un jeu improvisé, non par dessein délibéré, mais uniquement parce que Molière a précipité les choses et n'a pas laissé à ses comédiens le temps d'apprendre leur texte et de répéter. Bien sûr, il ne s'agit que d'une fiction de théâtre. Et s'il y a vraiment « impromptu », c'est, on le sait, non parce que les acteurs doivent jouer une pièce qu'ils ne savent pas, mais parce que Molière a été obligé d'écrire et de faire jouer sa pièce en peu de jours. Molière joue sur les mots pour nous faire assister à une prétendue répétition « au pied levé ».

L'idée de faire jouer aux comédiens leur propre personnage n'était pas nouvelle[1] : en 1631-1632, Gougenot pour l'Hôtel de Bourgogne et Scudéry pour le Marais avaient déjà écrit une *Comédie des comédiens*, où les comédiens gardaient leur propre identité. L'idée d'introduire le théâtre dans le théâtre n'était pas davantage une nouveauté; le procédé avait été utilisé notamment par Corneille dans *l'Illusion comique* (1635-1636), par Rotrou dans *le Véritable saint Genest* (1645-1646), par Quinault dans *la Comédie sans comédie* (1655), par Dorimond dans *la Comédie de la comédie* (1660). La nouveauté est l'utilisation de la répétition improvisée pour développer, dans la libre contexture de l'« impromptu », un thème d'actualité. Le spectateur ne saura jamais le sujet exact de la pièce répétée. Mais mieux qu'un discours en trois points, *l'Impromptu* aura rendu vivante et convaincante la réponse de Molière à ses adversaires.

L'originalité est aussi dans la complexité de cet *Impromptu* : la comédie se joue en effet non pas seulement sur deux, mais sur trois plans : 1° la comédie répétée, où les comédiens jouent un personnage différent du leur; 2° la comédie extérieure, qui lui sert de cadre (préliminaires, interruptions, dernières scènes), où les comédiens jouent leur propre personnage; 3° enfin l'affabulation dans la comédie extérieure, qui oblige certains comédiens à jouer un personnage différent du leur au milieu de comédiens jouant leur propre personnage : à la scène II, La Thorillière intervient au cours des préparatifs de la répétition, non en tant que La Thorillière, mais en tant que « fâcheux »; de même, aux scènes VI et XI, où Béjart joue le « nécessaire ». De là une savante interférence des lieux et des personnages sur les trois plans : le décor reste toujours le même (aux spectateurs et aux comédiens de « se figurer » que la comédie répétée se passe « dans l'antichambre du roi »); les acteurs de la comédie répétée portent durant tout *l'Impromptu* leur costume de scène (Molière, chef de troupe, a déjà son habit de « marquis ridicule », car on n'attend plus que le roi pour commencer la représentation); enfin, si nous exceptons La Thorillière et Béjart, tous les comédiens sont présents

---

1. Déjà dans *les Précieuses ridicules*, suivant l'usage des farces, des comédiens de la troupe se présentaient avec leur nom (La Grange, Du Croisy), leur surnom (Jodelet) ou leur diminutif (Madeleine Béjart : Magdelon; Catherine De Brie : Cathos). Mais leur rôle, s'il convenait peut-être à leur personnalité, leur était extérieur.

sur le plateau de la première scène à la dernière (les entrées et les sorties sont seulement suggérées ou esquissées). Un comédien pourra même jouer sur trois registres différents : Molière tient le rôle d'un marquis ridicule qui raille Molière; il s'interrompt pour redevenir Molière, chef de troupe; puis, en tant que chef de troupe et toujours sous l'habit du marquis, il prend pour lui le rôle d'un autre comédien, afin de lui faire mieux sentir la manière dont ce rôle doit être joué (scène IV).

Ainsi conçu, *l'Impromptu* suppose un grand art de la scène; et Giraudoux, dans son *Impromptu de Paris* (1937), écrit pour la troupe de Jouvet, ne pourra, sur des thèmes nouveaux, que pasticher Molière. Plus qu'une réponse à une accusation, plus qu'une œuvre de circonstance, *l'Impromptu de Versailles* crée sous les yeux du public cet univers privilégié qu'est celui des comédiens, ces « acteurs de bonne foi ». Le jeu dans le jeu, fiction et réalité : thème déjà pirandellien! La fiction vit dans et de la réalité, et la réalité n'étant qu'apparence devient fiction.

# ACTEURS

| | |
|---|---|
| MOLIÈRE | marquis ridicule[1]. |
| BRÉCOURT | homme de qualité[2]. |
| LA GRANGE | marquis ridicule. |
| DU CROISY | poète[3]. |
| LA THORILLIÈRE | marquis fâcheux. |
| BÉJART | homme qui fait le nécessaire[4]. |
| Mademoiselle DU PARC | marquise façonnière[5]. |
| Mademoiselle BÉJART | prude. |
| Mademoiselle DE BRIE | sage coquette[6]. |
| Mademoiselle MOLIÈRE[7] | satirique spirituelle. |
| Mademoiselle DU CROISY | peste doucereuse. |
| Mademoiselle HERVÉ | servante précieuse. |

*La scène est à Versailles, dans la salle de la Comédie*[8].

---

1. Vraisemblablement le marquis de *la Critique*. Comme *l'Impromptu* se joue
sur deux plans, il est précisé, à la suite du nom des acteurs, la caractéristique du
personnage qu'ils vont représenter et qui correspond, pour la plupart d'entre eux,
au personnage joué par eux dans *la Critique*. Mais cette désignation, qui n'ajoute
rien à ce qui est dit dans le texte à la fin de la scène première, et qui les caractérise
parfois inexactement, est due presque certainement non à Molière, mais aux éditeurs de 1682; 2. Le chevalier Dorante de *la Critique ;* 3. Le poète Lysidas de
*la Critique ;* 4. Un *nécessaire* est, dans le langage précieux (voir *les Précieuses ridicules*,
scène vi), un laquais; *faire le nécessaire* implique une idée d'empressement à servir
(empressement qui n'a en soi rien d'importun, comme on le verra d'ailleurs pour
Béjart à la dernière scène); 5. Climène, dans *la Critique ;* 6. Probablement l'Uranie
de *la Critique*. Il faut entendre par *sage coquette* une coquette qui veut sauver les
apparences; 7. Armande Béjart, femme de Molière, l'Élise de *la Critique*. L'appel-
lation *Mademoiselle* se donnait à toute femme mariée qui n'était pas noble; 8. Mais
la comédie qui va se jouer à l'intérieur de *l'Impromptu* aura pour décor supposé
l'« antichambre du Roi ».

# L'IMPROMPTU
# DE VERSAILLES

SCÈNE PREMIÈRE. — MOLIÈRE, BRÉCOURT,
LA GRANGE, DU CROISY, Mademoiselle DU PARC,
Mademoiselle BÉJART, Mademoiselle DE BRIE,
Mademoiselle MOLIÈRE, Mademoiselle DU CROISY,
Mademoiselle HERVÉ.

MOLIÈRE, *seul, parlant à ses camarades qui sont derrière le théâtre*[1]. — Allons donc, Messieurs et Mesdames[2], vous moquez-vous avec votre longueur, et ne voulez-vous pas tous venir ici? La peste soit des gens! Holà, ho! Monsieur de[3]
5 Brécourt!

BRÉCOURT. — Quoi?

MOLIÈRE. — Monsieur de La Grange!

LA GRANGE. — Qu'est-ce?

MOLIÈRE. — Monsieur du Croisy!

10 DU CROISY. — Plaît-il?

MOLIÈRE. — Mademoiselle du Parc!

MADEMOISELLE DU PARC. — Hé bien?

MOLIÈRE. — Mademoiselle Béjart!

MADEMOISELLE BÉJART. — Qu'y a-t-il?

15 MOLIÈRE. — Mademoiselle de Brie!

---

1. Cette indication scénique, comme un certain nombre d'autres, a été ajoutée dans l'édition de 1734; 2. *Madame* est un titre qu'on ne donna d'abord qu'aux femmes « de qualité » (voir la plaisanterie de Molière, quand, à la scène IV, ligne 104, il s'adressera aux deux actrices qui jouent les grandes dames); et on attendrait ici, comme on trouve plus loin (scène II, ligne 6), « Mesdemoiselles » (voir page 96, note 7). Mais Molière s'adresse collectivement à ses comédiens et à ses comédiennes; et il use d'une formule toute faite; 3. Brécourt ne prend ici la particule qu'en raison de son rôle d'« homme de qualité », c'est-à-dire de noble; de même, ligne 7 : *de La Grange* (et c'est pourquoi il faut écrire ici : *du Croisy, du Parc*.

MADEMOISELLE DE BRIE. — Que veut-on?

MOLIÈRE. — Mademoiselle du Croisy!

MADEMOISELLE DU CROISY. — Qu'est-ce que c'est?

MOLIÈRE. — Mademoiselle Hervé!

20  MADEMOISELLE HERVÉ. — On y va.

MOLIÈRE. — Je crois que je deviendrai fou avec tous ces gens-ci. *(Brécourt, La Grange, Du Croisy entrent.)* Eh! tête-bleu! Messieurs, me voulez-vous faire enrager aujourd'hui?

BRÉCOURT. — Que voulez-vous qu'on fasse? Nous ne savons
25  pas nos rôles; et c'est nous faire enrager vous-même, que de nous obliger à jouer de la sorte[1].

MOLIÈRE. — Ah! les étranges animaux[2] à conduire que des comédiens! *(Mesdemoiselles Béjart, Du Parc, De Brie, Molière[3], Du Croisy et Hervé arrivent.)*

30  MADEMOISELLE BÉJART. — Eh bien, nous voilà. Que prétendez-vous faire?

MADEMOISELLE DU PARC. — Quelle est votre pensée?

MADEMOISELLE DE BRIE. — De quoi est-il question? **(1)**

MOLIÈRE. — De grâce, mettons-nous ici; et puisque nous
35  voilà tous habillés et que le Roi ne doit venir de deux heures[4], employons ce temps à répéter notre affaire et voir la manière dont il faut jouer les choses.

LA GRANGE. — Le moyen de jouer ce qu'on ne sait pas?

MADEMOISELLE DU PARC. — Pour moi, je vous déclare que
40  je ne me souviens pas d'un mot de mon personnage.

MADEMOISELLE DE BRIE. — Je sais bien qu'il me faudra souffler[5] le mien d'un bout à l'autre.

---

1. Dans ces conditions; 2. Voir page 50, note 2; 3. M$^{lle}$ Molière entre sans avoir été appelée; 4. Pas avant deux heures; 5. Qu'il faudra me souffler mon rôle.

——— **QUESTIONS** ———

1. Quel effet produit, en ce début de comédie, la présence de Molière seul sur la scène et appelant, par leur nom véritable, ses comédiens au travail; puis l'entrée successive des comédiens et des comédiennes (trois hommes, mais six femmes!)? — Pourquoi Molière appelle-t-il d'abord les hommes? — Montrez que ce début est rendu vivant non seulement par les entrées des comédiens, mais par la diversité des formules banales qu'ils emploient pour répondre à l'appel de Molière (lignes 6-20) et pour savoir de quoi il s'agit (lignes 30-33).

MADEMOISELLE BÉJART. — Et moi, je me prépare fort à tenir mon rôle[1] à la main.

MADEMOISELLE MOLIÈRE. — Et moi aussi.

MADEMOISELLE HERVÉ. — Pour moi, je n'ai pas grand-chose à dire.

MADEMOISELLE DU CROISY. — Ni moi non plus; mais avec cela je ne répondrais pas de ne point manquer[2].

DU CROISY. — J'en voudrais être quitte pour dix pistoles[3].

BRÉCOURT. — Et moi, pour vingt bons coups de fouet[4], je vous assure.

MOLIÈRE. — Vous voilà tous bien malades, d'avoir un méchant rôle à jouer! Et que feriez-vous donc si vous étiez en ma place?

MADEMOISELLE BÉJART. — Qui, vous? Vous n'êtes pas à plaindre; car ayant fait la pièce, vous n'avez pas peur d'y manquer.

MOLIÈRE. — Et n'ai-je à craindre que le manquement de mémoire? Ne comptez-vous pour rien l'inquiétude d'un succès[5] qui ne regarde que moi seul[6]? Et pensez-vous que ce soit une petite affaire que d'exposer quelque chose de comique devant une assemblée comme celle-ci; que d'entreprendre de faire rire des personnes qui nous impriment le respect, et ne rient que quand ils veulent[7]? Est-il auteur qui ne doive trembler lorsqu'il en vient à cette épreuve? Et n'est-ce pas à moi de dire que je voudrais en être quitte pour toutes les choses du monde?

MADEMOISELLE BÉJART. — Si cela vous faisait trembler, vous prendriez mieux vos précautions, et n'auriez pas entrepris en huit jours ce que vous avez fait.

MOLIÈRE. — Le moyen de m'en défendre, quand un roi me l'a commandé?

MADEMOISELLE BÉJART. — Le moyen? Une respectueuse excuse fondée sur l'impossibilité de la chose dans le peu de temps qu'on vous donne; et tout autre, en votre place, ménagerait mieux sa réputation, et se serait bien gardé de se

---

1. *Rôle* : ici, feuillets qui contiennent le texte des acteurs; 2. Je n'assurerais pas, malgré cela, que je ne ferais pas de fautes (par *manquement* de mémoire; voir ligne 58); 3. La *pistole* valait alors dix francs; 4. Est-ce là un trait du caractère violent de Brécourt? Mais l'expression ne doit pas être prise au pied de la lettre, pas plus que nos « je veux être pendu, si... »; 5. *Succès* : voir page 76, note 1; 6. Dont je porte seul toute la responsabilité; 7. Accord avec le sens (un autre exemple, page 85, ligne 388).

commettre[1] comme vous faites. Où en serez-vous, je vous prie, si l'affaire réussit mal? et quel avantage pensez-vous qu'en prendront tous vos ennemis?

MADEMOISELLE DE BRIE. — En effet; il fallait s'excuser avec
80 respect envers le Roi, ou demander du temps davantage. (2)

MOLIÈRE. — Mon Dieu, Mademoiselle, les rois n'aiment rien tant qu'une prompte obéissance, et ne se plaisent point du tout à trouver des obstacles. Les choses ne sont bonnes que dans le temps qu'ils les souhaitent; et leur en vouloir reculer
85 le divertissement est en ôter pour eux toute la grâce. Ils veulent des plaisirs qui ne se fassent point attendre; et les moins préparés leur sont toujours les plus agréables[2]. Nous ne devons jamais nous regarder[3] dans ce qu'ils désirent de nous : nous sommes que pour leur plaire; et lorsqu'ils nous ordonnent
90 quelque chose, c'est à nous à profiter vite de l'envie où ils sont. Il vaut mieux s'acquitter mal de ce qu'ils nous demandent, que de ne s'en acquitter pas assez tôt; et si l'on a la honte de n'avoir pas bien réussi, on a toujours la gloire d'avoir obéi vite à leurs commandements (3). Mais songeons à répéter, s'il vous plaît.

95 MADEMOISELLE BÉJART. — Comment prétendez-vous que nous fassions, si nous ne savons pas nos rôles?

MOLIÈRE. — Vous les saurez, vous dis-je; et, quand même

---

1. Se compromettre; 2. Exagération évidente, mais destinée à rassurer les comédiens; 3. Ne considérer que nous-mêmes.

──────── **QUESTIONS** ────────

2. Relevez dans le texte les détails qui définissent l'« impromptu » : temps imparti à Molière par ordre du roi pour écrire sa pièce; répétition improvisée; inquiétude, à la dernière heure, des comédiens et du chef de troupe. — Précisez, d'après ce passage, les difficultés et les responsabilités respectives de l'acteur-auteur et du chef de troupe. Est-il exact que le succès de cette pièce qu'on répète n'intéresse que Molière (ligne 60)? — En évoquant l'« assemblée » devant laquelle il va jouer (lignes 60-65), Molière ne reprend-il pas ce qu'il avait dit dans *la Critique* sur l'« étrange entreprise que celle de faire rire les honnêtes gens » (scène VI, lignes 195-196)? — Les mots *tous vos ennemis* (ligne 78) n'annoncent-ils pas déjà que Molière reprend la polémique?

3. Pour le fond et la forme, cette tirade reste conforme à l'esprit de courtisanerie dans la seconde partie du XVIIᵉ siècle (cherchez dans les œuvres de Boileau une attitude semblable); montrez ce qui, dans les mots, limite ici la flatterie adressée à Louis XIV, et justifiez, en raison des circonstances, l'attitude de Molière. N'y a-t-il pas d'ailleurs ici la constatation d'un état de fait et une respectueuse résignation?

vous ne les sauriez pas tout à fait, pouvez-vous pas[1] y suppléer de votre esprit[2], puisque c'est de la prose et que vous savez votre sujet?

MADEMOISELLE BÉJART. — Je suis votre servante[3] : la prose est pis encore que les vers. (4)

MADEMOISELLE MOLIÈRE. — Voulez-vous que je vous dise? vous deviez[4] faire une comédie où vous auriez joué tout seul.

MOLIÈRE. — Taisez-vous, ma femme, vous êtes une bête[5].

MADEMOISELLE MOLIÈRE. — Grand merci, Monsieur mon mari. Voilà ce que c'est : le mariage change bien les gens, et vous ne m'auriez pas dit cela il y a dix-huit mois[6].

MOLIÈRE. — Taisez-vous, je vous prie.

MADEMOISELLE MOLIÈRE. — C'est une chose étrange qu'une petite cérémonie soit capable de nous ôter toutes nos belles qualités, et qu'un mari et un galant[7] regardent la même personne avec des yeux si différents.

MOLIÈRE. — Que de discours!

MADEMOISELLE MOLIÈRE. — Ma foi, si je faisais une comédie, je la ferais sur ce sujet. Je justifierais les femmes de bien des choses dont on les accuse; et je ferais craindre aux maris la différence qu'il y a de leurs manières brusques aux civilités des galants. (5)

MOLIÈRE. — Ahi! laissons cela. Il n'est pas question de causer maintenant; nous avons autre chose à faire.

---

1. Omission fréquente de *ne*, au XVIIᵉ siècle, dans les phrases interrogatives; 2. Par votre intelligence; 3. Expression usuelle pour refuser ou contredire; 4. « Vous devriez » (ou « vous auriez dû »); 5. *Bête :* voir *la Critique*, scène II, ligne 21 et note 2; 6. Il aurait fallu dire : vingt mois, puisque Molière s'était marié le 20 février 1662; 7. Nous dirions : un amoureux.

---

**QUESTIONS**

4. Pour un comédien, est-il en effet plus difficile de retenir, puis de jouer un texte en prose qu'un texte en vers?

5. Molière plaisante-t-il ou est-il sincère quand il prête à sa jeune femme des pensées désabusées sur le mariage? L'attitude différente des hommes devant la femme selon qu'ils sont « maris » ou « galants » n'est-elle pas un lieu commun de la littérature satirique? — Certains esprits malveillants reprochaient à Molière d'avoir, à son âge, épousé une jeune fille de vingt ans, et qu'on soupçonnait d'être la fille de son ancienne maîtresse (Madeleine Béjart) : pourquoi, dès lors, Molière évoque-t-il devant tous ce mariage, en se donnant le mauvais rôle d'un Arnolphe qui eût épousé Agnès? Ce passage n'est-il pas un surajouté inutile et dangereux?

MADEMOISELLE BÉJART. — Mais puisqu'on vous a commandé de travailler sur le sujet de la critique qu'on a faite contre vous, que n'avez-vous fait cette comédie des comédiens[1] dont vous
125 nous avez parlé il y a longtemps (6)? C'était une affaire toute trouvée et qui venait[2] fort bien à la chose, et d'autant mieux, qu'ayant entrepris de vous peindre, ils vous ouvraient l'occasion de les peindre aussi, et que cela aurait pu s'appeler leur portrait, à bien plus juste titre que tout ce qu'ils ont fait ne
130 peut être appelé le vôtre[3]. Car vouloir contrefaire un comédien dans un rôle comique, ce n'est pas le peindre lui-même, c'est peindre d'après lui les personnages qu'il représente, et se servir des mêmes traits et des mêmes couleurs qu'il est obligé d'employer aux différents tableaux des caractères ridicules qu'il
135 imite d'après nature. Mais contrefaire un comédien dans des rôles sérieux, c'est le peindre par des défauts qui sont entièrement de lui, puisque ces sortes de personnages ne veulent ni les gestes, ni les tons de voix ridicules dans lesquels on le reconnaît. (7)

140 MOLIÈRE. — Il est vrai; mais j'ai mes raisons pour ne le pas faire, et je n'ai pas cru, entre nous, que la chose en valût la peine; et puis il fallait plus de temps pour exécuter cette idée.

---

1. Voir Notice, page 94. Tout en suivant le plan de *la Comédie des comédiens*, de Scudéry (comme Molière l'indique plus loin, lignes 159 et suiv.), il aurait innové en procédant à une satire dirigée contre les grands « comédiens » de la troupe rivale; 2. *Venir bien* (avec un sujet de chose) : convenir; 3. Allusion au *Portrait du peintre, ou la Contre-Critique de « l'École des femmes »*, comédie de Boursault (voir Documentation thématique).

─────── QUESTIONS ───────

6. On passe du thème de l'improvisation au mariage de Molière, puis à la *comédie des comédiens :* n'y a-t-il là qu'une conversation à bâtons rompus (mais l'heure presse et le roi arrivera bientôt)? — Par quel artifice Molière prépare-t-il sa satire des comédiens (remarquez que c'est Mlle Béjart qu'il charge d'introduire cette satire)? — Que faut-il entendre (ligne 125) par *il y a longtemps?* Voyez plus loin les lignes 144-145 et la note.

7. Comment passe-t-on d'un projet ancien à une actualité brûlante? Notez la discrétion de Mlle Béjart, qui ne nomme pas Boursault. En quoi le mot *peindre* (ligne 127) est-il plaisant? — Estimez-vous solide l'argumentation de Mlle Béjart? Ne s'agissait-il pas avant tout de répondre à ceux qui, comme Donneau de Visé, prétendaient ne voir en Molière et en Arnolphe qu'une même personne? Un acteur comique n'a-t-il dans ses rôles aucune personnalité? Ne peut-il avoir des ridicules qui lui soient propres?

Comme leurs jours de comédie[1] sont les mêmes que les nôtres[2],
à peine ai-je été les voir que[3] trois ou quatre fois depuis que
45 nous sommes à Paris[4] ; je n'ai attrapé de leur manière de réciter
que ce qui m'a d'abord sauté aux yeux, et j'aurais eu besoin
de les étudier davantage pour faire des portraits bien ressemblants.

MADEMOISELLE DU PARC. — Pour moi, j'en ai reconnu
50 quelques-uns dans votre bouche.

MADEMOISELLE DE BRIE. — Je n'ai jamais ouï parler de cela.

MOLIÈRE. — C'est une idée qui m'avait passé une fois par
la tête, et que j'ai laissée là comme une bagatelle, une badinerie,
qui peut-être n'aurait point fait rire.

55 MADEMOISELLE DE BRIE. — Dites-la-moi un peu, puisque vous
l'avez dite aux autres.

MOLIÈRE. — Nous n'avons pas le temps maintenant.

MADEMOISELLE DE BRIE. — Seulement deux mots. **(8)**

MOLIÈRE. — J'avais songé[5] une comédie où il y aurait eu un
60 poète, que j'aurais représenté moi-même, qui serait venu pour
offrir une pièce à une troupe de comédiens nouvellement
arrivés de la campagne. « Avez-vous, aurait-il dit, des acteurs et
des actrices qui soient capables de bien faire valoir un ouvrage ?
Car ma pièce est une pièce... — Eh ! Monsieur, auraient répondu
65 les comédiens, nous avons des hommes et des femmes qui ont
été trouvés raisonnables[6] partout où nous avons passé. — Et

---

1. Où ils jouent (comédie prenant ici son sens général de « pièce de théâtre ») ;
2. Les « jours ordinaires », soit le mardi, le vendredi (jour souvent réservé aux premières) et le dimanche. En fait, cela n'est exact que depuis le départ de la troupe
italienne en juillet 1659 (voir ci-dessous, note 4) ; 3. Si ce n'est ; 4. De novembre 1658
à juin 1659, Molière ne joua d'abord au Petit-Bourbon que les « jours extraordinaires », les moins avantageux, c'est-à-dire les lundis, mercredis, jeudis et samedis,
laissant les « jours ordinaires » à la troupe italienne avec laquelle il devait partager
la salle. Débutant à Paris, Molière a certainement tiré parti, durant ces huit mois,
de la situation qui lui était imposée, pour aller voir jouer la « grande » troupe royale.
Par ailleurs, il arrivait que la troupe royale donnât une représentation supplémen-
taire le jeudi, notamment quand il s'agissait d'une pièce à succès. Là encore, à partir
de juillet 1659, quand, après leur départ, il eut repris aux Italiens leurs « jours ordinaires », il a pu aller « surveiller » l'Hôtel de Bourgogne ; 5. *Songer* : songer à (emploi
fréquent au XVIIᵉ siècle comme verbe transitif) ; 6. Convenables.

---
**■ QUESTIONS ■**

8. Relevez les précautions prises par Molière avant d'attaquer les
comédiens de l'Hôtel de Bourgogne.

qui fait les rois[1] parmi vous? — Voilà un acteur qui s'en demêle[2]
parfois. — Qui? ce jeune homme bien fait[3]? Vous moquez-vous?
Il faut un roi qui soit gros et gras comme quatre, un roi, mor-
170 bleu! qui soit entripaillé[4] comme il faut, un roi d'une vaste
circonférence, et qui puisse remplir un trône de la belle manière[5].
La belle chose qu'un roi d'une taille galante! voilà déjà un
grand défaut. Mais que je l'entende un peu réciter une douzaine
de vers. » Là-dessus le comédien aurait récité, par exemple,
175 quelques vers du roi de *Nicomède :*

> Te le dirai-je, Araspe? il m'a trop bien servi;
> Augmentant mon pouvoir[6]...

le plus naturellement qu'il aurait été possible. Et le poète :
« Comment? vous appelez cela réciter? C'est se railler : il
180 faut dire les choses avec emphase. Écoutez-moi.
*(Imitant Montfleury, excellent acteur de l'Hôtel de Bourgogne[7].)*

> Te le dirai-je, Araspe?... etc.

Voyez-vous cette posture? Remarquez bien cela. Là, appuyez
comme il faut le dernier vers. Voilà ce qui attire l'approbation
185 et fait faire le brouhaha[8]. — Mais, Monsieur, aurait répondu
le comédien, il me semble qu'un roi qui s'entretient tout seul
avec son capitaine des gardes parle un peu plus humainement,
et ne prend guère ce ton de démoniaque[9]. — Vous ne savez
ce que c'est. Allez-vous-en réciter comme vous faites, vous

---

1. Qui remplit « l'emploi » des rois; pendant longtemps, les comédiens seront
titulaires de certains « emplois » : rois, pères nobles, confidents, etc., avant de l'être
de certains rôles; 2. S'en tire adroitement; 3. Molière, qui, en parlant d'*une troupe
de comédiens nouvellement arrivés de la campagne*, pense certainement à sa troupe,
désigne ici Brécourt, engagé l'année précédente par Molière pour jouer « les paysans
et les rois », et non La Thorillière, qui ne tiendra l'emploi des rois que l'année suivante, après le départ de Brécourt; 4. Bien garni de tripailles, ventru (mot créé,
croit-on, par Molière); 5. Molière raille ici Montfleury père, qui jouait les « rois »
à l'Hôtel de Bourgogne. Cyrano de Bergerac s'était déjà moqué de lui : « Si je
descends mes regards jusqu'à votre bedaine, je m'imagine voir aux Limbes tous
les fidèles dans le sein d'Abraham, sainte Ursule qui porte les onze mille vierges
enveloppées dans son manteau, ou le cheval de Troie farci de quarante mille
hommes. Mais je me trompe, vous êtes quelque chose de plus gros » (Lettre nº 10,
dans les *Œuvres diverses*, 1654); 6. Corneille, *Nicomède*, vers 413-144. Il est vraisemblable que Molière disait en entier la tirade; 7. Les lignes 181, 200, 210, 214,
219 ont été ajoutées par les éditeurs de 1682. L'expression *excellent acteur* n'est
donc pas de Molière et n'offre aucune nuance ironique. L'édition de 1734 a corrigé :
« Il contrefait Montfleury, comédien de l'Hôtel de Bourogne »; 8. *Brouhaha* : « bruit
confus que forment les applaudissements qu'on donne à un spectacle » (*Dictionnaire de l'Académie*, 1694); 9. Possédé du démon.

90 verrez si vous ferez faire aucun ah **(9)**! Voyons un peu une
scène d'amant et d'amante. » Là-dessus une comédienne et
un comédien auraient fait une scène ensemble, qui est celle
de Camille et de Curiace :

> Iras-tu, ma chère âme, et ce funeste honneur
> 95 Te plaît-il aux dépens de tout notre bonheur?
> — Hélas! je vois trop bien[1]... etc.

tout de même[2] que l'autre, et le plus naturellement qu'ils
auraient pu. Et le poète aussitôt : « Vous vous moquez, vous
ne faites rien qui vaille, et voici comme il faut réciter cela.
100 *(Imitant M^lle Beauchâteau, comédienne de l'Hôtel de Bourgogne[3].)*

> Iras-tu, ma chère âme... etc.
> Non, je te connais mieux[4]... etc.

Voyez-vous comme cela est naturel et passionné? Admirez ce
visage riant qu'elle conserve dans les plus grandes afflictions. »
105 Enfin, voilà l'idée; et il aurait parcouru de même tous les acteurs
et toutes les actrices.

MADEMOISELLE DE BRIE. — Je trouve cette idée assez plaisante, et j'en ai reconnu là dès le premier vers. Continuez, je
vous prie.

110 MOLIÈRE. — *(Imitant Beauchâteau, aussi comédien, dans les
stances du* Cid.*)*

> Percé jusques au fond du cœur[5]... etc.

Et celui-ci, le reconnaîtrez-vous bien dans Pompée de *Sertorius*[6]?
*(Imitant Hauteroche, aussi comédien.)*

---

**1.** Corneille, *Horace*, vers 533-535 (texte de 1641. Corneille avait corrigé en 1660 *ma chère âme* par « Curiace »); **2.** De la même manière; **3.** Sur ces comédiens de l'Hôtel de Bourgogne, voir page 15; **4.** Début des répliques de Camille (*Horace*, vers 533 et 543); **5.** Corneille, *le Cid*, vers 291; **6.** Tragédie de Corneille, créée au Marais le 25 février 1662, puis jouée en juin par la troupe de Molière et peu après par l'Hôtel de Bourgogne (avec Hauteroche). Molière cite les vers 759-760 (avec une légère inexactitude pour le premier vers : « L'inimitié qui règne entre nos deux partis. »)

--- **QUESTIONS** ---

**9.** Molière et la déclamation tragique : quelles sont ses théories?
— Plusieurs témoignages prouvent que le public du xviiᵉ siècle approu-
vait l'emphase dans la diction tragique et aimait les tirades pompeu-
ses; et l'on sait que Molière a échoué dans les rôles tragiques et dans ses efforts
pour imposer une déclamation plus naturelle à la tragédie; n'y a-t-il
pas ici trace de quelque rancœur contre le succès du gros et tonitruant
Montfleury? — Pourquoi Molière commence-t-il par attaquer celui qui
était réputé être l'un des meilleurs acteurs tragiques de l'Hôtel de Bourgogne? — D'où vient le comique de cette parodie?

215                 L'inimitié qui règne entre les deux partis
                    N'y rend pas de l'honneur... etc.

MADEMOISELLE DE BRIE. — Je le reconnais un peu, je pense.

MOLIÈRE. — Et celui-ci?
    *(Imitant de Villiers, aussi comédien.)*

220                 Seigneur, Polybe est mort[1]... etc.

MADEMOISELLE DE BRIE. — Oui, je sais qui c'est; mais il y en a quelques-uns d'entre eux, je crois, que vous auriez peine à contrefaire.

MOLIÈRE. — Mon Dieu, il n'y en a point qu'on ne pût attra-
225 per par quelque endroit, si je les avais bien étudiés[2] **(10)**. Mais vous me faites perdre un temps qui nous est cher. Songeons à nous, de grâce, et ne nous amusons point davantage à discourir. *(Parlant à La Grange.)* Vous, prenez garde à bien représenter avec moi votre rôle de marquis.

230  MADEMOISELLE MOLIÈRE. — Toujours des marquis[3]!

---

1. *Œdipe*, tragédie de Corneille (Hôtel de Bourgogne, 24 janvier 1659). Le texte exact (rôle d'Iphicrate, vieillard de Corinthe) est : « Le roi Polybe est mort » (vers 1672); 2. Sur le sens à donner à cette interruption et à l'abstention de toute critique faite à Floridor, voir page 16; 3. Molière les avait déjà ridiculisés dans *les Précieuses ridicules*, *les Fâcheux*, le *Remerciement au roi*, *la Critique de « l'École des femmes »*. Il reprendra ses attaques dans *le Misanthrope* et *George Dandin*. Donneau de Visé croira se faire leur interprète dans sa *Réponse à « l'Impromptu de Versailles »*, *ou la Vengeance des marquis* (novembre 1663).

---

### QUESTIONS

**10.** Molière emprunte tous ses exemples aux tragédies de Corneille. Est-ce parce qu'il avait entendu récemment les comédiens dans ces rôles? Dans sa *Réponse à « l'Impromptu de Versailles »* (scène II), Donneau de Visé l'a contesté. Est-ce parce qu'il l'avait, de 1658 à 1663, repris lui-même *Nicomède*, *le Cid*, *Horace*, *Sertorius*? Mais il n'avait pas inscrit *Œdipe* à son répertoire. Est-ce parce que ces textes « ont un caractère commun », tous comportant « une grande force expressive, que le ton doit contenir » (R. Bray)? Que vous en semble? — Les victimes du persiflage de Molière ne sont pas nommément désignées au public (voir page 104, note 7). Faut-il voir là une ligne de conduite de Molière, se refusant à renvoyer aux personnes autrement que par allusions? ou est-ce un procédé pour flatter le goût du public contemporain, friand de toute espèce de devinettes (se rappeler le succès des énigmes, des portraits à clef comme jeu de salon au XVIIᵉ siècle)? — Puisque les grands comédiens ne sont pas nommés, ne faut-il pas en conclure que le public de ce temps n'était pas celui d'un seul théâtre, et qu'il connaissait les défauts de chaque acteur, à quelque troupe qu'il appartienne? Sans quoi, le passage serait-il comique? Peut-il l'être encore aujourd'hui?

MOLIÈRE. — Oui, toujours des marquis. Que diable voulez-vous qu'on prenne pour un caractère agréable de théâtre? Le marquis aujourd'hui est le plaisant de la comédie; et comme, dans toutes les comédies anciennes, on voit toujours un valet
35 bouffon qui fait rire les auditeurs, de même, dans toutes nos pièces de maintenant, il faut toujours un marquis ridicule qui divertisse la compagnie.

MADEMOISELLE BÉJART. — Il est vrai, on ne s'en saurait passer. **(11)**

40 MOLIÈRE. — Pour vous, Mademoiselle...

MADEMOISELLE DU PARC. — Mon Dieu, pour moi, je m'acquitterai fort mal de mon personnage, et je ne sais pas pourquoi vous m'avez donné ce rôle de façonnière[1].

MOLIÈRE. — Mon Dieu, Mademoiselle, voilà comme vous
45 disiez lorsque l'on vous donna celui de *la Critique de l'École des femmes*[2]; cependant vous vous en êtes acquittée à merveille, et tout le monde est demeuré d'accord qu'on ne peut pas mieux faire que vous avez fait. Croyez-moi, celui-ci sera de même; et vous le jouerez mieux que vous ne pensez.

50 MADEMOISELLE DU PARC. — Comment cela se pourrait-il faire? Car il n'y a point de personne au monde qui soit moins façonnière que moi.

MOLIÈRE. — Cela est vrai; et c'est en quoi vous faites mieux voir que vous êtes excellente comédienne, de bien représenter
55 un personnage qui est si contraire à votre humeur[3]. Tâchez donc de bien prendre, tous, le caractère de vos rôles, et de vous figurer que vous êtes ce que vous représentez.

*(A Du Croisy.)* Vous faites le poète, vous, et vous devez vous remplir de ce personnage, marquer cet air pédant qui se
60 conserve parmi le commerce[4] du beau monde, ce ton de voix sentencieux, et cette exactitude de prononciation qui appuie

---

1. Voir page 50, note 7; **2.** Rôle de Climène; **3.** *Humeur :* caractère, naturel; **4.** Dans la fréquentation.

──────── **QUESTIONS** ────────

**11.** Qu'a de plaisant le *vous* de la ligne 226? — Comment en vient-on à parler des marquis? Est-ce une sorte de coq-à-l'âne, comme les aimait jadis Marot? — En vous référant à *la Critique* (scènes v, lignes 76-79, et vi, lignes 212-232), où Molière distingue les marquis ridicules de l'ensemble des nobles et des courtisans, montrez qu'avec Molière le Marquis tend en effet à devenir un « type littéraire ».

sur toutes les syllabes, et ne laisse échapper aucune lettre de la plus sévère orthographe.

(*A Brécourt.*) Pour vous, vous faites un honnête homme de
265 cour, comme vous avez déjà fait dans *la Critique de l'École des femmes*[1], c'est-à-dire que vous devez prendre un air posé, un ton de voix naturel, et gesticuler le moins qu'il vous sera possible.

(*A La Grange.*) Pour vous, je n'ai rien à vous dire.

270 (*A M*lle *Béjart.*) Vous, vous représentez une de ces femmes qui, pourvu qu'elles ne fassent point l'amour[2], croient que tout le reste leur est permis, de ces femmes qui se retranchent toujours fièrement sur leur pruderie, regardent un chacun de haut en bas, et veulent que toutes les plus belles qualités que
275 possèdent les autres ne soient rien en comparaison d'un misérable[3] honneur dont personne ne se soucie. Ayez toujours ce caractère devant les yeux, pour en bien faire les grimaces[4].

(*A M*lle *De Brie.*) Pour vous, vous faites une de ces femmes qui pensent être les plus vertueuses personnes du monde pourvu
280 qu'elles sauvent les apparences, de ces femmes qui croient que le péché n'est que dans le scandale, qui veulent conduire doucement les affaires qu'elles ont sur le pied[5] d'attachement honnête, et appellent amis ce que les autres nomment galants. Entrez bien dans ce caractère.

285 (*A M*lle *Molière.*) Vous, vous faites le même personnage que dans *la Critique*[6], et je n'ai rien à vous dire, non plus qu'à Mademoiselle Du Parc.

(*A M*lle *Du Croisy.*) Pour vous, vous représentez une de ces personnes qui prêtent doucement des charités[7] à tout le monde,
290 de ces femmes qui donnent toujours le petit coup de langue[8] en passant, et seraient bien fâchées d'avoir souffert qu'on eût dit du bien du prochain. Je crois que vous ne vous acquitterez pas mal de ce rôle.

(*A M*lle *Hervé.*) Et pour vous, vous êtes la soubrette de la
295 Précieuse, qui se mêle de temps en temps dans la conversation

---

**1.** Rôle de Dorante; **2.** *Faire l'amour :* courtiser (pour les hommes), se laisser courtiser (pour les femmes); **3.** Sans valeur (avec une nuance de mépris; voir la même expression « misérable honneur » dans la bouche d'Alceste, parlant de celui avec qui il est en procès [*le Misanthrope*, vers 134]); **4.** Voir page 55, note 5; **5.** *Sur le pied de :* en les faisant passer pour; **6.** Rôle d'Élise; **7.** Qui prêtent avec un air tranquille des sentiments de bienveillance (ironique; comme l'indique la suite, c'est une méchante langue); **8.** *Coup de langue :* parole médisante.

et attrape¹, comme elle peut, tous les termes de sa maîtresse.
— Je vous dis tous vos caractères, afin que vous vous les imprimiez fortement dans l'esprit. Commençons maintenant à répéter et voyons comme cela ira. Ah! voici justement² un
300 fâcheux! Il ne nous fallait plus que cela. **(12) (13)**


SCÈNE II. — LA THORILLIÈRE, MOLIÈRE, etc.

LA THORILLIÈRE. — Bonjour, Monsieur Molière.

MOLIÈRE. — Monsieur, votre serviteur. *(A part.)*³ La peste soit de l'homme!

LA THORILLIÈRE. — Comment vous en va⁴?

5 MOLIÈRE. — Fort bien, pour vous servir. *(Aux actrices.)* Mesdemoiselles, ne...

---

1. *Attrape* : saisit pour reproduire; 2. A point nommé (ironique); 3. Hormis les indications des lignes 37-38, qui datent de 1682, toutes celles de cette scène ont été ajoutées en 1734; 4. Comment allez-vous? (emploi impersonnel; voir les expressions modernes : comment ça va? comment va?).

—————— **QUESTIONS** ——————

**12.** La distribution des rôles : définissez, d'après ce passage (lignes 240-299), les rapports entre Molière, chef de troupe, et ses comédiens. — Qu'ajoute *de cour* (ligne 265) à l'expression *honnête homme?* — Y a-t-il quelque ironie ou quelque malice dans les paroles adressées à Mlle Du Parc et à Mlle Du Croisy (lignes 254-255, 292-293)? Auraient-elles accepté de se voir raillées en public? — En quoi les paroles adressées à La Grange, à Mlles Molière et Du Parc (lignes 269, 286-287) sont-elles un éloge assez sec (pour la forme), mais flatteur (par ce qu'elles sous-entendent)? — Relevez les termes par lesquels Molière engage ses comédiens à « entrer dans le caractère » de leur personnage. Quel sens Molière donne-t-il par là à l'interprétation de l'acteur?

**13.** SUR L'ENSEMBLE DE LA SCÈNE PREMIÈRE. — Importance de cette scène pour l'histoire du théâtre, et pour la connaissance de Molière.
— Madeleine Béjart et la jeune femme de Molière ne font-elles pas voir, par leurs interventions, qu'elles ont dans la troupe une place privilégiée (notez d'ailleurs l'éloge que, sans en avoir l'air et après avoir donné en spectacle une scène de son ménage, Molière fait du talent de comédienne de sa femme [ligne 286])?
— Comment concilier l'affolement des comédiens avant la représentation d'une pièce dont ils ne savent pas les rôles, et toutes les digressions satiriques qui, comme le reconnaît Molière (ligne 226), leur font perdre un temps précieux?
— Comparez cette scène avec la scène II de l'acte III de *Hamlet*, où Shakespeare montre le prince danois dirigeant des comédiens quelques instants avant le spectacle donné au roi et à la reine.

LA THORILLIÈRE. — Je viens d'un lieu où j'ai bien dit du bien de vous.

MOLIÈRE. — Je vous suis obligé. *(A part.)* Que le diable
10 t'emporte! *(Aux acteurs.)* Ayez un peu soin...

LA THORILLIÈRE. — Vous jouez une pièce nouvelle aujour-d'hui?

MOLIÈRE. — Oui, Monsieur. *(Aux actrices.)* N'oubliez pas...

LA THORILLIÈRE. — C'est le Roi qui vous la fait faire?

15 MOLIÈRE. — Oui, Monsieur. *(Aux acteurs.)* De grâce, songez...

LA THORILLIÈRE. — Comment l'appelez-vous?

MOLIÈRE. — Oui, Monsieur.

LA THORILLIÈRE. — Je vous demande comment vous la nommez.

20 MOLIÈRE. — Ah! ma foi, je ne sais. *(Aux actrices.)* Il faut, s'il vous plaît, que vous...

LA THORILLIÈRE. — Comment serez-vous habillés?

MOLIÈRE. — Comme vous voyez. *(Aux acteurs.)* Je vous prie...

LA THORILLIÈRE. — Quand commencerez-vous?

25 MOLIÈRE. — Quand le Roi sera venu. *(A part.)* Au diantre[1] le questionneur!

LA THORILLIÈRE. — Quand croyez-vous qu'il vienne?

MOLIÈRE. — La peste m'étouffe, Monsieur, si je le sais.

LA THORILLIÈRE. — Savez-vous point[2]...

30 MOLIÈRE. — Tenez, Monsieur, je suis le plus ignorant homme du monde; je ne sais rien de tout ce que vous pourrez me demander, je vous jure. *(A part.)* J'enrage! Ce bourreau vient, avec un air tranquille, vous faire des questions, et ne se soucie pas qu'on ait en tête d'autres affaires.

35 LA THORILLIÈRE. — Mesdemoiselles, votre serviteur.

MOLIÈRE. — Ah! bon, le voilà d'un autre côté.

LA THORILLIÈRE, *à M^{lle} Du Croisy.* — Vous voilà belle comme un petit ange. *(En regardant M^{lle} Hervé.)* Jouez-vous toutes deux aujourd'hui?

40 MADEMOISELLE DU CROISY. — Oui, Monsieur.

---

1. Au diable; 2. Voir page 101, note 1.

La Grange. — Bonjour, Marquis. (Scène III, ligne 15.)

Gravure de J.-M. Moreau le Jeune pour l'édition de 1773.

LA THORILLIÈRE. — Sans vous, la comédie ne vaudrait pas grand-chose[1].

MOLIÈRE, *bas, aux actrices.* — Vous ne voulez pas faire en aller cet homme-là?

45 MADEMOISELLE DE BRIE, *à La Thorillière.* — Monsieur, nous avons ici quelque chose à répéter ensemble.

LA THORILLIÈRE. — Ah! parbleu! je ne veux pas vous empêcher : vous n'avez qu'à poursuivre.

MADEMOISELLE DE BRIE. — Mais...

50 LA THORILLIÈRE. — Non, non, je serais fâché d'incommoder personne. Faites librement ce que vous avez à faire.

MADEMOISELLE DE BRIE. — Oui, mais...

LA THORILLIÈRE. — Je suis homme sans cérémonie, vous dis-je, et vous pouvez répéter ce qui vous plaira.

55 MOLIÈRE. — Monsieur, ces demoiselles ont peine à[2] vous dire qu'elles souhaiteraient fort que personne ne fût ici pendant cette répétition.

LA THORILLIÈRE. — Pourquoi? il n'y a point de danger pour moi.

60 MOLIÈRE. — Monsieur, c'est une coutume qu'elles observent, et vous aurez plus de plaisir quand les choses vous surprendront.

LA THORILLIÈRE. — Je m'en vais donc dire que vous êtes prêts.

MOLIÈRE. — Point du tout, Monsieur; ne vous hâtez pas, de grâce. **(14)**

---

1. Le fâcheux est d'autant plus ridicule qu'il adresse ce compliment aux deux actrices les plus faibles de la troupe; 2. N'osent pas.

─── **QUESTIONS** ───

14. SUR LA SCÈNE II. — Dans la liste des « acteurs », La Thorillière, qui, notons-le, est le seul avec Béjart à ne pas jouer son propre personnage, est présenté comme « marquis fâcheux », de ces marquis ridiculisés précédemment par Molière : à quoi le spectateur peut-il reconnaître que ce fâcheux est un marquis? En quoi le personnage joué par La Thorillière est-il particulièrement fâcheux et ridicule? Le « fâcheux » dans le théâtre de Molière.

— Étudiez le jeu de Molière dans cette scène; qu'a de comique la réponse de la ligne 17?

— Utilité dramatique de cette scène.

### Scène III. — MOLIÈRE, LA GRANGE, etc.

MOLIÈRE. — Ah! que le monde est plein d'impertinents[1]! Or sus[2], commençons. Figurez-vous donc premièrement que la scène est dans l'antichambre du Roi; car c'est un lieu où il se passe tous les jours des choses assez plaisantes. Il est aisé de
5 faire venir là toutes les personnes qu'on veut, et on peut trouver des raisons même pour y autoriser la venue des femmes que j'introduis. La comédie s'ouvre par deux marquis qui se rencontrent. *(A La Grange.)* Souvenez-vous bien, vous, de venir, comme je vous ai dit, là, avec cet air qu'on nomme
10 le bel air[3], peignant votre perruque et grondant[4] une petite chanson entre vos dents. « La, la, la, la, la, la! » — Rangezvous donc, vous autres, car il faut du terrain à deux marquis; et ils ne sont pas gens à tenir leur personne dans un petit espace. — Allons, parlez.

15 LA GRANGE. — « Bonjour, Marquis. »

MOLIÈRE. — Mon Dieu! ce n'est point là le ton d'un marquis : il faut le prendre un peu plus haut; et la plupart de ces Messieurs affectent une manière de parler particulière, pour se distinguer du commun : « Bonjour, Marquis. » Recommen-
20 cez donc. **(15)**

LA GRANGE. — « Bonjour, Marquis.

MOLIÈRE. — « Ah! Marquis, ton serviteur[5].

LA GRANGE. — « Que fais-tu là?

---

1. *Impertinents :* gens importuns; 2. *Or sus :* allons! (interjection pour exhorter et encourager); 3. Voir page 64, note 2; 4. *Gronder :* murmurer; 5. Formule de salutation qui exprime le dévouement (voir page 118, lignes 77-78); *serviteur, servante* et *valet* s'employaient encore pour prendre congé (page 118, ligne 86); mais aussi, ironiquement, pour remercier, refuser ou contredire (voir page 101, ligne 101 et, ci-dessous, ligne 37).

—— **QUESTIONS** ——

15. Pourquoi Molière n'indique-t-il pas le sujet de la pièce répétée? — Comment expliquer que Molière, qui n'avait rien à dire sur le jeu de La Grange (page 108, ligne 269), puisse le reprendre ici dès les deux premiers mots du texte? S'agit-il d'une simple remarque du metteur en scène, qui ne préjuge en rien du talent de l'acteur? Ou bien ne faut-il pas supposer que La Grange a cru bon de suivre les recommandations précédentes de Molière et de parler « naturellement » (voir plus loin, pour Brécourt, scène IV, lignes 3-5, une attitude opposée)?

MOLIÈRE. — « Parbleu! tu vois : j'attends que tous ces Mes-
25 sieurs aient débouché la porte, pour présenter là mon visage.

LA GRANGE. — « Têtebleu! quelle foule! Je n'ai garde de
m'y aller frotter, et j'aime mieux entrer des derniers.

MOLIÈRE. — « Il y a là vingt gens[1] qui sont fort assurés de
n'entrer point, et qui ne laissent pas de[2] se presser et d'occuper
30 toutes les avenues[3] de la porte.

LA GRANGE. — « Crions nos deux noms à l'huissier[4], afin
qu'il nous appelle.

MOLIÈRE. — « Cela est bon pour toi; mais pour moi, je ne
veux pas être joué par Molière. **(16)**

35 LA GRANGE. — « Je pense pourtant, Marquis, que c'est toi
qu'il joue dans *la Critique*.

MOLIÈRE. — « Moi? je suis ton valet : c'est toi-même en
propre personne.

LA GRANGE. — « Ah! ma foi, tu es bon de m'appliquer ton
40 personnage.

MOLIÈRE. — « Parbleu! je te trouve plaisant de me donner
ce qui t'appartient.

LA GRANGE, *riant*. — « Ha, ha, ha! cela est drôle.

MOLIÈRE, *riant*. — « Ha, ha, ha! cela est bouffon.

45 LA GRANGE. — « Quoi! tu veux soutenir que ce n'est pas
toi qu'on joue dans le marquis de *la Critique*!

MOLIÈRE. — « Il est vrai, c'est moi. *Détestable, morbleu!
détestable! tarte à la crème*[5]! C'est moi, c'est moi, assurément,
c'est moi.

50 LA GRANGE. — « Oui, parbleu! c'est toi; tu n'as que faire
de railler; et si tu veux, nous gagerons, et verrons qui a raison
des deux.

MOLIÈRE. — « Et que veux-tu gager encore?

LA GRANGE. — « Je gage cent pistoles que c'est toi.

55 MOLIÈRE. — « Et moi, cent pistoles que c'est toi.

---

1. Avec un nombre, nous disons : personnes; 2. Voir Dédicace de *la Critique*,
page 45, note 2; 3. *Avenue :* accès; 4. L'huissier tenait la liste des privilégiés qui
possédaient un brevet d'entrée : faute d'y être inscrit, on n'entrait qu'avec la foule;
5. Voir *la Critique*, pages 63 et 73.

**▬ QUESTIONS ▬**

16. Qu'a de piquant la confrontation de Molière auteur et de Molière
acteur dans le rôle de l'un de ces marquis qu'il ne cesse de ridiculiser?

LA GRANGE. — « Cent pistoles comptant?

MOLIÈRE. — « Comptant : quatre-vingt-dix pistoles sur Amyntas, et dix pistoles comptant[1].

LA GRANGE. — « Je le veux.

60 MOLIÈRE. — « Cela est fait.

LA GRANGE. — « Ton argent court grand risque.

MOLIÈRE. — « Le tien est bien aventuré.

LA GRANGE. — « A qui nous en rapporter? **(17)**

## SCÈNE IV. — MOLIÈRE, BRÉCOURT, LA GRANGE, ETC.

MOLIÈRE. — « Voici un homme qui nous jugera. Chevalier!

BRÉCOURT. — « Quoi? »

MOLIÈRE. — Bon[2]. Voilà l'autre qui prend le ton de marquis! Vous ai-je pas[3] dit que vous faites un rôle où l'on doit parler 5 naturellement[4]?

BRÉCOURT. — Il est vrai.

MOLIÈRE. — Allons donc. « Chevalier!

BRÉCOURT. — « Quoi?

MOLIÈRE. — « Juge-nous un peu sur une gageure que nous 10 avons faite.

BRÉCOURT. — « Et quelle?

MOLIÈRE. — « Nous disputons[5] qui est le marquis de *la Critique* de Molière : il gage que c'est moi, et moi je gage que c'est lui.

---

1. Sur la somme importante que représentent les cent pistoles (voir page 99, note 3), l'un des marquis n'offre en argent comptant que le dixième, à charge pour le gagnant d'aller réclamer le reste à un de ses débiteurs, un certain Amyntas; 2. Nouvelle intervention de Molière, en tant que directeur de troupe; 3. Voir page 101, note 1; 4. Scène première, lignes 264-268; 5. Nous discutons.

---
### QUESTIONS

17. SUR L'ENSEMBLE DE LA SCÈNE III. — Relevez les tournures affectées et les termes maniérés du langage des marquis. Habitués à singer les plus élégants, n'en viennent-ils pas à se singer eux-mêmes?
— Nature du comique de cette scène.
— Comment l'*Impromptu* se révèle-t-il être une « suite » de *la Critique* de « *l'École des femmes* »?

15 BRÉCOURT. — « Et moi, je juge que ce n'est ni l'un ni l'autre. Vous êtes fous tous deux, de vouloir vous appliquer ces sortes de choses; et voilà de quoi j'ouïs[1] l'autre jour se plaindre Molière, parlant à des personnes qui le chargeaient[2] de même chose que vous. Il disait que rien ne lui donnait du déplaisir
20 comme d'être accusé de regarder[3] quelqu'un dans les portraits qu'il fait; que son dessein est de peindre les mœurs sans vouloir toucher aux personnes, et que tous les personnages qu'il représente sont des personnages en l'air[4], et des fantômes proprement[5], qu'il habille à sa fantaisie, pour réjouir les specta-
25 teurs; qu'il serait bien fâché d'y avoir jamais marqué[6] qui que ce soit; et que si quelque chose était capable de le dégoûter de faire des comédies, c'était les ressemblances qu'on y voulait toujours trouver, et dont ses ennemis tâchaient malicieusement d'appuyer la pensée[7], pour lui rendre de mauvais offices[8]
30 auprès de certaines personnes à qui il n'a jamais pensé[9]. Et en effet je trouve qu'il a raison; car pourquoi vouloir, je vous prie, appliquer[10] tous ses gestes et toutes ses paroles, et chercher à lui faire des affaires[11] en disant hautement : « Il joue un tel », lorsque ce sont des choses qui peuvent convenir à cent
35 personnes? Comme l'affaire de la comédie est de représenter en général tous les défauts des hommes, et principalement des hommes de notre siècle, il est impossible à Molière de faire aucun caractère qui ne rencontre quelqu'un[12] dans le monde; et s'il faut qu'on l'accuse d'avoir songé[13] toutes les personnes
40 où l'on peut trouver les défauts qu'il peint, il faut sans doute qu'il ne fasse plus de comédies. **(18)**

---

1. *Ouïr :* entendre. Dans la seconde partie du XVIIe siècle, ce verbe n'était plus employé qu'à l'infinitif, au passé simple et aux temps formés du participe; 2. L'accusaient (langue juridique); 3. D'avoir en vue; 4. Sans identité (et pourtant vrais); 5. Au sens propre du mot; étymologiquement, en effet, un *fantôme* est une image, un produit de l'imagination *(fantaisie)* ; 6. *Marqué* d'une empreinte, c'est-à-dire désigné distinctement; 7. Ses ennemis s'efforçaient de renforcer l'idée que ces portraits étaient bien ressemblants; 8. Services; 9. Le XVIIe siècle est le temps où il a le plus circulé de « clefs »; 10. Chercher des applications, des allusions précises à; 11. A lui créer des ennuis; 12. Qui ne s'applique par hasard à quelqu'un; 13. Voir page 103, note 5.

---
**QUESTIONS**
---

18. Comparez la tirade de Brécourt avec celle d'Uranie dans *la Critique* (scène VI, lignes 95-105). — Dans ces deux pièces polémiques, Molière n'a-t-il pas fait des allusions à des personnes et procédé à des attaques dont la victime était facile à identifier (voyez page 64, note 4; page 74, note 7; page 75, note 8; page 79, note 1; page 106, question 10)? Faut-il parler de mauvaise foi? ou peut-on « justifier » la contradiction entre la conduite du polémiste et la doctrine du théoricien?

MOLIÈRE. — « Ma foi, Chevalier, tu veux justifier Molière
et épargner notre ami que voilà.

LA GRANGE. — « Point du tout. C'est toi qu'il épargne; et
45 nous trouverons d'autres juges.

MOLIÈRE. — « Soit. Mais, dis-moi, Chevalier, crois-tu pas[1]
que ton Molière est épuisé maintenant, et qu'il ne trouvera
plus de matière pour...

BRÉCOURT. — « Plus de matière? Eh! mon pauvre Marquis,
50 nous lui en fournirons toujours assez, et nous ne prenons
guère le chemin de nous rendre sages pour[2] tout ce qu'il fait
et tout ce qu'il dit. »

MOLIÈRE. — Attendez[3], il faut marquer[4] davantage tout cet
endroit. Écoutez-le-moi dire un peu. « Et qu'il ne trouvera plus
55 de matière pour... — Plus de matière? Eh! mon pauvre Marquis, nous lui en fournirons toujours assez, et nous ne prenons
guère le chemin de nous rendre sages pour tout ce qu'il fait
et tout ce qu'il dit. Crois-tu qu'il ait épuisé dans ses comédies
tout le ridicule des hommes? Et, sans sortir de la cour, n'a-t-il
60 pas encore vingt caractères de gens où il n'a point touché?
N'a-t-il pas, par exemple, ceux qui se font les plus grandes
amitiés du monde, et qui, le dos tourné, font galanterie de[5] se
déchirer l'un l'autre? N'a-t-il pas ces adulateurs à outrance,
ces flatteurs insipides, qui n'assaisonnent d'aucun sel les
65 louanges qu'ils donnent, et dont toutes les flatteries ont une
douceur fade qui fait mal au cœur à ceux qui les écoutent?
N'a-t-il pas ces lâches courtisans de la faveur, ces perfides
adorateurs de la fortune[6], qui vous encensent dans la prospérité
et vous accablent dans la disgrâce? N'a-t-il pas ceux qui sont
70 toujours mécontents de la cour, ces suivants inutiles, ces
incommodes[7] assidus, ces gens, dis-je, qui pour services
ne peuvent compter que des importunités, et qui veulent que l'on
les récompense d'avoir obsédé le Prince dix ans durant? N'a-t-il
pas ceux qui caressent également tout le monde, qui promènent
75 leurs civilités à droit[8] et à gauche, et courent à tous ceux qu'ils
voient avec les mêmes embrassades[9] et les mêmes protestations

----

1. Voir page 101, note 1; **2.** A cause de ou malgré tout ce qu'il fait; **3.** Le directeur
de troupe intervient ici de nouveau; **4.** Faire ressortir; **5.** Considèrent comme élé-
gant de...; **6.** *Fortune* : chance; **7.** *Incommode* : importun. Logiquement, ce sont
les *suivants* qui sont *assidus* et les *importuns inutiles*; **8.** *A droit* : du côté droit;
**9.** L'*embrassade* (genre d'accolade) consistait à étreindre quelqu'un avec les deux
bras. On usait et abusait de ces « embrassades », et particulièrement à la Cour (voir
le *Misanthrope*, I, 1).

d'amitié? « Monsieur, votre très humble serviteur. — Mon-
« sieur, je suis tout à votre service. — Tenez-moi des vôtres[1],
« mon cher. — Faites état de moi, Monsieur, comme du plus
80 « chaud de vos amis. — Monsieur, je suis ravi de vous embras-
« ser. — Ah! Monsieur, je ne vous voyais pas! Faites-moi la
« grâce de m'employer[2]. Soyez persuadé que je suis entière-
« ment à vous. Vous êtes l'homme du monde que je révère le
« plus. Il n'y a personne que j'honore à l'égal de vous. Je
85 « vous conjure de le croire. Je vous supplie de n'en point
« douter. — Serviteur. — Très humble valet. » Va, va, Marquis,
Molière aura toujours plus de sujets qu'il n'en voudra; et tout
ce qu'il a touché jusqu'ici n'est rien que bagatelle au prix de ce
qui reste. » Voilà à peu près comme cela doit être joué. **(19)**

90 BRÉCOURT. — C'est assez[3].

MOLIÈRE. — Poursuivez.

BRÉCOURT. — « Voici Climène et Élise. »

MOLIÈRE, *à M^lles Du Parc et Molière.* — Là-dessus vous
arrivez toutes deux. *(A M^lle Du Parc.)* Prenez bien garde,
95 vous, à vous déhancher comme il faut, et à faire bien des
façons[4]. Cela vous contraindra un peu; mais qu'y faire? Il
faut parfois se faire violence.

MADEMOISELLE MOLIÈRE. — « Certes, Madame, je vous ai
reconnue de loin, et j'ai bien vu à votre air que ce ne pouvait
100 être une autre que vous.

MADEMOISELLE DU PARC. — « Vous voyez, je viens attendre
ici la sortie d'un homme avec qui j'ai une affaire à démêler.

MADEMOISELLE MOLIÈRE. — « Et moi de même. »

---

1. Considérez-moi comme de vos amis; 2. De recourir à mes services; 3. Brécourt
veut dire qu'il a compris, qu'il est inutile d'insister; 4. Voir *la Critique*, page 50,
note 7.

---

### ■ QUESTIONS ■

**19.** Quel sens donner à l'allusion (lignes 50-52) à la fonction morale
de la comédie? — Quelles raisons ont poussé Molière (ligne 53) à intervenir personnellement et si longuement, privant ainsi Brécourt d'une
nouvelle tirade? — Appréciez la restriction *sans sortir de la cour* (ligne 59).
— L'allusion au Prince (ligne 73) pouvait-elle être appréciée de Louis XIV?
— Caractérisez les ridicules désignés par Molière. A-t-il repris quelques-
uns d'entre eux dans ses comédies ultérieures? — Étudiez le ton et les
procédés de cette tirade (progression dans les exemples, répétition dans
le rythme, variété dans la forme).

MOLIÈRE. — Mesdames[1], voilà des coffres qui vous serviront
105 de fauteuils.

MADEMOISELLE DU PARC. — « Allons, Madame, prenez place,
s'il vous plaît.

MADEMOISELLE MOLIÈRE. — « Après vous, Madame. »

MOLIÈRE. — Bon. Après ces petites cérémonies muettes,
110 chacun prendra place et parlera assis, hors les marquis, qui
tantôt se lèveront et tantôt s'assoiront, suivant leur inquiétude[2]
naturelle. « Parbleu! Chevalier, tu devrais faire prendre méde-
cine[3] à tes canons[4].

BRÉCOURT. — « Comment?

115 MOLIÈRE. — « Ils se portent fort mal.

BRÉCOURT. — « Serviteur à la turlupinade[5]!

MADEMOISELLE MOLIÈRE. — « Mon Dieu! Madame, que je
vous trouve le teint d'une blancheur éblouissante, et les lèvres
d'un couleur[6] de feu surprenant!

120 MADEMOISELLE DU PARC. — « Ah! que dites-vous là,
Madame? ne me regardez point, je suis du dernier laid
aujourd'hui.

MADEMOISELLE MOLIÈRE. — « Eh! Madame, levez un peu
votre coiffe.

125 MADEMOISELLE DU PARC. — « Fi! Je suis épouvantable, vous
dis-je, et je me fais peur à moi-même.

MADEMOISELLE MOLIÈRE. — « Vous êtes si belle!

MADEMOISELLE DU PARC. — « Point, point.

MADEMOISELLE MOLIÈRE. — « Montrez-vous.

130 MADEMOISELLE DU PARC. — « Ah! fi donc, je vous prie.

MADEMOISELLE MOLIÈRE. — « De grâce.

MADEMOISELLE DU PARC. — « Mon Dieu, non.

MADEMOISELLE MOLIÈRE. — « Si fait.

MADEMOISELLE DU PARC. — « Vous me désespérez.

135 MADEMOISELLE MOLIÈRE. — « Un moment.

---

1. Voir page 97, note 2; 2. *Inquiétude* : tendance à n'être jamais tranquille, à s'agi-
ter; 3. Donner une purge; 4. *Canon* : voir page 62, note 1; 5. Merci pour la sotte
plaisanterie (voir page 113, note 5, et page 48, note 4); 6. *Couleur* est ici du masculin
(comme le latin *color*); Molière adoptera ensuite le féminin (« de belles couleurs »,
*le Tartuffe*, 2ᵉ placet; *la Comtesse d'Escarbagnas*, scène première).

MADEMOISELLE DU PARC. — « Ahi.

MADEMOISELLE MOLIÈRE. — « Résolument vous vous montrerez. On ne peut point se passer de vous voir.

MADEMOISELLE DU PARC. — « Mon Dieu, que vous êtes une
140 étrange personne ! vous voulez furieusement ce que vous voulez.

MADEMOISELLE MOLIÈRE. — « Ah ! Madame, vous n'avez aucun désavantage à paraître au grand jour, je vous jure. Les méchantes gens qui assuraient que vous mettiez quelque chose[1] ! Vraiment, je les démentirai bien maintenant.

145 MADEMOISELLE DU PARC. — « Hélas ! je ne sais pas seulement ce qu'on appelle mettre quelque chose. Mais où vont ces dames ? **(20) (21)**

SCÈNE V. — MADEMOISELLE DE BRIE,
MADEMOISELLE DU PARC, ETC.

MADEMOISELLE DE BRIE. — « Vous voulez bien, Mesdames, que nous vous donnions, en passant, la plus agréable nouvelle du monde. Voilà Monsieur Lysidas[2], qui vient de nous avertir

---

1. Du fard ; 2. Rôle tenu, comme dans *la Critique*, par Du Croisy (voir scène première, lignes 258-263).

———————— **QUESTIONS** ————————

**20.** Étudiez le langage précieux de Climène et d'Élise, et le langage ridicule des marquis. — Donneau de Visé a relevé la *turlupinade* (lignes 112-115) et fait dire à l'un des personnages de la *Réponse à « l'Impromptu de Versailles* », scène V : « Il y a plus de trente ans que tous les saltimbanques disent cette mauvaise plaisanterie » ; A. J. Montfleury, dans l'*Impromptu de l'Hôtel de Condé* (Documents, page 163), raille à son tour cette plaisanterie : Molière, dans *la Critique*, scène VI, lignes 399-402, n'a-t-il pas répondu d'avance à cette critique ? L'opposition entre le langage des turlupins et les manières des précieuses n'est-elle pas intentionnelle ?
— Le comique de gestes ne s'ajoute-t-il pas ici au comique de mots ?

**21.** SUR L'ENSEMBLE DE LA SCÈNE IV. — Brécourt défend Molière contre un marquis dont le rôle est tenu par Molière ; Molière intervient comme chef de troupe et prend le rôle de Brécourt, puis interprète deux marquis qui se rencontrent ; il revient ensuite au rôle de Brécourt, puis à celui de chef de troupe, avant de reprendre enfin son rôle de marquis ridicule : comment procéder pour que le spectateur s'y reconnaisse ?
— Relevez, en les classant, les détails qui caractérisent le travail du chef de troupe et celui du metteur en scène.

qu'on a fait une pièce contre Molière, que les grands comé-
5 diens vont jouer[1]. (22)

MOLIÈRE. — « Il est vrai, on me l'a voulu lire; et c'est un
nommé Br... Brou... Brossaut[2] qui l'a faite.

DU CROISY. — « Monsieur, elle est affichée sous le nom de
Boursault; mais, à vous dire le secret, bien des gens ont mis la
10 main à cet ouvrage, et l'on en doit concevoir une assez haute
attente. Comme tous les auteurs et tous les comédiens regardent
Molière comme leur plus grand ennemi, nous nous sommes
tous unis pour le desservir[3]. Chacun de nous a donné un coup
de pinceau à son portrait; mais nous nous sommes bien gardés
15 d'y mettre nos noms : il lui aurait été trop glorieux de succom-
ber, aux yeux du monde, sous les efforts de tout le Parnasse[4];
et pour rendre sa défaite plus ignominieuse, nous avons voulu
choisir tout exprès un auteur sans réputation[5]. (23)

---

1. Il s'agit du *Portrait du peintre*, de Boursault, joué à l'Hôtel de Bourgogne au
début d'octobre 1663, donc avant *l'Impromptu*; mais l'action de la pièce répétée
par la troupe de Molière est censée précéder celle de *l'Impromptu*; 2. Une tradition
veut que l'acteur fasse ici, en hésitant sur le mot, le geste de cracher; 3. Exagération
évidente. Si Molière a pu soupçonner entre autres Corneille d'avoir mis la main
à l'œuvre de Boursault, il est certain, tant l'œuvre est plate, que ce soupçon n'était
pas fondé. Corneille s'était vraisemblablement contenté d'encourager Boursault
à parodier *la Critique*. Boursault, dans l'avis *Au lecteur* placé en tête de sa comédie
(l'achevé d'imprimer est du 17 novembre 1663), répondra en ces termes : « Il n'est
pas juste que je me laisse dépouiller d'un bien qui ne peut enrichir personne, et je
suis contraint de défendre tout le Parnasse contre l'injurieuse charité qu'on a voulu
lui prêter. Les grands hommes [Corneille] n'ont point d'occupations si basses », etc.;
4. *Parnasse* : montagne de Grèce, consacrée jadis à Apollon et aux Muses; 5. Boursault n'avait alors que vingt-cinq ans.

---

**QUESTIONS**

---

22. L'édition de 1734 a réuni en une seule scène les scènes III, IV et V :
pouvez-vous justifier et cette présentation et le découpage adopté ici
suivant l'édition de 1682? — Quels sont, au début de cette scène V, les
personnages nouveaux? En quoi sont-ils nouveaux? Où se trouvaient-ils
auparavant? N'avons-nous pas là une survivance de la tradition médié-
vale qui, faute de coulisses, obligeait les « joueurs » à être présents sur
l'« échafaud » durant toute la pièce?

23. L'attaque contre Boursault : pourquoi Molière, qui n'évoque
Donneau de Visé, l'auteur de *Zélinde*, que sous le pseudonyme de Lysidas
(voyez notamment ci-dessous, ligne 63), attaque-t-il Boursault en le
désignant nommément? — Relevez les traits acérés lancés contre Boursault et le clan tout entier. — Quel intérêt y avait-il à faire faire ces révélations par le poète Lysidas (reportez-vous à *la Critique*, scène VI, lignes 38-
40 et 153-154)? — Par quel procédé cette tirade, dirigée contre Molière,
n'accable-t-elle que ses détracteurs?

MADEMOISELLE DU PARC. — « Pour moi, je vous avoue que
20 j'en ai toutes les joies imaginables.

MOLIÈRE. — « Et moi aussi. Par le sang-bleu[1]! le railleur sera
raillé; il aura sur les doigts, ma foi!

MADEMOISELLE DU PARC. — « Cela lui apprendra à vouloir
satiriser[2] tout. Comment! cet impertinent ne veut pas que les
25 femmes aient de l'esprit? Il condamne toutes nos expressions
élevées, et prétend que nous parlions toujours terre à terre!

MADEMOISELLE DE BRIE. — « Le langage n'est rien; mais il
censure tous nos attachements, quelque innocents qu'ils puissent
être; et de la façon qu'il en parle, c'est être criminelle que
30 d'avoir du mérite.

MADEMOISELLE DU CROISY. — « Cela est insupportable. Il n'y
a pas une femme qui puisse plus rien faire. Que ne laisse-t-il
en repos nos maris, sans leur ouvrir les yeux et leur faire prendre
garde à des choses dont ils ne s'avisent pas?

35 MADEMOISELLE BÉJART. — « Passe pour tout cela; mais il
satirise même les femmes de bien, et ce méchant plaisant leur
donne le titre d'honnêtes diablesses[3].

MADEMOISELLE MOLIÈRE. — « C'est un impertinent. Il faut
qu'il en ait tout le soûl[4].

40 DU CROISY. — « La représentation de cette comédie, Madame,
aura besoin d'être appuyée, et les comédiens de l'Hôtel...

MADEMOISELLE DU PARC. — « Mon Dieu, qu'ils n'appré-
hendent rien. Je leur garantis le succès de leur pièce, corps
pour corps[5].

45 MADEMOISELLE MOLIÈRE. — « Vous avez raison, Madame.
Trop de gens sont intéressés à la trouver belle. Je vous laisse
à penser si tous ceux qui se croient satirisés par Molière ne
prendront pas l'occasion de se venger de lui en applaudissant
à cette comédie.

---

1. Juron où, comme dans « morbleu, parbleu, maugrebleu », *bleu* est une corrup-
tion du mot *Dieu* : par le sang de Dieu!; 2. *Satiriser* : critiquer (néologisme à la mode,
si l'on en croit *le Portrait du peintre*, scène VIII ; voir Documentation thématique);
3. *L'École des femmes*, vers 1292-1301; l'expression est au vers 1296 : « ces dragons
de vertu, ces honnêtes diablesses »; 4. Qu'il en soit rassasié, c'est-à-dire qu'il soit
châtié à ne plus pouvoir en supporter davantage; 5. En luttant de ma propre
personne (comme elle le dit plus loin, lignes 84-85).

50 BRÉCOURT, *ironiquement*. — « Sans doute; et pour moi je réponds de douze marquis, de six précieuses, de vingt coquettes et de trente cocus, qui ne manqueront pas d'y battre des mains[1].

MADEMOISELLE MOLIÈRE. — « En effet. Pourquoi aller offenser toutes ces personnes-là, et particulièrement les cocus, qui
55 sont les meilleurs[2] gens du monde?

MOLIÈRE. — « Par le sang-bleu[3]! on m'a dit qu'on le va dauber[4], lui et toutes ses comédies, de la belle manière, et que les comédiens et les auteurs, depuis le cèdre jusqu'à l'hysope[5], sont diablement animés contre lui. **(24)**

60 MADEMOISELLE MOLIÈRE. — « Cela lui sied fort bien. Pour-
quoi fait-il de méchantes pièces que tout Paris va voir, et où il peint si bien les gens, que chacun s'y connaît[6]? Que ne fait-il des comédies comme celles de Monsieur Lysidas[7]? Il n'aurait personne contre lui, et tous les auteurs en diraient du bien. Il
65 est vrai que de semblables comédies n'ont pas ce grand concours de monde; mais, en revanche, elles sont toujours bien écrites[8], personne n'écrit contre elles, et tous ceux qui les voient meurent d'envie de les trouver belles.

DU CROISY. — « Il est vrai que j'ai l'avantage de ne point
70 faire d'ennemis, et que tous mes ouvrages ont l'approbation des savants.

---

1. Dans sa *Réponse à « l'Impromptu de Versailles »*, scène III, Donneau de Visé, après avoir mentionné la présence de Molière à une représentation du *Portrait du peintre*, ajoute perfidement, en se référant à ce passage de l'*Impromptu de Versailles* : « Que l'on fasse tout ce que l'on voudra contre lui, six précieuses, douze coquettes, vingt marquis et trente cocus ne suffisent pas pour faire réussir une comédie. Cependant, vous savez qu'il a lui-même réglé le nombre de ceux qui doivent aller voir ce qui sera représenté contre lui. — Il a plus été de cocus qu'il ne dit voir *le Portrait du peintre* : j'y en comptai un jour jusques à trente et un. Cette représentation ne manqua pas d'approbateurs : trente de ces cocus applaudirent fort, et le dernier fit tout ce qu'il put pour rire, mais il n'en avait pas beaucoup d'envie »; 2. Accord avec le genre de « hommes » inclus dans « gens ». L'édition de 1734 corrige : « les meilleures gens »; 3. Voir ligne 21, note 1; l'édition de 1682 a ici : « par la sang-bleu! »; 4. Voir page 66, note 1; 5. Du plus grand au plus petit (comparaison d'origine biblique). Le *cèdre* ne peut désigner que Corneille. L'*hysope* est un arbrisseau du Bassin méditerranéen, évoqué pour désigner une chose petite, sans importance; 6. Reconnaît; 7. Molière raille Donneau de Visé, auteur de *Zélinde, ou la Véritable Critique de « l'École des femmes »*, comédie parue au début d'août 1663 (et non représentée); 8. Écrite suivant les règles.

---

**QUESTIONS**

24. Chacune des répliques des lignes 19-59 est-elle en rapport avec le personnage qui la dit? Quel est l'enchaînement des idées? — Qu'a d'amusant, lignes 50-52, la liste établie par Brécourt?

Phot. Bernand.

Mademoiselle Béjart. — Souffrez que j'interrompe pour un peu la répétition.
(Scène V, ligne 126.)

Phot. Bernand.

Molière. — Mon Dieu! ce n'est point là le ton d'un marquis :
il faut le prendre un peu plus haut. (Scène III, ligne 16.)

« L'Impromptu de Versailles » à la Comédie-Française (1960).
Georges Descrières dans le rôle de Molière.

MADEMOISELLE MOLIÈRE. — « Vous faites bien d'être content de vous. Cela vaut mieux que tous les applaudissements du public, et que tout l'argent qu'on saurait gagner aux pièces de
75 Molière. Que vous importe qu'il vienne du monde à vos comédies, pourvu qu'elles soient approuvées par Messieurs vos confrères? (25)

LA GRANGE. — « Mais quand jouera-t-on *le Portrait du peintre?*

80 DU CROISY. — « Je ne sais; mais je me prépare fort à paraître des premiers sur les rangs, pour crier : « Voilà qui est beau! »

MOLIÈRE. — « Et moi de même, parbleu!

LA GRANGE. — « Et moi aussi, Dieu me sauve!

MADEMOISELLE DU PARC. — « Pour moi, j'y payerai de ma
85 personne comme il faut; et je réponds d'une bravoure[1] d'approbation, qui mettra en déroute tous les jugements ennemis. C'est bien la moindre chose que nous devions faire, que d'épauler de nos louanges le vengeur de nos intérêts.

MADEMOISELLE MOLIÈRE. — « C'est fort bien dit.

90 MADEMOISELLE DE BRIE. — « Et ce qu'il nous faut faire toutes.

MADEMOISELLE BÉJART. — « Assurément.

MADEMOISELLE DU CROISY. — « Sans doute.

MADEMOISELLE HERVÉ. — « Point de quartier à ce contrefaiseur[2] de gens.

95 MOLIÈRE. — « Ma foi, Chevalier, mon ami, il faudra que ton Molière se cache.

---

1. Éclat (par allusion à l'« air de bravoure » de l'opéra italien, air brillant destiné à faire valoir la voix du chanteur). En prétendant « payer de sa personne », Climène se manifestera surtout par la voix; 2. *Contrefaiseur.* Ce mot était du style familier; il ne sera admis dans le *Dictionnaire de l'Académie* qu'en 1798 (5e édition).

---

**QUESTIONS**

---

25. Pourquoi Molière insiste-t-il de nouveau sur le succès de ses pièces auprès du public? — Les deux conceptions du succès, succès auprès du public et approbation des « savants », sont-elles inconciliables? — Lignes 67-68 : n'y a-t-il pas aujourd'hui encore une part de snobisme dans certains succès littéraires?

BRÉCOURT. — « Qui, lui? Je te promets, Marquis, qu'il fait dessein d'aller sur le théâtre, rire avec tous les autres du portrait qu'on a fait de lui[1].

100 MOLIÈRE. — « Parbleu! ce sera donc du bout des dents qu'il y rira.

BRÉCOURT. — « Va, va, peut-être qu'il y trouvera plus de sujets de rire que tu ne penses. On m'a montré la pièce; et comme tout ce qu'il y a d'agréable sont effectivement les idées[2]
105 qui ont été prises de Molière[3], la joie que cela pourra donner n'aura pas lieu de lui déplaire, sans doute; car, pour l'endroit où on s'efforce de le noircir[4], je suis le plus trompé du monde, si cela est approuvé de personne. Et quant à tous les gens qu'ils ont tâché d'animer contre lui, sur ce qu'il fait, dit-on,
110 des portraits trop ressemblants, outre que cela est de fort mauvaise grâce, je ne vois rien de plus ridicule et de plus mal repris[5]; et je n'avais pas cru jusqu'ici que ce fût un sujet de blâme pour un comédien, que de peindre trop bien les hommes. (26)

LA GRANGE. — « Les comédiens m'ont dit qu'ils l'attendaient
115 sur la réponse[6], et que...

BRÉCOURT. — « Sur la réponse? Ma foi, je le trouverais un grand fou, s'il se mettait en peine de répondre à leurs invectives. Tout le monde sait assez de quel motif elles peuvent partir; et la meilleure réponse qu'il leur puisse faire, c'est une
120 comédie qui réussisse comme toutes ses autres. Voilà le vrai moyen de se venger d'eux comme il faut; et de l'humeur dont je les connais, je suis fort assuré qu'une pièce nouvelle qui

---

1. C'est ce que fit en effet Molière, si l'on en croit Donneau de Visé (*Réponse à* « *l'Impromptu* », scène III) et Chevalier (*les Amours de Calotin*, acte premier, scène III);
2. Les idées *sont* ce qu'il y a d'agréable; pour justifier l'accord, nous dirions : *ce* sont les idées...; 3. Pour reprendre l'expression de Molière (ci-dessous, ligne 189), Boursault avait « retourné » *la Critique* « comme un habit », de la même façon que Montfleury retournera *l'Impromptu de Versailles*; 4. Voir *le Portrait du peintre* (Documentation thématique), au sujet du sermon « burlesque » d'Arnolphe dans *l'École des femmes* ; 5. Blâmé ; 6. Qu'ils attendaient, pour riposter, qu'il répondît lui-même.

───── **QUESTIONS** ─────

26. Que signifie cet enthousiasme à défendre par avance *le Portrait du peintre*? S'agit-il de prendre parti pour Boursault ou d'agir contre Molière? — Avec quelle intention Molière fait-il parler Brécourt le dernier? Appréciez l'ironie de Brécourt (voyez comment, ligne 113, est tiré à l'avantage de Molière le titre de la comédie de Boursault).

leur enlèvera le monde, les fâchera bien plus que toutes les satires qu'on pourrait faire de leurs personnes. (27)

125  MOLIÈRE. — « Mais, Chevalier... »

MADEMOISELLE BÉJART. — Souffrez que j'interrompe pour un peu[1] la répétition. *(A Molière.)* Voulez-vous que je vous die[2]? Si j'avais été en votre place, j'aurais poussé les choses autrement. Tout le monde attend de vous une réponse vigoureuse;
130 et, après la manière dont on m'a dit que vous étiez traité dans cette comédie, vous étiez en droit de tout dire contre les comédiens, et vous deviez n'en épargner aucun. (28)

MOLIÈRE. — J'enrage de vous ouïr parler de la sorte; et voilà votre manie, à vous autres femmes. Vous voudriez que
135 je prisse feu d'abord contre eux, et qu'à leur exemple j'allasse éclater promptement en invectives et en injures. Le bel honneur que j'en pourrais tirer, et le grand dépit que je leur ferais! Ne se sont-ils pas préparés de bonne volonté à ces sortes de choses? Et lorsqu'ils ont délibéré s'ils joueraient *le Portrait*
140 *du peintre*, sur la crainte d'une riposte, quelques-uns d'entre eux n'ont-ils pas répondu : « Qu'il nous rende toutes les injures qu'il voudra, pourvu que nous gagnions de l'argent »? N'est-ce pas là la marque d'une âme fort sensible à la honte? et ne me vengerais-je pas bien d'eux en leur donnant ce qu'ils veulent
145 bien recevoir?

MADEMOISELLE DE BRIE. — Ils se sont fort plaints, toutefois, de trois ou quatre mots que vous avez dits d'eux dans *la Critique* et dans vos *Précieuses*[3].

---

1. Pour un peu de temps; 2. Forme étymologique du subjonctif présent, qui tombera en désuétude à la fin du XVIIe siècle; 3. *La Critique*, scène VI, lignes 88-90, et *les Précieuses ridicules*, scène IX, lignes 229-235.

──────── QUESTIONS ────────

27. Est-ce ce que fit Molière? Comment se poursuivit et se termina la « guerre comique »?

28. Pourquoi Mlle Béjart peut-elle se permettre d'interrompre et interrompt-elle brusquement une répétition qui, depuis la ligne 112 de la scène IV, et contrairement à ce qu'avait laissé prévoir la première scène, marchait fort bon train? — Quel est l'objet de cette intervention, son utilité dramatique? Le spectateur n'allait-il pas oublier qu'il s'agissait d'une répétition? Ne convenait-il pas que Molière fût amené à parler en son propre nom sur un sujet qui lui était si personnel?

MOLIÈRE. — Il est vrai, ces trois ou quatre mots sont fort
150 offensants, et ils ont grande raison de les citer. Allez, allez,
ce n'est pas cela. Le plus grand mal que je leur aie fait, c'est
que j'ai eu le bonheur de plaire un peu plus qu'ils n'auraient
voulu; et tout leur procédé, depuis que nous sommes venus
à Paris, a trop marqué ce qui les touche. Mais laissons-les
155 faire tant qu'ils voudront; toutes leurs entreprises ne doivent
point m'inquiéter. Ils critiquent mes pièces : tant mieux; et
Dieu me garde d'en faire jamais qui leur plaise! Ce serait une
mauvaise affaire pour moi.

MADEMOISELLE DE BRIE. — Il n'y a pas grand plaisir pour-
160 tant à voir déchirer ses ouvrages.

MOLIÈRE. — Et qu'est-ce que cela me fait? N'ai-je pas obtenu
de ma comédie tout ce que j'en voulais obtenir, puisqu'elle
a eu le bonheur d'agréer aux augustes personnes à qui particulièrement je m'efforce de plaire[1]? N'ai-je pas lieu d'être
165 satisfait de sa destinée, et toutes leurs censures ne viennent-elles
pas trop tard? Est-ce moi, je vous prie, que cela regarde maintenant? et lorsqu'on attaque une pièce qui a eu du succès,
n'est-ce pas attaquer plutôt le jugement de ceux qui l'ont
approuvée, que l'art de celui qui l'a faite? **(29)**

170 MADEMOISELLE DE BRIE. — Ma foi, j'aurais joué ce petit
Monsieur l'auteur, qui se mêle d'écrire contre des gens qui ne
songent pas à lui.

MOLIÈRE. — Vous êtes folle. Le beau sujet à divertir la cour
que Monsieur Boursault! Je voudrais bien savoir de quelle
175 façon on pourrait l'ajuster[2] pour le rendre plaisant, et si,

---

1. Voir page 21 le témoignage de Loret; rappelons que *l'École des femmes* était
dédiée à Henriette d'Angleterre; qu'à la suite de *l'École des femmes* Molière fut
gratifié d'une pension par le roi et qu'Anne d'Autriche accepta la Dédicace de *la
Critique*; 2. L'arranger.

---

**■ QUESTIONS**

29. Molière « enrage »-t-il (ligne 133) de l'audace de l'interruption
ou de l'incompréhension de Mlle Béjart? — Analysez et justifiez l'attitude de Molière à l'égard de l'Hôtel de Bourgogne. N'oublie-t-il pas
volontairement (lignes 161-169) que la troupe de l'Hôtel est officiellement
la « troupe du Roi »? Qu'à se ramène finalement la rivalité entre les
deux troupes? Est-elle fondée? Que pensez-vous du danger que représente pour l'art dramatique l'existence d'une troupe unique? — Approu-
vez-vous la théorie exprimée par Molière aux lignes 167-169? Pourquoi
se retranche-t-il derrière le jugement des « augustes personnes » qui ont
approuvé sa pièce?

quand on le bernerait[1] sur un théâtre, il serait assez heureux
pour faire rire le monde. Ce lui serait trop d'honneur que
d'être joué devant une auguste assemblée : il ne demanderait
pas mieux ; et il m'attaque de gaieté de cœur, pour se faire
180 connaître de quelque façon que ce soit[2]. C'est un homme qui
n'a rien à perdre ; et les comédiens ne me l'ont déchaîné[3] que
pour m'engager à une sotte guerre, et me détourner, par cet
artifice, des autres ouvrages que j'ai à faire. Et cependant,
vous êtes assez simples pour donner toutes dans ce panneau !
185 Mais enfin, j'en ferai ma déclaration publiquement. Je ne prétends faire aucune réponse à toutes leurs critiques et leurs
contre-critiques[4]. Qu'ils disent tous les maux du monde de
mes pièces, j'en suis d'accord. Qu'ils s'en saisissent après
nous, qu'ils les retournent comme un habit pour les mettre
190 sur leur théâtre[5], et tâchent à profiter de quelque agrément
qu'on y trouve et d'un peu de bonheur que j'ai, j'y consens :
ils en ont besoin, et je serai bien aise de contribuer à les faire
subsister, pourvu qu'ils se contentent de ce que je puis leur
accorder avec bienséance. La courtoisie doit avoir des bornes ;
195 et il y a des choses qui ne font rire ni les spectateurs, ni celui
dont on parle. Je leur abandonne de bon cœur mes ouvrages,
ma figure, mes gestes, mes paroles, mon ton de voix et ma
façon de réciter, pour en faire et dire tout ce qu'il leur plaira[6],
s'ils en peuvent tirer quelque avantage. Je ne m'oppose point
200 à toutes ces choses, et je serai ravi que cela puisse réjouir
le monde. Mais, en leur abandonnant tout cela, ils me doivent
faire la grâce de me laisser le reste et de ne point toucher à des
matières de la nature de celles sur lesquelles on m'a dit qu'ils

---

1. *Berner* : faire sauter quelqu'un en l'air dans une couverture tenue par
quatre hommes ; de là : tourner quelqu'un en ridicule (voir Documentation
thématique) ; 2. Sur l'exactitude du fait, voir page 25 ; 3. Ne l'ont déchaîné
contre moi ; 4. *Zélinde*, de Donneau de Visé, avait pour sous-titre : *la Véritable
Critique de « l'École des femmes » et critique de « la Critique »* ; et le *Portrait du
peintre*, de Boursault : *la Contre-Critique de « l'École des femmes »* ; 5. Donneau de
Visé, dans sa *Réponse à « l'Impromptu de Versailles »*, scène II, reprendra l'expression pour l'appliquer à Molière et l'accuser de stérilité : « Il fait voir qu'il est plus
épuisé qu'il ne le veut faire croire, puisqu'il ne distribue pas un rôle à ses camarades qu'ils
n'aient joué plus de dix fois [...]. — Il y a longtemps que nous n'avons rien vu de nouveau de lui : il nous fait voir les mêmes pièces de dix manières différentes, et on ne
doit pas prendre la peine de les retourner, puisqu'il se donne lui-même cette peine.
— Il croit avoir fait une pièce nouvelle, lorsqu'il a fait changer de garniture, de
plumes et de voix à un marquis » ; 6. Donneau de Visé commente dans sa *Réponse
à « l'Impromptu »*, scène III : « Comment diable voulez-vous qu'il réponde, puisqu'il
lui faut dix-huit mois pour faire des impromptus ? Il ne travaille pas si vite ; et, comme
ses enfants ont plus d'un père, quand il abandonne son jeu, son esprit, ses habits
et ses ouvrages, il sait bien ce qu'il fait et n'abandonne rien du sien. »

m'attaquaient dans leurs comédies[1]. C'est de quoi je prierai
205 civilement cet honnête Monsieur qui se mêle d'écrire pour
eux; et voilà toute la réponse qu'ils auront de moi. (30)

MADEMOISELLE BÉJART. — Mais enfin...

MOLIÈRE. — Mais enfin, vous me feriez devenir fou. Ne parlons point de cela davantage; nous nous amusons à faire des
210 discours, au lieu de répéter notre comédie. Où en étions-nous?
Je ne m'en souviens plus.

MADEMOISELLE DE BRIE. — Vous en étiez à l'endroit...

MOLIÈRE. — Mon Dieu! j'entends du bruit : c'est le Roi qui
arrive assurément; et je vois bien que nous n'aurons pas le
215 temps de passer outre[2]. Voilà ce que c'est de s'amuser[3]. Oh
bien! faites donc pour le reste du mieux qu'il vous sera possible.

MADEMOISELLE BÉJART. — Par ma foi, la frayeur me prend,
et je ne saurais aller jouer mon rôle, si je ne le répète tout entier.

MOLIÈRE.— Comment, vous ne sauriez aller jouer votre rôle?

220 MADEMOISELLE BÉJART. — Non.

MADEMOISELLE DU PARC. — Ni moi le mien.

MADEMOISELLE DE BRIE. — Ni moi non plus.

MADEMOISELLE MOLIÈRE. — Ni moi.

MADEMOISELLE HERVÉ. — Ni moi.

225 MADEMOISELLE DU CROISY. — Ni moi.

---

1. Allusion à ceux qui l'accusent d'irréligion ou qui l'attaquent dans sa vie privée;
il y avait notamment, dirigée contre Molière et Madeleine Béjart, une « Chanson
de la coquille », de Donneau de Visé, que les comédiens avaient fait chanter dans
le *Portrait du peintre* (mais que Boursault retranchera de l'édition) et qui sera incluse
dans la *Réponse à « l'Impromptu de Versailles »* (voir Antoine Adam, *Histoire de la
littérature française au XVIIe siècle*, tome III, page 291 et note); 2. D'aller plus loin
(dans la répétition); 3. *S'amuser :* s'attarder, perdre son temps.

---

──── **QUESTIONS** ────

30. Analysez la tirade de Molière, et montrez comment, parti de
Boursault, Molière en revient à Boursault après avoir exposé ses théories
sur la critique en général. — Molière s'adresse-t-il à Mlle De Brie, à ses
détracteurs ou au public (revoir les circonstances de la première représentation)? — Notez les différents tons de la tirade. — Justifiez la véhémence de Molière. N'est-ce pas là une sorte de profession de foi, où se
mêlent le mépris, l'indignation, et peut-être quelque amertume?

MOLIÈRE. — Que pensez-vous donc faire? Vous moquez-vous toutes de moi? **(31) (32)**

### SCÈNE VI. — BÉJART, MOLIÈRE, ETC.

BÉJART. — Messieurs, je viens vous avertir que le Roi est venu, et qu'il attend que vous commenciez.

MOLIÈRE. — Ah! Monsieur, vous me voyez dans la plus grande peine du monde, je suis désespéré à l'heure que je vous
5 parle! Voici des femmes qui s'effrayent et qui disent qu'il leur faut répéter leurs rôles avant que d'aller commencer. Nous demandons, de grâce, encore un moment. Le Roi a de la bonté, et il sait bien que la chose a été précipitée[1]. *(Béjart sort.)* Eh! de grâce, tâchez de vous remettre, prenez courage, je vous
10 prie.

MADEMOISELLE DU PARC. — Vous devez vous aller excuser.

MOLIÈRE. — Comment, m'excuser?

### SCÈNE VII. — MOLIÈRE, MADEMOISELLE BÉJART, ETC., [UN NÉCESSAIRE[2]].

UN NÉCESSAIRE. — Messieurs, commencez donc!

MOLIÈRE. — Tout à l'heure, Monsieur. — Je crois que je perdrai l'esprit de[3] cette affaire-ci, et...

---

1. A été conduite avec précipitation; 2. Aux scènes VII à X, l'édition de 1682, qui ne précise pas le numéro de la scène, se contente de l'*etc.*, sans indiquer la présence d'un « nécessaire » (voir page 96, note 4); 3. Par suite de, avec cette affaire-ci.

――――――― **QUESTIONS** ―――――――

31. Le retour à la répétition et aux données de la première scène n'est-il pas quelque peu factice? Qu'annonce-t-il?

32. SUR L'ENSEMBLE DE LA SCÈNE V. — Quelle place, dans sa pièce, Molière réserve-t-il à ses détracteurs? Comment et pourquoi insiste-t-il pour montrer que l'unanimité s'est faite contre lui?
— En quoi l'intervention de Mlle Béjart (ligne 126) fait-elle prendre un tour nouveau à *l'Impromptu*? Montrez que cette intervention coupe cette scène en deux parties, notamment en ce qui concerne le rôle et la pensée des comédiens. Opposez les répliques de Molière, de Mlle Béjart et de Mlle De Brie, personnages de la comédie répétée, d'une part, et, d'autre part, comédiens de la troupe de Molière.
— Comment, malgré les attaques portées contre lui et reprises par lui, Molière s'est-il rendu sympathique au spectateur?

Scène VIII. — MOLIÈRE, Mademoiselle BÉJART, etc.,
[UN SECOND NÉCESSAIRE].

AUTRE NÉCESSAIRE. — Messieurs, commencez donc!

MOLIÈRE. — Dans un moment, Monsieur. *(A ses camarades.)*
Eh! quoi donc? voulez-vous que j'aie l'affront?...

Scène IX. — MOLIÈRE, Mademoiselle BÉJART, etc.,
[UN TROISIÈME NÉCESSAIRE].

AUTRE NÉCESSAIRE. — Messieurs, commencez donc!

MOLIÈRE. — Oui, Monsieur, nous y allons. — Eh! que de
gens se font de fête[1], et viennent dire : « Commencez donc! »
à qui le Roi ne l'a pas commandé!

Scène X. — MOLIÈRE, Mademoiselle BÉJART, etc.,
[UN QUATRIÈME NÉCESSAIRE].

AUTRE NÉCESSAIRE. — Messieurs, commencez donc!

MOLIÈRE. — Voilà qui est fait, Monsieur. *(A ses camarades.)*
Quoi donc! recevrai-je la confusion?...

Scène XI. — BÉJART, MOLIÈRE, etc.

MOLIÈRE. — Monsieur, vous venez pour nous dire de commencer, mais...

BÉJART. — Non, Messieurs, je viens pour vous dire qu'on a
dit au Roi l'embarras où vous vous trouviez, et que, par une

---

1. *Se faire de fête :* s'introduire dans une fête sans avoir été invité; de là, au figuré,
se rendre nécessaire, ou se mêler d'une chose à laquelle on n'a pas été appelé.

5 bonté toute particulière, il remet votre nouvelle comédie à une autre fois, et se contente, pour aujourd'hui, de la première que vous pourrez donner.

MOLIÈRE. — Ah! Monsieur, vous me redonnez la vie. Le Roi nous fait la plus grande grâce du monde de nous donner du
10 temps pour ce qu'il avait souhaité; et nous allons tous le remercier des extrêmes bontés qu'il nous fait paraître[1]. (33)

---

1. Dont il nous donne le témoignage.

---

──────── **QUESTIONS** ────────

33. SUR LES SCÈNES VI À XI. — En quoi consiste le dénouement de cet *Impromptu?* Est-il naturel, délassant, vivant, comique et, d'une certaine façon, inattendu?

— L'éloge du roi (scène XI) n'est-il pas hors de propos? Faites le rapprochement avec la dernière scène de *Tartuffe.*

# DOCUMENTATION THÉMATIQUE
réunie par la Rédaction des Nouveaux Classiques Larousse

# 1. LA QUERELLE DE *L'ÉCOLE DES FEMMES*

## 1.1. APRÈS *L'ÉCOLE DES FEMMES*

Boileau, *Stances* à Molière sur la comédie de *l'Ecole des femmes,* que plusieurs gens frondaient[1] (janvier 1663).

> En vain mille jaloux esprits,
> Molière, osent avec mépris
> Censurer ton plus bel ouvrage :
> Sa charmante naïveté
> S'en va pour jamais d'âge en âge
> Divertir[2] la postérité[3].
>
> Que tu ris agréablement !
> Que tu badines savamment !
> Celui qui sut vaincre Numance[4],
> Qui mit Carthage sous sa loi,
> Jadis, sous le nom de Térence,
> Sut-il mieux badiner que toi ?
>
> Ta muse avec utilité
> Dit plaisamment la vérité ;
> Chacun profite à ton *Ecole :*
> Tout en est beau, tout en est bon
> Et ta plus burlesque parole
> Est souvent un docte sermon[5].
>
> Laisse gronder tes envieux ;
> Ils ont beau crier en tous lieux
> Qu'en vain tu charmes le vulgaire[6],
> Que tes vers n'ont rien de plaisant :
> Si tu savais un peu moins plaire,
> Tu ne leur déplairais pas tant.

Donneau de Visé, *Nouvelles nouvelles* (extraits du tome III)[7] [février 1663].

[Interrogé par Pallante sur « un certain comédien de la troupe de Monsieur, dont les pièces font tant de bruit», Clorante répond « froidement et avec un sourire dédaigneux » :]
Tout ce que je puis vous dire [...], c'est qu'il a réussi, et que vous n'ignorez pas que
Quand on a réussi, on est justifié,
quelque mal que l'on ait fait, et quelque mal que l'on continue de faire ; c'est pourquoi j'aurais mauvaise grâce de ne vous pas

---

Les notes se trouvent à la fin de la Documentation thématique.

dire du bien de ses ouvrages, puisque tout le monde en dit ; et je ne puis, sans hasarder ma réputation, vous en dire du mal, quand même je dirais la vérité, ni m'opposer au torrent des applaudissements qu'il reçoit tous les jours. Je vous dirai, toutefois, que l'on doit plutôt estimer l'adresse de ceux qui réussissent en ce temps que la grandeur de leur esprit ; et, comme loin de combattre les mauvais goûts du siècle, et de s'opposer à ses appétits déréglés pour lui faire reconnaître son erreur, ils s'accommodent à sa faiblesse, il ne faut pas s'étonner si ce même siècle leur donne des louanges que la postérité ne leur donnera sans doute pas. Mais pour retourner au fameux comédien dont vous m'avez parlé, ses ouvrages n'ayant pas tout le mérite de sa personne, vous me permettrez de ne vous en dire rien autre chose, sinon que c'est un fort galant homme. Je vous en dirais davantage, si je ne craignais qu'il se tînt offensé de ce que je vous pourrais dire, et si je n'appréhendais de passer pour ridicule aux yeux de ceux qui n'adorent que les bagatelles, qui n'osent démentir la voix publique lorsqu'elle a une fois approuvé une chose, et qui, pour donner des louanges à un homme, opinent du bonnet parce qu'ils voient que c'est le sentiment des autres.

[Intervient alors un autre personnage, Straton :]

Jamais homme ne s'est si bien su servir de l'occasion ; jamais homme n'a su si naturellement décrire ni représenter les actions humaines ; et jamais homme n'a su si bien faire son profit des conseils d'autrui. [Après les comédies des *Précieuses* et du *Cocu imaginaire,* leur auteur] reçut des gens de qualité plus de mémoires que jamais, dont on le pria de se servir dans celles qu'il devait faire ensuite ; et je le vis bien embarrassé un soir, après la comédie, qu'il cherchait partout des tablettes pour écrire ce que lui disaient plusieurs personnes de condition, dont il était environné ; tellement que l'on peut dire qu'il travaillait sous les gens de qualité pour leur apprendre après à vivre à leurs dépens, et qu'il était en ce temps, et est encore présentement, leur écolier et leur maître tout ensemble. [...]

L'on ne doit point après cela s'étonner pourquoi l'on voit tant de monde à ses pièces ; tous ceux qui lui donnent des mémoires veulent voir s'il s'en sert bien ; tel y va pour un vers, tel pour un demi-vers, tel pour un mot, et tel pour une pensée, dont il l'aura prié de se servir. Ce qui fait croire justement que la quantité d'auditeurs intéressés qui vont voir ses pièces les font réussir, et non pas leur bonté toute seule, comme quelques-uns se persuadent. [...]

La dernière de ses comédies, et celle dont vous souhaitez le plus que je vous entretienne, parce que c'est celle qui fait le plus de bruit, s'appelle *l'Ecole des femmes*. Cette pièce a cinq actes; et tout ceux qui l'ont vue sont demeurés d'accord qu'elle est mal nommée, et que c'est plutôt *l'Ecole des maris* que *l'Ecole des femmes;* mais comme il en a déjà fait une sous ce titre, il n'a pu lui donner le même nom. Elles ont beaucoup de rapport ensemble [...]; toute la différence que l'on y trouve, c'est que l'Agnès de *l'Ecole des femmes* est un peu plus sotte et plus ignorante que l'Isabelle de *l'Ecole des maris*.

Le sujet de ces deux pièces n'est point de son invention : il est tiré de divers endroits, à savoir de Boccace, des contes de Douville[8], de *la Précaution inutile* de Scarron, et ce qu'il y a de plus beau dans la dernière est tiré d'un livre intitulé *les Nuits facétieuses du seigneur Straparole*[9], dans une histoire duquel un rival vient tous les jours faire confidence à son ami, sans savoir qu'il est son rival, des faveurs qu'il obtient de sa maîtresse, ce qui fait tout le sujet et la beauté de *l'Ecole des femmes*.

Cette pièce a produit des effets tout nouveaux; tout le monde l'a trouvée méchante[10], et tout le monde y a couru. Les dames l'ont blâmée et l'on été voir. Elle a réussi sans avoir plu, et elle a plu à plusieurs qui ne l'ont pas trouvée bonne; mais, pour vous dire mon sentiment, c'est le sujet le plus mal conduit qui fût jamais, et je suis prêt à soutenir qu'il n'y a point de scène où l'on ne puisse faire voir une infinité de fautes.

Je suis toutefois obligé d'avouer, pour rendre justice à ce que son auteur a de mérite, que cette pièce est un monstre qui a de belles parties, et que jamais l'on ne vit tant de si bonnes et de si méchantes choses ensemble. [...]
Jamais comédie ne fut si bien représentée, ni avec tant d'art; chaque acteur sait combien il y doit faire de pas, et toutes ses œillades sont comptées.

Après le succès de cette pièce, on peut dire que son auteur mérite beaucoup de louanges pour avoir choisi, entre tous les sujets que Straparole lui fournissait, celui qui tenait le mieux au temps; pour s'être servi à propos des mémoires qu'on lui donne tous les jours, pour n'en avoir tiré que ce qu'il fallait, et l'avoir si bien mis en vers et si bien cousu à son sujet, et pour avoir si bien joué son rôle, pour avoir judicieusement distribué tous les autres, et pour avoir enfin pris le soin de faire si bien jouer ses compagnons, que l'on peut dire que tous les acteurs qui jouent dans sa pièce sont des originaux que les plus habiles maîtres de ce bel art pourront difficilement imiter.

— Tout ce que vous venez de dire est véritable, repartit Clo-

rante; mais si vous voulez savoir pourquoi presque dans toutes
ses pièces il raille tant les cocus et dépeint si naturellement
les jaloux, c'est qu'il est du nombre de ces derniers. Ce n'est
pas que je ne doive dire, pour lui rendre justice, qu'il ne
témoigne pas sa jalousie hors du théâtre; il a trop de prudence
et ne voudrait pas s'exposer à la raillerie publique; mais il
voudrait faire en sorte, par le moyen de ses pièces, que tous
les hommes puissent devenir jaloux et témoigner leur jalousie
sans en être blâmés, afin de pouvoir faire comme les autres
et de témoigner la sienne sans crainte d'être raillé.

Nous verrons dans peu, continua le même, une pièce de lui,
intitulée *la Critique de l'Ecole des femmes,* où il dit toutes
les fautes que l'on reprend dans sa pièce, et les excuse en
même temps.

— Elle n'est pas de lui, repartit Straton; elle est de l'abbé
du Buisson, qui est un des plus galants hommes du siècle[11].

— J'avoue, lui répondit Clorante, que cet illustre abbé en a
fait une, et que, l'ayant portée à l'auteur dont nous parlons,
il trouva des raisons pour ne la point jouer, encore qu'il
avouât qu'elle fut bonne. Cependant, comme son esprit principalement
consiste principalement à se savoir bien servir de l'occasion
et que cette idée lui a plu, il a fait une pièce sur le même sujet,
croyant qu'il était seul capable de se donner des louanges[12].

— Cette critique avantageuse, ou plutôt cette ingénieuse
apologie de sa pièce, répliqua Straton, ne la fera pas croire
meilleure qu'elle est; et ce n'est pas d'aujourd'hui que tout le
monde est persuadé que l'on peut, et même avec quelque
sorte de succès, attaquer de beaux ouvrages et en défendre de
méchants, et que l'esprit paraît plus en défendant ce qui est
méchant qu'en attaquant ce qui est beau. C'est pourquoi l'auteur
de *l'Ecole des femmes* pourra, en défendant sa pièce,
donner d'amples preuves de son esprit. Je pourrais encore
dire qu'il connaît les ennemis qu'il a à combattre, qu'il sait
l'ordre de la bataille, qu'il ne les attaquera que par des endroits
dont il sera sûr de sortir à son honneur, et qu'il se mettra en
état de ne recevoir aucun coup qu'il ne puisse parer. Il sera de
plus chef d'un des partis (*sic*) et juge du combat tout ensemble,
et ne manquera pas de favoriser les siens. C'est avoir autant
d'adresse que d'esprit, que d'agir de la sorte; c'est aller au-
devant du coup, mais seulement pour le parer; ou plutôt c'est
feindre de se maltraiter soi-même, pour éviter de l'être d'un
autre, qui pourrait frapper plus rudement.

## 1.2. APRÈS *LA CRITIQUE DE « L'ÉCOLE DES FEMMES »*

Donneau de Visé, *Zélinde, comédie, ou la Véritable Critique de « l'Ecole des femmes » et la critique de la Critique*[18] (août 1663).

### EXTRAITS

[En cachette de son père, Oriane a donné rendez-vous à son « amant » Mélante chez Argimont, marchand de dentelles de la rue Saint-Denis. En l'attendant, elle est montée au premier étage du magasin regarder quelques nouvelles dentelles. Comme Argimont est un familier du parterre et qu'on vient de lui proposer d'aller voir une fois encore *la Critique de « l'École des femmes »*, Oriane demande au marchand de lui dire ce qu'il pense de cette pièce.]

Extraits de la SCÈNE III. — ARGIMONT, ORIANE et sa suivante LUCIE.

ARGIMONT. — Puisque vous voulez savoir mon sentiment touchant *la Critique de l'Ecole des femmes,* du fameux Elomire[14] je vous dirai d'abord que cette pièce est mal nommée, et que c'est la défense et non la critique de *l'Ecole des femmes :* l'on n'y parle pas de la sixième partie des fautes que l'on pourrait reprendre ; et Licidas[15] l'attaque si faiblement que l'on connaît bien que l'auteur parle par sa bouche. Ah ! que l'on pouvait bien reprendre d'autres choses !

ORIANE. — Vous ne le devez pas blâmer s'il ne les a pas dites : il n'avait peut-être pas de quoi y repartir ! Mais je vous prie de me dire celles qu'il a oubliées. Nous parlerons après de *la Critique.*

ARGIMONT. — Quoique je n'aie rien à vous dire que vous ne sachiez sans doute mieux que moi, je vais satisfaire à votre curiosité et commencer par le nom de *l'Ecole des femmes.* Son auteur a avoué lui-même que ce nom ne lui convient point, et qu'il ne l'a nommée ainsi que pour attirer le monde, en l'éblouissant par un nom spécieux. Puisqu'il en est d'accord, je n'en parlerai pas davantage, et passerai à la première scène. Dès l'ouverture de cette pièce, Chrysalde dit à Arnolphe qu'ils sont seuls et qu'ils peuvent discourir, ensemble sans crainte d'être ouïs. Si comme l'on peut n'en pas douter, et comme Elomire l'a lui-même fait imprimer, toute cette comédie se passe dans une place de la ville, comment se peut-il que Chrysalde et Arnolphe s'y rencontrent seuls ? C'est une chose que je tiens absolument impossible.

ORIANE. — C'est qu'il a oublié à vous dire que la peste était peut-être dans la ville, ce qui l'avait rendue presque déserte et ce qui empêchait le reste des habitants de sortir de leurs maisons. Mais poursuivez.

ARGIMONT. — Chrysalde est un personnage entièrement inutile : il vient, sans nécessité, dire six ou sept vingts vers[16] à la louange des cocus, et s'en retourne jusques à l'heure du souper, où il en vient dire encore autant pour s'en retourner ensuite, sans que ses discours avancent ou reculent les affaires de la scène. [...] Arnolphe, après avoir quitté Chrysalde, heurte à sa porte ; et comme on tarde longtemps à l'ouvrir, il témoigne son impatience, et dit que l'on fait des cérémonies pour le laisser dehors. Cependant, loin d'entrer quand la porte est ouverte, il fait descendre Agnès et l'entretient au milieu d'une place publique, pendant qu'elle travaille. Il la renvoie quelque temps après et, bien qu'il arrive d'un voyage, il n'entre pas chez lui et ne dit point les affaires qui l'empêchent d'y entrer.

ORIANE. — Pour cette faute, je ne la puis pardonner à l'auteur. L'on voit bien qu'Arnolphe n'avait que faire à la ville, et qu'il ne demeure que pour jouer le personnage de comédien qui doit attendre Horace, et non celui d'Arnolphe, qui devait d'abord entrer chez lui.

ARGIMONT. — Nous voici à l'endroit des cent pistoles, qui a généralement été condamné. En effet, quelle apparence y a-t-il qu'Arnolphe ait cent pistoles toutes prêtes, et qu'il les donne à un jeune homme, sur un mot de lettre d'un ami qu'il n'a point vu depuis quatre ans [...]. Arnolphe devait balancer un peu avant que de le [l'argent] donner, se défier d'un jeune homme comme Horace, qui pouvait avoir contrefait l'écriture de son père. [...] Ce jeune étourdi peut bien, quoique imprudemment, par une démangeaison de découvrir sa bonne fortune, raconter à Arnolphe les premiers succès de son amour ; mais la froideur avec laquelle ce jaloux l'écoute devrait l'empêcher d'y revenir. Cependant il y revient jusques à cinq ou six fois, bien qu'Arnolphe lui fasse toujours un accueil si froid que, lorsqu'il le vient trouver dans la sixième scène du quatrième acte, il lui dit jusques à quarantes vers, et s'en retourne ensuite sans avoir tiré de lui une seule parole, ce qui le rend ridicule, aussi bien qu'Arnolphe. Ce dernier lui devrait faire meilleure mine [...] pour autoriser cette confidence ; c'est ce que le théâtre demandait, et c'est ce que tout autre aurait fait, à la place d'Arnolphe, qui se contente de se retourner pour faire des grimaces. Je sais qu'Elomire dira que cette confidence d'Horace sert à Arnolphe pour lui faire mettre ordre au dedans du logis ; mais ce qui ne se voit point n'est pas ce qui est le plus nécessaire au théâtre, et c'est pour cela que l'on a justement blâmé la pièce de ce qu'elle se passe toute en récits. Je ne vois pas qu'il soit possible qu'Arnolphe joue aux barres toute la journée, comme Elomire le fait jouer, ni qu'un amant aille cinq ou six fois en un jour voir sa maîtresse ; qu'à chaque fois il lui arrive des incidents nouveaux et qu'il aille autant de fois les raconter à son rival. Je pourrais dire encore que c'est une chose assez plaisante de voir un jeune garçon dire, en parlant de l'amour, à un homme déjà sur l'âge et qui fait le Caton, qu'il le servira à la pareille. Arnolphe le devrait menacer du fouet, et de tout découvrir à son père.

ORIANE. — Elomire n'avait garde de faire parler Arnolphe comme il devait, puisque si Horace eût cessé de voir Agnès, la pièce eût pu finir dès le premier acte.

ARGIMONT. — Peut-on rien voir de plus forcé que l'incident du grès, et ne fait-il pas connaître que l'esprit de l'auteur est à la gêne lorsqu'il lui faut conduire un sujet ? Toutes les préparations de ses incidents sont forcées. [...]

ORIANE. — Le grès m'a tellement déplu, non pas pour la lettre qu'Agnès y attache avec beaucoup d'esprit, mais pour le ridicule commandement qu'Arnolphe lui fait de le jeter à Horace, que je ne me puis résoudre à vous laisser parler seul contre ce grès, qu'Arnolphe ne commande pas tant à Agnès de jeter pour blesser Horace que pour lui donner lieu d'y attacher sa lettre. Mais je voudrais demander à ce M. Arnolphe, ou plutôt à Elomire, s'il sait bien que ce que nous appelons un grès est un pavé qu'une femme peut à peine soulever, et qui, par conséquent, étant capable d'assommer un homme tout d'un coup, ne doit pas être jeté en plein jour par une fenêtre, et surtout dans une ville qu'il dit être nombreuse en citoyens. Je ne sait comment un homme à qui l'on a jeté un grès, qui doit d'abord prendre la fuite après une telle réception, et qui n'est point averti que son bonheur est attaché à l'instrument avec lequel on le veut faire périr, revient sous la même fenêtre s'exposer à de nouveaux périls, pour y chercher autour du grès une lettre qu'il n'est point averti qu'on y doit mettre, et qu'il ne doit pas attendre de l'esprit d'Agnès, qui ne lui est pas encore connu. [...]

ARGIMONT. — Enfin, nous voici à ce mot de deux lettres, qui a fait tant de bruit, à ce *le*...

ORIANE. — Vous pourriez passer par-dessus.

ARGIMONT. — Ce *le*...

ORIANE. — Laissez ce *le*.

ARGIMONT. — Je prétends faire voir, par les grimaces d'Arnolphe, par les vers qui précèdent ce *le*, par ceux qui le suivent et par vingt circonstances, que...

ORIANE. — C'est assez, je n'en veux pas savoir davantage, et si...

ARGIMONT. — Ah! Madame, excusez; ce *le* me faisait oublier que je parlais à vous. (*A part*) La rougeur qui lui est montée au visage fait assez voir que ce *le* a perdu sa cause. (*Haut*) Je ne dirai point que le sermon qu'Arnolphe fait à Agnès et que les dix maximes du mariage choquent nos mystères, puisque tout le monde en murmure hautement; mais je parlerai des autres fautes qui s'y rencontrent, dont l'auteur n'a rien fait dire à Licidas. Arnolphe n'est-il pas ridicule de parler en théologien à la personne du monde qu'il croit la plus innocente, et de lui parler de *moitié suprême* et de moitié *subalterne*[17] ? Et ne doit-il pas croire qu'elle ne pourra comprendre tout ce qu'il lui dit? Le même Arnolphe ne soutient pas son caractère lorsqu'il lit à Agnès les maximes du mariage, et qu'il lui dit de plus qu'il les lui expliquera. N'est-ce pas lui vouloir faire connaître, en un quart d'heure, ce qu'il a, pendant plusieurs années, pris soin de lui faire cacher, et lui enseigner les moyens de le faire cocu en lui apprenant comment se gouvernent les femmes coquettes? [...] Je passe au Notaire, qui est aussi inutile que Chrysalde, et sans lequel la pièce se pourrait bien jouer sans qu'il fût nécessaire d'y augmenter ni diminuer rien. La scène qu'il fait avec Arnolphe serait à peine supportable dans la plus méchante de toutes les farces; et bien qu'elle fasse un jeu au théâtre, elle ne laisse pas de choquer la vraisemblance. Il est impossibe qu'un homme parle si longtemps derrière un autre sans être entendu, et que celui qui ne l'entend pas réponde jusques à huit fois à ce qu'on lui dit. [...] Je ne vous dirai rien de ce qu'Horace trouve toujours Arnolphe dans la rue; de ce que ce dernier y passe presque toute la journée et y fait venir un siège pour prêcher Agnès.

ORIANE. — Quoiqu'il dépeigne la ville où sa pièce se passe à peu près comme Paris[18], il fallait qu'il n'y eût guère de carrosses, puisque l'on y fait si facilement apporter des sièges au milieu des rues[19].

ARGIMONT. — Je laisse la catastrophe[20], que l'on a trouvée détestable [...]. Je ne vous parlerai ni des mots impropres, ni des méchants vers, ni des fautes de construction dont on pourrait faire une véritable critique. [...]

ORIANE. — Vous m'en avez plus dit que je n'en attendais.

[Argimont apprend qu'il y a dans sa boutique, en bas, « bien du monde », et que « M. Elomire y est aussi ». Il y descend aussitôt : « Je meurs d'envie, dit-il, de l'entretenir et de savoir si sa conversation répond à son esprit. » Oriane prie le marchand d'inviter Elomire à monter (scène IV). Peu après Argimont revient, mais seul.]

Scène vi. — Argimont, Oriane et sa suivante Lucie.

argimont. — Madame, je suis au désespoir de n'avoir pu vous satisfaire : depuis que je suis descendu, Elomire n'a pas dit une seule parole. Je l'ai trouvé appuyé sur ma boutique, dans la posture d'un homme qui rêve. Il avait les yeux collés sur trois ou quatre personnes de qualité qui marchandaient des dentelles ; il paraissait attentif à leur discours et il semblait, par le mouvement de ses yeux, qu'il regardait jusques au fond de leurs âmes pour y voir ce qu'elles ne disaient pas ; je crois même qu'il avait des tablettes et qu'à la faveur de son manteau il a écrit, sans être aperçu, ce qu'elles ont dit de plus remarquable.

oriane. — Peut-être que c'était un crayon, et qu'il dessinait leurs grimaces pour les faire représenter au naturel sur son théâtre.

argimont. — S'il ne les a dessinées sur ses tablettes, je ne doute point qu'il ne les ait imprimées dans son imagination. C'et un dangereux personnage : il y en a qui ne vont point sans leurs mains ; mais l'on peut dire de lui qu'il ne va point sans ses yeux ni sans ses oreilles.

oriane. — On commence à se défier partout de lui ; et je sais des personnes qui ne veulent plus qu'il vienne chez elles. Mais enfin, qu'est-il devenu ?

argimont. — A peine les personnes dont je viens de vous parler étaient-elles sorties, que j'ai ouï la voix d'un homme qui criait à son cocher d'arrêter. Le carrosse s'est aussitôt arrêté, et le maître, qui paraissait un homme de robe, a crié à Elomire : « Il faut que vous veniez aujourd'hui dîner avec moi. Il y a bien à profiter : je traite trois ou quatre turlupins, et je suis assuré que vous ne vous en retournerez pas sans emporter des sujets pour deux ou trois comédies. » Elomire est monté en carrosse sans se faire prier ; et le cocher, en donnant un coup de fouet à ses chevaux, a emporté l'espérance que j'avais de l'entretenir.

[En montant dans le carrosse, Elomire a laissé tomber de sa poche une lettre où son ami Licaste lui signalait, sans complaisance, les défauts de *la Critique de « l'Ecole des femmes »*. On s'empresse de lire la lettre de Licaste :]

« Comme je ne voulus pas hier, devant tous ceux qui nous écoutaient, vous découvrir mes véritables sentiments touchant votre *Critique*, je me suis résolu de vous les écrire. [...] Je ne crois pas que cette pièce, qui n'est en beaucoup d'endroits qu'une imitation de celles que vous nous avez déjà fait voir, eût pu réussir sous le nom d'un autre. Votre Marquis a bien du rapport avec celui de Mascarille, et avec le Lisandre, l'Alcippe et le Dorante des *Fâcheux*. L'on peut dire que tous ces personnages font les mêmes choses : vous jouez également, dans ces six personnes, les gens de qualité. Climène n'est qu'un marquis de Mascarille travesti en femme, et si l'on vous a pardonné, ce n'est pas que plusieurs ne s'en soient aperçus. Pour ce qui est des mots précieux dont votre pièce est pleine, vous avez beaucoup risqué de les faire encore une fois monter sur le théâtre ; et je crois que, sans le bonheur qui vous accompagne, ils auraient déplu aux Français [...]. L'on connaît, par là, que vous êtes bon ménager et que vous n'avez pas voulu perdre ce qui vous restait des mémoires que l'on vous donna lorsque vous travaillâtes aux *Précieuses*. Je n'avais pas cru jusques ici que ceux qui sont en toutes manières les plus braves à la cour fussent si patients que de se souffrir appeler *turlupins,* en plein théâtre, sans en témoigner le moindre ressentiment ; et je crois que votre bonheur les a empêchés de se plaindre. Pour votre *le*, vous savez bien, entre nous, que vous ne le pouvez justifier. Vous dites que vous n'avez rien mis contre la bienséance : j'en demeure d'accord ; mais ce n'est qu'un faux-fuyant qui ne vous peut servir d'excuse. [...] Comme vous avez douté de la bonté de votre cause, vous n'avez repris que des bagatelles, et n'avez point parlé des fautes considérables ; et ce qui me surprend est que vous n'avez pas défendu tout ce que vous avez repris, et que vous avouez qu'Arnolphe a eu grand tort de prêter les cent pistoles à Horace. Vous deviez en donner quelques raisons apparentes, ou laisser cet endroit sans en parler, comme vous avez fait de beaucoup d'autres. Les trois personnes que vous faites parler contre votre *Ecole des femmes* sont : un marquis, que vous nous dépeignez comme un ridicule, et qui avoue lui-même qu'il n'a pas voulu écouter la pièce ; un auteur, qui, en qualité d'auteur, c'est-à-dire de personne intéressée, ne doit pas être cru ; et une femme, que vous faites folle. L'on connaît, par là, que vous avez douté de la bonté de votre pièce, puisque si vous l'aviez crue bonne, vous ne vous seriez pas fait attaquer par des personnes à qui les gens raisonnables ne doivent point ajouter foi. [...]

« J'oubliais à vous dire que tout le commencement du rôle de Licidas est tiré des *Nouvelles nouvelles,* et que votre Chevalier se divertit aux dépens de Monsieur l'abbé Daubignac[21], qui s'en est lui-même aperçu ; mais comme chacun vous loue de parler contre ceux qui écrivent contre les grands hommes[22], je n'ai garde de vous en blâmer. [...]

LICASTE. »

Comme le fait remarquer Oriane, Argimont n'a plus à lui faire la critique de *la Critique* : Licaste, dans son billet, s'en est chargé. Surviennent alors M. Aristide, « un poète à dentelle et à grands cheveux » (scène VIII), puis Zélinde, « une femme savante » qui est fort irritée contre Elomire. Et la conversation reprend sur *l'Ecole des femmes* et sa *Critique*.]

Extraits de la SCÈNE VIII. — ARGIMONT, ARISTIDE, ZÉLINDE.
ORIANE et LUCIE.

[Zélinde conseille à Aristide, s'il veut réussir, de prendre
« la manière d'Elomire ».]

ZÉLINDE. — [...] Vous devez lire comme lui tous les livres satiriques, prendre dans l'espagnol, prendre dans l'italien et lire tous les vieux bouquins. [...] Vous savez qu'Elomire a fait l'apologie de son *Ecole des femmes* sous le nom de *la Critique ?*

ARISTIDE. — Oui.

ZÉLINDE. — Il faudrait que vous fissiez la critique sous le nom d'Apologie. Ah ! que ce serait une bonne pièce ! [...] L'on pourrait, de son sujet, faire une satire inimitable en faisant seulement que ceux qui défendent *l'Ecole des femmes* la *combattent,* et que ceux qui la combattent la défendent. Ne serait-ce pas une chose bien divertissante de voir le Marquis donner mille louanges à *tarte à la crème,* et de l'entendre crier, au lieu de *voilà qui est détestable :* « *Tarte à la crème* est incomparable, morbleu! incomparable! c'est ce que l'on appelle incomparable! et du dernier incomparable! » [...] Si vous voulez tout de bon jouer Elomire, il faudrait dépeindre un homme qui eût dans son habillement quelque chose d'Arlequin, de Scaramouche, du Docteur et de Trivelin[23]; que Scaramouche lui vînt redemander ses démarches, sa barbe et ses grimaces; et que les autres lui vinssent en même temps demander ce qu'il prend d'eux dans son jeu et dans ses habits. Après cela, il les faudrait faire revenir tous demander ensemble ce qu'il a pris dans leurs comédies. Dans une autre scène, l'on pourrait faire venir tous les auteurs et tous les vieux bouquins, où il a pris ce qu'il y a de plus beau dans ses pièces. L'on pourrait ensuite faire paraître tous les gens de qualité qui lui ont donné des mémoires, et tous ceux qu'il a copiés.

ARISTIDE. — Je crois bien que s'il était obligé de faire une entière restitution, il resterait non seulement nu, mais que ses ouvrages seraient aussi dépouillés de ce qu'ils ont de plus beau.

ZÉLINDE. — C'est ce que je voudrais que vous fissiez paraître.

ARISTIDE. — Je n'ai garde de faire une satire si sanglante ; mais

quand je la ferais, croyez-vous que les comédiens[24] la vou-
lussent jouer ?

ZÉLINDE. — Je ne crois pas que les comédiens en dussent faire
aucun scrupule ; il les a choqués plus d'une fois, et je ne vois
pas qu'il soit besoin d'interprète pour connaître que, dans sa
*Critique,* il les appelle ignorants et qu'il veut persuader qu'ils
ne savent pas juger d'une pièce de théâtre.

ORIANE. — Jamais je ne fus si surprise que lorsque j'ouïs réciter
cet endroit. Si, en faisant la comédie, les comédiens ne peuvent
apprendre à en juger, je ne sais où Elomire en a tant appris.

ARGIMONT. — L'on voit en sa personne un exemplaire du
contraire de ce qu'il dit contre les comédiens.

ARISTIDE. — Depuis qu'il a la qualité d'auteur, il ne croit plus
que les comédiens soient ses confrères.

ZÉLINDE. — Ce que vous dites est véritable. [...] Il me vient
encore de venir une plaisante idée. Je voudrais le faire berner[25],
et faire tenir la couverture par quatre marquis.

ARISTIDE. — Les marquis l'aiment trop et se mettraient peut-
être à sa place, afin qu'il les bernât en toutes matières. [...]
Ceux qu'il dépeint le mieux font tout ce qu'ils peuvent pour
connaître ce qu'ils ont de ridicule. Ils aiment mieux se mirer
dans les vivants miroirs d'Elomire que dans les leurs, et ils
trouvent que l'amertume de la satire a quelque chose qui leur
est utile.

ORIANE. — Elle est utile à ceux qui s'en corrigent ; mais il
me semble que le nombre en est petit.

ZÉLINDE. — Ils seraient bien fâchés de s'en corriger. Elomire
veut tourner en ridicule un certain air de qualité qui les distingue des bourgeois ; c'est pourquoi ils seraient bien fâchés
que l'on les obligeât à s'en défaire.

ORIANE. — S'il en est ainsi, pourquoi font-ils si bonne mine à
Elomire, et pourquoi ceux qu'il dépeint le mieux l'embrassent-
ils lorsqu'ils le rencontrent ?

ZÉLINDE. — C'est pour qu'il leur donne sujet de se rire les uns
des autres et de s'appeler entre eux turlupins, comme ils font
à la cour depuis qu'Elomire a joué sa *Critique.*

[Mais Aristide craint « de ne pas réussir » dans son entreprise
et de donner, par sa faute, « de l'éclat à la gloire d'Elomire ».]

ZÉLINDE. — Quoi ! vous craignez d'attaquer un homme qui
n'épargne pas le sexe ! et les auteurs, qu'Elomire joue sous le
nom de Licidas, sont aussi lâches que les courtisans, qu'il joue
sous le nom du Marquis turlupin. Ah ! que je ne suis pas si
patiente ! Il m'a voulu jouer par ce vers :

> Et femme qui compose en sait plus qu'il ne faut[26].

il y aura dit vrai, et j'en sais plus qu'il ne faut pour me venger de lui. Je ne vous ressemblerai point, pacifiques poudrés, courtisans armés de peignes et de canons, qui faites la cour à celui qui vous joue publiquement! Une femme vous enseignera votre devoir. [...] Quoi! blâmer le sexe et l'esprit tout ensemble! Sans doute qu'il veut que nous soyons aussi stupides et aussi ignorantes que son Agnès! mais il ne prend pas garde que l'ignorance et la stupidité font faire des choses à de semblables bêtes, dont il n'y a que les personnes d'esprit qui se puissent défendre. [...] Je ferai voir que son *Ecole des femmes* est la plus méchante pièce qui ait jamais été faite, et que sans ce *le*, cet impertinent *le,* qu'il a pris dans une vieille chanson, l'on n'aurait jamais parlé de cette comédie.

[Et Zélinde reprend l'énumération des griefs formulés contre *l'Ecole des femmes*. La question du « lieu » retient particulièrement son attention.]

Est-il vraisemblable qu'Arnolphe passe toute une journée dans la rue; que Chrysalde s'y trouve deux fois; qu'Horace s'y trouve cinq ou six; que le Notaire s'y trouve aussi, et qu'ils y fassent tous deux toutes leurs postures et s'y querellent si longtemps? Est-il vraisemblable qu'Alain et Georgette tombent tant de fois à genoux dans les boues lorsque Arnolphe est en colère?

ORIANE. — L'auteur devait, avant cette scène, leur en faire faire une autre, et les faire venir avec chacun un balai pour nettoyer la rue, puisque, bien qu'elle fût peut-être assez nette pour leurs genoux, elle ne devait pas l'être assez pour le manteau et le chapeau d'Arnolphe, qu'il prend la peine d'y mettre lui-même, forcé par la chaleur où l'excès de sa colère le met[27].

ZÉLINDE. — [...] N'est-ce pas une chose ridicule de voir Arnolphe enseignant en pleine rue à Alain et Georgette, comment ils doivent faire pour empêcher Horace d'entrer à son logis? Et les postures qu'ils font tous trois ne devraient-elles pas faire arrêter tous les passants pour les regarder? Le même Arnolphe ne perd-il pas l'esprit et ne dément-il pas son caractère, lorsqu'il fait venir quatre ou cinq fois Agnès dans la rue pour l'entretenir? Il ne veut pas, comme il dit lui-même à Chrysalde, que personne la voie, et il prend tout exprès une autre maison que la sienne pour la faire garder et pour empêcher que ceux qui viendront chez lui ne la voient; cependant on ne voit autre chose que lui et elle dans les rues; et il ne lui parle qu'en ce lieu-là, sans songer que ses voisins, que les passants et que ses amis qui le viendront trouver la peuvent sans cesse voir avec lui. [...] Il faut que tous ceux qu'Elomire joue soient bien insensibles ou ne se reconnaissent pas; cependant ceux qui n'y sont pas intéressés s'en aperçoivent; et je vis un page, le jour que je fus voir jouer sa *Critique,* qui pestait en sortant contre Elomire et jurait qu'il le ferait repentir de sa témérité : « Comment, disait-il, il est bien hardi de jouer les personnes de naissance et de s'attaquer à des auteurs qui ont mille fois plus de mérite que lui. »

[Arrive enfin Mélante, l'amant d'Oriane (scène x). Il est suivi peu après du père d'Oriane ; comme celui-ci croyait sa fille en visite chez sa cousine Orphise, l'explication est orageuse (scène xII). Mais on annonce fort opportunément à Mélante que son oncle vient de mourir en lui laissant sa fortune. A cette nouvelle, le père d'Oriane s'apaise et consent au mariage de sa fille et de Mélante (scène xII).]

Boursault, *le Portrait du peintre ou la Contre-Critique de « l'Ecole des femmes »*[28], comédie représentée sur le théâtre de l'Hôtel de Bourgogne au début d'octobre 1663.

## EXTRAITS

### Personnages :

DAMIS, baron, amant d'Amarante.
AMARANTE, maîtresse de Damis.
CLITIE, cousine d'Amarante.
LE COMTE et le chevalier DORANTE, courtisans ridicules,
La marquise ORIANE, qui fait la précieuse.
LIZIDOR, poète.
PETIT-JEAN, page d'Amarante.
LA RAMÉE, laquais du comte.

La scène est à Paris dans une salle du logis d'Amarante.

[Le baron Damis, amoureux d'Amarante, vient lui rendre visite après une longue absence. Il est reçu par la cousine d'Amarante, Clitie, qui le retient pour le dîner, auquel est conviée une extravagante, la marquise Oriane (scène première). Survient le Comte, qui pensait retrouver là sa bonne amie, la marquise Oriane. Il raille Damis qui porte des collets de dentelle de Flandre, alors que la dernière mode est au point de Venise. Il lui annonce que Molière ne manquera pas de le jouer à ce sujet (scène II). Amarante fait donner des sièges, et le Comte s'invite à dîner (scène III).]

Extraits de la SCÈNE IV. — AMARANTE, LE COMTE, DAMIS, CLITIE, ORIANE.

[La marquise Oriane, que Petit-Jean a, par mégarde, voulu empêcher d'entrer, parvient jusqu'à Amarante. Après les présentations, la conversation s'engage sur *l'Ecole des femmes,* et la « précieuse » Oriane se plaint de n'avoir pu, la veille, assister jusqu'à la fin à une représentation privée de la pièce.]

**ORIANE**

Hier, dans une visite, il se trouva des dames
Qu'Alcidon régala de *l'Ecole des femmes,*
Et qui, d'intelligence avecque mon destin.
Ne voulurent jamais en entendre la fin :
Comme si pour me perdre elles eussent fait pacte,
On fit cesser la pièce après le second acte,
Et je ne remarquai des risibles endroits,
Que celui de la soupe où l'on trempe les doigts[29].
Dans un chagrin mortel ce caprice me plonge.

**CLITIE**

Voyez comme les maux viennent sans qu'on y songe[30].

**LE COMTE**

Dans mon âme j'enrage.

**AMARANTE**

Et pourquoi ?

**LE COMTE**

Tout exprès.
La Marquise y courait pour voir le *le* d'Agnès[31].

**ORIANE**

Je l'ai vu ; que je l'aime, et que j'en suis contente !
Ce *le* c'est une chose horriblement touchante,
Il m'a pris *le*... ce *le* fait qu'on ouvre les yeux.

**LE COMTE**

Oui, ce *le,* Dieu me damne, est un *le* merveilleux :
Quand je vis que l'actrice y faisait une pause,
Je crus que l'innocente allait dire autre chose,
Et le ruban, ma foi, je ne l'attendais pas.

**ORIANE**

Et ce *le* pour Madame eut-il beaucoup d'appas ?

**AMARANTE**

J'en dirai mon avis, ne pouvant m'en défendre,
Mais qui s'en ressouvient prit plaisir à l'entendre,
Et moi, de qui l'esprit s'en est peu soucié,
A peine l'eus-je appris que je l'eus oublié.

**ORIANE**

A le revoir, pour moi, je serais toute prête :
Ce *le* toute la nuit m'a tenu dans la tête,
Ma chère ; aussi ce *le* charme tous les galants.

#### LE COMTE

En effet, j'en vois peu qui ne donnent dedans[32] :
La beauté de ce *le* n'eut jamais de seconde.

#### CLITIE

Il est vrai que ce *le* contente bien du monde ;
C'est un *le* fait exprès pour les gens délicats.

#### AMARANTE

Elle est maligne, au moins ; ne vous y fiez pas,
Car je sais que ce *le* lui paraît détestable.

#### CLITIE

Il est vrai, ma cousine : il me semble effroyable ;
Mais ce *le* par Madame est si bien appuyé,
Que je meurs de regret qu'il nous ait ennuyé.
Le parti qu'elle prend est celui que j'embrasse.
Tout ce que dit Madame est de si bonne grâce
Que je veux la prier de ne pas s'irriter
Si je fais mes efforts pour la bien imiter.
Sa galante façon s'insinue en mon âme.

#### ORIANE

O Madame !

#### CLITIE

O Madame !

#### ORIANE

O Madame !

#### CLITIE

O Madame !

#### ORIANE

Quoi ! me railler chez vous, Madame ! Ah ! je vois bien...

#### CLITIE

Vous le dites, Madame, et vous n'en croyez rien[33].

#### ORIANE

Assurément, Madame...

#### CLITIE

Assurément...

#### LE COMTE

Marquise,

Savez-vous quelles gens le matois satirise ?
Des marquis !

DAMIS

Des marquis ! Il aspire si haut...

LE COMTE

Je t'en vais montrer trois chapitrés comme il faut :
J'ai la clef de sa pièce.

AMARANTE

Imprimée ?

LE COMTE

Imprimée.

[Le Comte envoie son laquais La Ramée chercher chez lui cette « clef ». Déjà il révèle le vers de *l'Ecole des femmes* : « Et femme qui compose en sait plus qu'il ne faut » visait Amarante et qu'il est lui-même le marquis turlupin de la *Critique*. Mais le laquais revient bredouille — et pour cause ! — : il n'a trouvé, dit-il, « de clef que la clef de la porte ». Entre-temps, le chevalier Dorante, autre « courtisan ridicule », est venu se joindre au Comte et à la marquise Oriane contre Amarante et Damis. On reparle de Molière ; et Dorante explique pourquoi « de tous nos turlupins, c'est un homme chéri » (scène VI).]

SCÈNE VII. — AMARANTE, DAMIS, LE COMTE, ORIANE, CLITIE,

AMARANTE

Mais parlez de sa pièce, et soyez équitable.
Que vous en semble ?

DORANTE

A moi ? Je la trouve admirable !
Comment la trouves-tu, Comte ?

LE COMTE

Admirable !

DORANTE

Et vous ?

ORIANE

Admirabilissime !

AMARANTE

Entre nous ?

DORANTE

Entre nous.

AMARANTE

Mais là, sans vous trahir, la trouvez-vous passable ?

DORANTE

Admirable, morbleu ! du dernier admirable[34].

DAMIS

Je puis, sans l'avoir vue, en dire autant que toi :
Quand on loue une pièce, il faut dire pourquoi ;
Et tu dois nous donner une raison valable.

DORANTE

Par plus de vingt raisons je la trouve admirable.

CLITIE

Par plus de trente !

DAMIS

Ecoute : on le croit, si tu veux
Mais de tant de raisons, j'en dirais une ou deux.

DORANTE

Te dirai-je pourquoi je la trouve admirable ?
Parce que cette pièce est admirable.

LE COMTE

Diable !

Ta raison est bonne.

CLITIE

Ah !

ORIANE

Je l'allais dire aussi.

DORANTE

Il faut s'en rapporter à Monsieur que voici :
C'est un auteur.

SCÈNE VIII. — LIZIDOR, AMARANTE, DORANTE, DAMIS, ORIANE,
LE COMTE, CLITIE.

DORANTE, *à Lizidor*

Mon cher, pour contenter ces dames,
Donnez-nous votre avis sur *l'Ecole des femmes*[35].
Vous verrez si la pièce a pour lui des appas.

AMARANTE

Oui, jugez-en.

LIZIDOR

> Madame, on ne m'en croirait pas;
Et puis, d'en bien juger je ne suis pas capable.

DAMIS

Ah! Monsieur Lizidor, vous êtes un fin diable;
Au succès de l'auteur vous prenez trop de part.

AMARANTE

Point : Monsieur Lizidor est un homme sans fard,
J'en croirai bonnement ce qu'il en voudra dire.
On déteste sa pièce[36], et chacun la déchire;
Pour moi, qui n'y vois rien que de bien assorti,
Contre tous ces Messieurs je soutiens son parti :
Ils ont beau l'abhorrer, je la trouve admirable.

LIZIDOR

Votre parti, Madame, est le plus raisonnable :
Ce que vous soutenez tout Paris le soutient.

DORANTE

Bon! ma foi, c'est bien fait; la connaisseuse en tient[37].

LE COMTE

Comme tu dis, bon!

CLITIE

Bon.

AMARANTE

> J'en parais peu marrie.

DORANTE

Il vous vient de payer de votre raillerie :
Le seigneur Lizidor est un homme d'esprit.

DAMIS

Mais Monsieur Lizidor doit prouver ce qu'il dit.

AMARANTE

S'il la fait trouver bonne, il sera fort habile.

LIZIDOR

En vérité, Madame, il n'est rien si facile :
Jamais scène plaisante eut-elle tant d'appas
Que la scène d'Arnolphe à qui l'on n'ouvre pas?
N'a-t-on pas pour Alain une estime secrète
Quand, pour ouvrir la porte, il appelle Georgette[38]?

DORANTE

Ah, ah, ah,

LE COMTE

Quel compère!

DORANTE

Il entend son métier.

ORIANE

A miracle!

CLITIE

A merveille!

AMARANTE

Il faut...

DORANTE

Point de quartier,

Allons, allons!

LIZIDOR

Ensuite, est-il rien qui ne plaise
Dans ce que dit Arnolphe à la fille niaise?
Rien de plus innocent se peut-il faire voir?
Il arrive des champs, et désire savoir
Si durant son absence elle s'est bien portée :
« *Hors les puces la nuit qui m'ont inquiétée* »,
Répond Agnès[39]. Voyez quelle adresse a l'auteur,
Comme il sait finement réveiller l'auditeur!
De peur que le sommeil ne s'en rendît le maître,
Jamais plus à propos vit-on puces paraître[40]?
D'aucun trait plus galant se peut-on souvenir,
Et ne dormait-on pas, s'il n'en eût fait venir?

DORANTE

Tudieu!

LE COMTE

C'est raisonner!

ORIANE

Divinement!

CLITIE

Courage!

DORANTE

Diable! qu'un tel ami fait valoir un ouvrage!

LE COMTE

Je t'en réponds.

LIZIDOR

Le grès n'est-il pas étonnant[41]?
Voit-on rien de si preste et de si surprenant?

Aucun des auditeurs oserait-il promettre
Qu'Agnès sût seulement ce que c'est qu'une lettre ;
Et pour la lettre seule, où l'on voit tant d'amour,
Faut-il pas que l'auteur ait rêvé plus d'un jour ?
Cependant dans une heure une innocente extrême
La compose, l'écrit, et la rend elle-même,
Quoique Arnolphe l'éclaire[42] avec un œil perçant.
Un pareil procédé n'est-il pas innocent ?
Lui voit-on démentir son niais caractère ?

DORANTE

Ho, ho, Comte

LE COMTE

La peste !

ORIANE

On ne saurait mieux faire.

CLITIE

Je le crois.

DAMIS

Mais, Dorante, il pouvait s'affranchir...

DORANTE

Hé, Baron !

DAMIS

Si...

DORANTE

Ma foi, tu ne fais que blanchir[43] :
Près d'un homme si docte on fait mieux de se taire.

LIZIDOR

Est-il rien de si beau que l'endroit du notaire[44],
Et cet endroit charmant qu'on a tant admiré,
Avec tout l'art possible est-il pas digéré[45] ?
Le petit dialogue est d'une adresse extrême,
Car ce que dit Arnolphe, il le dit en lui-même,
Et les moins délicats sont d'accord de ce point
Qu'on ne peut pas répondre à ce qu'on n'entend point ;
Cependant par un jeu, dont l'éclat doit surprendre,
L'un ne veut pas répondre à ce qu'il doit entendre ;
Et, pour des deux côtés faire voir des appas,
L'autre répond sans peine à ce qu'il n'entend pas.

DORANTE

C'est tout dire.

LE COMTE

Fort bien !

CLITIE

Vivat !

ORIANE

Il extasie.

DORANTE

Le seigneur Lizidor, comme il les mortifie !

AMARANTE

Je pourrais lui répondre, et je crois entre nous...

DORANTE

Dieu me damne, Madame, il en sait plus que vous !
Des raisons qu'il vous dit nulle n'est contestable.

LIZIDOR

Enfin le dénouement n'est-il pas admirable ?
Le voyage d'Oronte est-il pas assuré,
Et le retour d'Enrique est-il pas préparé[46] ?
Vous m'allez alléguer que, touchant cet Enrique,
On le tire aux cheveux pour quitter l'Amérique,
Et que, durant la pièce, en aucun des endrets[47]
On ne s'aperçoit point qu'il soit père d'Agnès ;
Mais il n'est point d'auteurs dont la plume n'apprenne
Que dans ce qu'on attend il n'est rien qui surprenne ;
Au contraire, on croit beau ce qu'on trouve étonnant,
Et ce qu'on n'attend pas est toujours surprenant.

DORANTE

De s'en mieux démêler je dépite le diable[48].

LE COMTE

Répondez, Madame.

DORANTE

Elle ? Il[49] est insurmontable.

ORIANE

Il oublie un endroit effroyablement bon,
Où l'on parle d'Agnès qui joue au corbillon[50] !
Pour moi, quand je l'ouïs mon plaisir fut extrême.

DORANTE

Vous verrez, sur ma foi ! que c'est *tarte à la crème*.

ORIANE

Oui, c'est *tarte à la crème ;* et je l'aime d'amour.

LE COMTE

Parbleu ! *tarte à la crème* a fait bruit à la cour[51].

DORANTE

Pour moi, je ne vois rien qui me charme de même.

AMARANTE

Qu'y trouvez-vous de beau ?

DORANTE

Moi ? rien. *Tarte à la crème,*

Madame.

AMARANTE

      Il faut répondre, et je voudrais du moins
Que de bonnes raisons appuyassent mes soins ;
Car enfin pour l'auteur votre zèle est extrême.

DORANTE

*Tarte à la crème.*

DAMIS

Ami, tu dois...

DORANTE

*Tarte à la crème,*

Ami.

AMARANTE

      Quoi qu'il en pense, il nous doit être égal :
Il aime trop l'auteur pour en dire du mal.

DORANTE

Je soutiens, sans l'aimer, quoi que l'envie oppose,
Que sa pièce tragique est une belle chose.

AMARANTE

Sa pièce tragique ?

DORANTE

Oui.

LE COMTE

Sa pièce tragique ?

DORANTE

Oui.

AMARANTE

Je n'ai jamais rien vu de tragique de lui.

LE COMTE

Ni moi.

LIZIDOR

Ni moi.

ORIANE

Ni moi.

DORANTE

Qu'est-ce qu'il représente ?

AMARANTE

Nommez-vous tragédie une pièce plaisante?

DAMIS

Tu te moques de nous, Chevalier.

DORANTE

Pourquoi?

DAMIS

Bon!

Appelle-t-on tragique un poème bouffon?

DORANTE

Vous blâmez justement ce qu'il faut qu'on admire :
Quoi! morbleu, du tragique où l'on crève de rire,
C'est cela qu'on appelle un mélange d'appas!

AMARANTE

Mais le tragique est noble, et n'a rien de si bas.

DORANTE

Mais je sais le théâtre, et j'en lis la *Pratique*[52] :
Quand la scène est sanglante une pièce est tragique.

LE COMTE

Oui.

LIZIDOR

Sans doute.

ORIANE

Il est vrai.

DAMIS

Sans contredit.

AMARANTE

D'accord.

DORANTE

Dans celle que je dis, *le petit chat est mort*[53].

LE COMTE

C'est le bien prendre!

LIZIDOR

Oh! oh!

ORIANE

Sa remarque est certaine.

DAMIS

Quoi! le trépas d'un chat ensanglante la scène?

AMARANTE

Dans une tragédie un prince meurt, un roi.

DORANTE

*Nous sommes tous mortels, et chacun est pour soi*[54],
Et je tiens qu'une pièce est également bonne,
Quand un matou trépasse, ou quelque autre personne.

LE COMTE

Tu sais le théâtre !

LIZIDOR

Oh !

ORIANE

Son langage est profond.

DAMIS

Mais...

LE COMTE

Mais, réponds, réponds, réponds, réponds, réponds[55].

DAMIS

Quoi ?...

LE COMTE

Réponds donc, Baron.

DAMIS

Tu penses me confondre,
Et tu crois...

LE COMTE

Par ma foi, tu ne saurais répondre.

DAMIS

Je ne le puis, de vrai, tant que tu parleras ;
Mais enfin, si...

LE COMTE

Ma foi ! si, tant que tu voudras :
Sa raison...

AMARANTE

Sa raison est aisée à combattre.

DORANTE

Il est vrai que l'auteur n'entend pas le théâtre ?

AMARANTE

Mais ce n'est pas l'entendre, après tout.

DORANTE

Oh ! que non !
Quand un homme en burlesque a su faire un sermon[56],
Il me semble pourtant qu'on n'est pas malhabile.
L'auteur prend l'agréable, et le joint à l'utile ;

A ce que veut le peuple il se rend complaisant,
Et le force de rire en le catéchisant.

LE COMTE

Tudieu ! tu l'entends !

LIZIDOR

Oh !

DAMIS, *à Dorante*

Tu n'as rien dit qui vaille.

DORANTE

Pourquoi, Baron ?

AMARANTE

Pourquoi ? Retournons la médaille :
Outre qu'un satirique est un homme suspect,
Au seul mot de sermon nous devons du respect ;
C'est une vérité qu'on ne peut contredire.
Un sermon touche l'âme, et jamais ne fait rire ;
De qui croit le contraire on se doit défier,
Et qui veut qu'on en rie en a ri le premier.

LE COMTE

C'est mal répondre !

LIZIDOR

Puth !

DORANTE

Pitoyable critique !

DAMIS

Dites donc ce que c'est que d'être satirique.

DORANTE

Que d'être satirique ?

DAMIS

Oui.

DORANTE

C'est satiriser.

AMARANTE

Oui, mais satiriser, c'est railler, mépriser :
Ainsi, pour l'obliger[57] quoi que vous puissiez dire,
Votre ami du sermon nous a fait la satire ;
Et de quelque façon que le sens en soit pris,
Pour ce que l'on respecte on n'a point de mépris.

LE COMTE

Bagatelle !

DAMIS

Mais, Comte, après tout, je m'engage...

LE COMTE

Je serais bien fâché de t'ouïr davantage :
Tu m'as trop fatigué par tes sottes raisons.

AMARANTE

Il ne peut rien répondre à ce que nous disons ;
Mais Dorante sait bien qu'on ne peut mettre en doute...

DORANTE

Moi ? Je n'écoute pas si le Comte n'écoute.

DAMIS, *au Comte*

Tu sais...

LE COMTE

Je n'entends pas.

AMARANTE, *à Dorante*

Je crois...

DORANTE

Ni moi non plus.

DAMIS, *au Comte*

Mais...

LE COMTE *chante*

La, la, la, la, la, lare, la, la, la, la, la, la[55].

AMARANTE, *à Dorante*

Quoi !...

DORANTE, *chante aussi*

La, la, la, la, lare, la, la, la, la, la, la.

DAMIS, *au Comte*

Si...

LE COMTE

La, la, la, la, la, lare, la, la, la, la, la, la, la, la.

AMARANTE, *à Dorante*

Vous...

DORANTE

La, la, la, lare, la, la, la, la, la, la, la, la. la, la.

DAMIS

Ma foi, vous me rendez confus.

AMARANTE

Pour moi, je les écoute et je les étudie,
Car il faut de ceci faire une comédie[56] ;
Je crois que dans son genre elle aurait ses appas.

DORANTE

A ce dessein, ma foi, je ne m'oppose pas,
Car je sais que mon rôle y serait raisonnable.

ORIANE

Le mien y serait court, mais assez agréable.

LIZIDOR

Et le mien, ce me semble, y serait assez bon.

LE COMTE

Pour Damis, à merveille il ferait le bouffon :
La sottise en sa bouche est placée en son centre.
        (*A Amarante.*)
Vous savez composer, travaillez-y.

AMARANTE

                        Moi ? Diantre !
Je n'ai garde.

DORANTE

                Et qui donc la fera comme il faut ?

AMARANTE

Un ami que je sais, qu'on appelle Boursault.

LE COMTE

Je le connais pécore[60].

DAMIS

                Il est bien chez la muse.

LE COMTE

Il s'amuse à la muse, et la muse l'amuse.

AMARANTE

Mais les vers de Boursault sont assez bien choisis.

LE COMTE

Je le soutiens, Madame, un butor parisis[61],
Une grosse pécore, une pure mazette[62].

DAMIS

Mais où la jouerait-on, quand Boursault l'aurait faite ?

AMARANTE

A l'Hôtel de Bourgogne, où les plus délicats...

DORANTE

Ah ! je vous promets bien qu'on ne l'y jouera pas :
La critique est à craindre, on a peur qu'il[63] n'éclate,
Et l'Hôtel de Bourgogne a passé sous sa patte[64].
S'ils s'étaient avisés de vouloir le bourrer[65],
Où les pauvres acteurs pourraient-ils se fourrer ?

Toute la Normandie a-t-elle assez de pommes
Pour jeter à la tête à ces malheureux hommes[66] ?
Ils ne le feront pas, je te le dis encor,
Dieu me damne !

DAMIS

    Ecoutez, je connais Floridor[67] :
Je prendrai son avis si cela se peut faire,
Et je vous l'enverrai s'il vous est nécessaire.
Un petit dénouement est utile à cela :
Que faire ?

SCÈNE IX. — LES MÊME et PETIT-JEAN

PETIT-JEAN

On a servi, Madame.

AMARANTE

     Le voilà.
Je le donne à l'épreuve au plus grand satirique.
C'est de cette façon que finit *la Critique ;*
Et les plus dégoûtés trouveront des appas,
Quand après du comique ils auront un repas.

## 1.3. APRÈS *L'IMPROMPTU DE VERSAILLES*

A. J. Montfleury, *l'Impromptu de l'Hôtel de Condé* comédie représentée sur le théâtre de l'Hôtel de Bourgogne en décembre 1663.

**Personnages :**

LE MARQUIS, ridicule admirateur de Molière.
LA MARQUISE Angélique et ALCIDON.
LÉANDRE, solliciteur de procès.
ALIS, marchande de livres.
CASCARET, valet du marquis.
BEAUCHÂTEAU et DE VILLIERS, comédiens de l'Hôtel de Bourgogne.
CLÉANTE, marquis.
*La scène est à Paris, dans le Palais, devant la boutique d'Alis.*

SCÈNE PREMIÈRE. — DE VILLIERS, BEAUCHÂTEAU, LÉANDRE.

DE VILLIERS, *à Beauchâteau.*

Il faut nous dépêcher de faire notre emplette,
Je vois un chicaneur dont la tête mal faite...

LÉANDRE

Ah ! ah ! bonjour, Messieurs ; avez-vous des procès ?

Je suis de vos amis et prends part au succès.
Qui vous mène au Palais?

### BEAUCHÂTEAU

Le seul dessein d'y faire

Emplette de ruban qui nous est nécessaire.

### LÉANDRE

Et vous en faut-il tant?

### DE VILLIERS

Comment, s'il nous en faut?

Vous pouvez en juger : demain Monsieur Boursault
Fait jouer sa *Réponse,* et j'ai l'honneur d'y faire
Un marquis malaisé, qui ne saurait se taire.
Jugez après cela s'il nous faut des rubans.

### LÉANDRE

Comment, votre *Réponse?* Elle vient bien à temps!
Tout Paris voudra voir une telle entreprise.

### BEAUCHÂTEAU

Nous la donnons demain sans aucune remise.

### LÉANDRE

Molière a donc poussé sa pointe jusqu'au bout!
Il vous en a donné sur le ventre et partout.
Sur mon âme, il a bien contrefait vos postures,
Bien imité vos tons, votre port, vos figures.
De quoi diable alliez-vous aussi vous aviser,
Quand vous fîtes dessein de le satiriser!
Aussi mal à propos vous vous faites de fête!
Dites donc, il vous a fort mal lavé la tête.

### DE VILLIERS

Il s'en faut consoler, mais enfin notre espoir
Est que, Monsieur Boursault faisant bien son devoir,
Nous en aurons raison.

### LÉANDRE

Boursault, que peut-il dire?

Quoi, contre le Daubeur vous le faites écrire?

### BEAUCHÂTEAU

Vous êtes son ami, nous le voyons, Monsieur.

### LÉANDRE

A vous dire le vrai, je suis son serviteur,
Mais contre l'*Impromptu,* ma foi, point de réplique.

BEAUCHÂTEAU

On en disait autant quand il fit *la Critique,*
Et *le Portrait du peintre* a pourtant des appas.

LÉANDRE

Mais je vois un Marquis qui marche sur mes pas :
Il viendra s'enquérir d'un procès, s'il m'avise,
Que j'ai sollicité pour certaine Marquise ;
Je vais m'en informer.
        (*Il sort.*)


SCÈNE II. — DE VILLIERS, BEAUCHÂTEAU.

DE VILLIERS

Le bon original !

BEAUCHÂTEAU

Si ce n'est un marquis, il ne le fait pas mal.

DE VILLIERS

Comme je dois jouer un pareil personnage,
Je vais l'étudier ; je crois qu'il n'est pas sage
De se tant démener.

BEAUCHÂTEAU

            C'est qu'il a le bel air.
Rangeons-nous à l'écart pour l'entendre parler.


SCÈNE III. — LE MARQUIS, DE VILLIERS, BEAUCHÂTEAU, ALIS,
                    CASCARET.

LE MARQUIS

Hé ! laquais !

CASCARET

Monsieur.

LE MARQUIS

                    Vois dans cette autre boutique
Si tu n'y verras point la marquise Angélique :
Je crois qu'on doit juger son procès aujourd'hui ;
Si tu vois Alcidon avec elle, dis-lui...
Rien.
        (*Cascaret sort.*)
        Ils s'entr'aiment fort l'un et l'autre, et je gage
Que le gain du procès fera leur mariage.
        (*A Alis.*)
La Marquise est ici ?

ALIS

                    Pardonnez-moi, Monsieur ;
Du moins je n'en sais rien.

LE MARQUIS

        Non... Et son procureur?

ALIS

Vraiment il n'a pas tant de soin de ses parties :
Il vient tard, et s'en va dès qu'elles sont sorties.

LE MARQUIS

Comme c'est aujourd'hui qu'on juge son procès,
Je veux, si je le puis, en savoir le succès,
Car j'y prends quelque part; mais il les faut attendre.

ALIS

Monsieur, n'aurai-je point l'honneur de vous rien vendre?

LE MARQUIS

Oui, mais je veux avoir de ces pièces du temps.

ALIS

Voilà la *Sophonisbe.*

LE MARQUIS

        Avez-vous du bon sens?

ALIS

Si j'en ai? je le crois; c'est de monsieur Corneille :
C'est du siècle présent l'honneur et la merveille,
Et les œuvres, Monsieur, d'un homme si vanté,
Le feront adorer de la postérité;
Nous n'avons point d'auteurs dont la veine pareille...

LE MARQUIS

Hé, Madame, l'on sait ce que c'est que Corneille.

ALIS

Voilà *Tibérinus,* c'est de monsieur Quinault.

LE MARQUIS

Hé, gardez-moi cela pour quelque archibadaud :
Des pièces qu'il nous fait le sujet est si tendre,
Qu'il fait toujours pleurer ceux qui vont pour l'entendre,
Et vous ne savez pas fort bien ce qu'il me faut.

ALIS

Voulez-vous *le Portrait du peintre?*

LE MARQUIS

        Par Boursault,

N'est-ce point?

ALIS

        Oui, Monsieur; tout le monde le prise.

LE MARQUIS

Hé, morbleu, brûlez-moi de telle marchandise.
Dieu me damne, j'aurais le goût bien dépravé !

ALIS

Si vous le méprisez, d'autres l'ont approuvé.
Monsieur, voulez-vous voir le *Baron de la Crasse?*

LE MARQUIS

Bon ! Et que voulez-vous, Madame, que j'en fasse ?

ALIS, *lit*

*Œuvres du sieur Boyer,* Monsieur, si vous voulez...

LE MARQUIS

Fi ! ses vers sont trop forts et sont trop ampoulés.

ALIS

Dites-moi donc, Monsieur, afin que je vous vende,
De qui vous les voulez.

LE MARQUIS

De qui ? Belle demande !
De Molière, morbleu, de Molière, de lui,
De lui, de cet auteur burlesque d'aujourd'hui,
De ce daubeur de mœurs, qui, sans aucun scrupule,
Fait un portrait naïf de chaque ridicule ;
De ce fléau des cocus, de ce bouffon du temps,
De ce héros de farce acharné sur les gens,
Dont pour peindre les mœurs la veine est si savante
Qu'il paraît tout semblable à ceux qu'il représente.

ALIS

Sans contredit, Monsieur, mais on ne peut nier...

LE MARQUIS

Hé, Madame, morbleu, c'est savoir son métier !

ALIS, *lui présentant des livres.*

Tenez.

LE MARQUIS

Voyons un peu son *Ecole des femmes :*
Je l'ai, je m'en souviens, promise à quelques dames.
(*En regardant le premier feuillet de* l'Ecole des femmes
*où Molière est dépeint.*)
N'est-ce pas là Molière ?

ALIS

Oui.

LE MARQUIS

Oui, c'est son portrait.

ALIS

Oui, Monsieur, comme c'est un sermon qu'il y fait;
De peur qu'on en doutât, il s'est fait peindre en chaise.

LE MARQUIS

Point, c'est qu'étant assis on est plus à son aise.
Plus je le vois, et plus je le trouve bien fait;
Ma foi, je ris encor quand je vois ce portrait.

ALIS

Et de quoi riez-vous?

LE MARQUIS

               Je ris de souvenance,
Voyant dans ce portrait Agnès en sa présence;
Il me souvient toujours, à propos de cela,
Que Molière lui dit : *Là, regardez-moi là*,
Dieu me damne! il est bon cet endroit.

ALIS

                          Elle n'ose.

LE MARQUIS

*Là, regardez-moi là*, c'est une bonne chose.

ALIS

Mais...

LE MARQUIS

            Il faut que tout cède au bouffon d'aujourd'hui;
Sur mon âme, à présent on ne rit que chez lui,
Car pour le sérieux à quoi l'Hôtel s'applique,
Il fait, quand on y va, qu'on ne rit qu'au comique;
Mais au Palais-Royal quand Molière est des deux,
On rit dans le comique et dans le sérieux,
Dieu me damne!

ALIS

        Après tout...

LE MARQUIS

                 Tout le monde le prise.

---

1. Sur Boileau et ces *Stances*, voir page 13. Ces *Stances* furent d'abord publiées, sans nom d'auteur, dans un recueil intitulé *les Délices de la poésie galante* (Paris, Ribou, 1663). Après quelques corrections et avec le titre que nous leur donnons ici, Boileau les inséra en 1701 dans l'édition de ses *Œuvres*; 2. *Var.*: « enjouer » (1663); 3. En 1663, après ce vers, on pouvait lire la strophe suivante :

> Tant que l'univers durera,
> Avecque plaisir on lira
> Que, quoi qu'une femme complote,
> Un mari ne doit dire mot,
> Et qu'assez souvent la plus sotte
> Est habile pour faire un sot.

**4.** Scipion Émilien. De son vivant même, Térence, que protégeaient Scipion et Lélius, fut accusé de n'être que le prête-nom de ses amis. Cette croyance persista jusqu'au XVIIe siècle ; **5.** Cette strophe et la précédente sont interverties dans l'édition des *Délices de la poésie galante* ; **6.** *Var.* des vers 21-22 (éd. de 1663) :

Que c'est à tort qu'on te révère,
Que tu n'es rien moins que plaisant.

**7.** Sur Donneau de Visé, voir page 16. L'ouvrage a pour titre *Nouvelles nouvelles, en trois parties, par Monsieur de...* ; l'épître dédicatoire est signée D... ; le privilège est accordé à « Jean D... » ; 3 vol. in-12 ; Paris, P. Bienfaict 1663 (l'achevé d'imprimer est du 9 février 1663). Le passage consacré à Molière va de la page 210 à la page 240 ; **8.** Antoine Le Métel, sieur d'Ouville (on écrivait aussi Douville), auteur de plusieurs comédies et des *Contes aux heures perdues* (1643) ; **9.** Straparola, conteur italien du XVIe siècle. Ses *Piacevoli notti* (1550 et années suiv.) avaient été traduites en francais par Jean Louveau et Pierre de Larivey, et publiées sous le titre *les Facétieuses Nuits du seigneur Jean-François Straparole* (Lyon, 1596; plusieurs rééditions). Molière lui prit le thème de la 4e nouvelle de la 4e nuit ; **10.** Pour le sens et la reprise par Molière du mot *méchant*, voir *la Critique* : scène III, ligne 19 ; scène IV, lignes 43 et 50 ; scène V, ligne 28 ; scène VI, ligne 59 ; **11.** Voir page 13 ; **12.** Voir dans la Préface de *l'École des femmes* la version que, peu après, Molière donna de ces faits ; **13.** L'ouvrage, anonyme, parut à Paris chez G. de Luyne, 1663 ; le privilège est du 15 juillet et l'achevé d'imprimer du 4 août 1663 (162 pages in-12) ; **14.** Anagramme de Molière ; **15.** Lysidas (*la Critique* n'avait pas encore été publiée) ; **16.** 120 ou 140 vers ; **17.** *L'École des femmes*, vers 703 ; **18.** Voir notamment vers 289-290. Si bien que l'édition de 1734 pourra indiquer que la scène « est à Paris dans une place de Faubourg » ; **19.** A la scène VIII, Zélinde reprendra avec plus de détails ces critiques sur l'invraisemblance du lieu. Molière avait eu conscience de la difficulté et avait tenté, bien maladroitement, de justifier l'unité de lieu (vers 454-455, 1143) ; **20.** *Catastrophe* : événement qui dénoue l'action ; **21.** Voir page 79, note 1 ; **22.** Corneille. D'Aubignac avait publié en juillet une *Quatrième Dissertation concernant le poème dramatique, servant de réponse aux calomnies de M. Corneille*. Dans la querelle de la *Sophonisbe*, Donneau de Visé avait pris parti pour Corneille ; **23.** Personnages de la troupe italienne ; sur Scaramouche, voir page 161, note 1 ; **24.** Les grands comédiens de l'Hôtel de Bourgogne ; **25.** Berner, voir page 129, note 3 ; **26.** *L'École des femmes*, vers 94 ; **27.** *L'École des femmes*, acte II, scène II ; **28.** Sur Boursault, voir pages 16-17. L'œuvre se présente comme une comédie en un acte et en vers « par le sieur Boursault », éditée à Paris, chez J. Guignard fils..., 1663 ; le privilège est du 30 octobre et l'achevé d'imprimer du 17 novembre 1663. La pièce a 556 vers ; **29.** *L'École des femmes*, vers 436-439 ; **30.** Voir *la Critique*, scène III, lignes 23-24 ; **31.** *L'École des femmes*, vers 571-578 ; **32.** *Donner dans*, voir page 74, note 5 ; **33.** Voir *la Critique*, scène page 57 ; **34.** Voir *la Critique*, scène V, page 63, et *Zélinde*, scène VIII, page 143 ; **35.** Voir *la Critique*, scène VI, l'entrée de Lysidas. On retrouvera ici les mêmes expressions. Boursault semble avoir voulu se peindre en ce Lizidor ; **36.** La pièce de Molière, *l'École des femmes* ; **37.** Est bien attrapée ; **38.** *L'École des femmes*, acte premier, scène II, et voir *la Critique*, scène VI, lignes 340-342 et 412-418 ; **39.** Vers 236 : « Hors les puces, qui m'ont la nuit inquiétée » ; **40.** Le fait qu'Agnès n'ait pas d'autre inquiétude prouve à Arnolphe qu'il peut être rassuré. Le trait vient donc « à propos » ; **41.** Vers 876-881 et 914-917 ; **42.** La surveille ; **43.** Voir page 86, note 1 ; **44.** Acte IV, scène II ; **45.** *Digérer* : disposer, ordonner ; **46.** A l'acte premier, scène IV ; **47.** Endroits. L'orthographe est ici conforme à la prononciation du XVIIe siècle ; **48.** Je défie le disait ; **49.** Cela ; **50.** Vers 97 ; **51.** Voir *la Critique*, scène VI, page 73 et, sur l'allusion à la cour, page 24 ; **52.** *La Pratique du théâtre* (1657), de l'abbé d'Aubignac ; **53.** *L'École des femmes*, vers 461 ; **54.** C'est la réponse d'Arnolphe, au vers 462 ; **55.** Voir *la Critique*, scène VI, ligne 374. — A la deuxième personne de l'impératif, la forme ancienne et étymologique sans *s* était encore possible au XVIIe siècle, surtout à la rime ; **56.** *L'École des femmes*, acte III, scène II ; **57.** Quoi que vous puissiez dire pour le défendre ; **58.** Voir *la Critique*, scène VI, lignes 438-446 ; **59.** Parodie du dénouement de *la Critique* ; **60.** Je sais que c'est une espèce, c'est-à-dire quelqu'un de bête, de peu d'esprit ; **61.** Un butor de premier ordre. Allusion à la livre parisis qui valait un quart de plus que la livre tournois ; **62.** *Mazette* : mauvais cheval ; au figuré, personne incapable. ; **63.** *Il* : Molière ; **64.** Dans les *Précieuses Ridicules*, scène IX, et dans *la Critique*, scène VI, lignes 85-90 ; **65.** Le malmener ; **66.** Voir *la Critique*, scène VI, ligne 136 ; **67.** Un des comédiens les plus réputés de l'Hôtel de Bourgogne, et le seul, d'ailleurs, que Molière ne malmènera pas.

# JUGEMENTS SUR
## « LA CRITIQUE DE L'ÉCOLE DES FEMMES »
## ET « L'IMPROMPTU DE VERSAILLES »

## XVIIᵉ SIÈCLE

*Ces deux pièces ne sont jugées qu'en fonction de la querelle de l'École des femmes. Pour l'essentiel, on se reportera donc à nos pages de Documents.*

## XVIIIᵉ SIÈCLE

*Le XVIIIᵉ siècle littéraire a le culte du vocabulaire noble, juge au nom de règles étroites et prétend faire respecter au théâtre certaines bienséances héritées du classicisme : il ne pouvait guère apprécier l'École des femmes, bien que la Comédie-Française, de 1701 à 1800, en ait donné 643 représentations. Pouvait-il apprécier davantage les pièces nées de la querelle? Durant le XVIIIᵉ siècle, pas une seule représentation de la Critique de l'École des femmes et de l'Impromptu de Versailles. Ceux qui ont lu ces pièces reprochent à Molière d'avoir voulu « justifier la tarte à la crème et quelques autres bassesses de style qui lui étaient échappées » (Voltaire) et de s'être livré à une satire personnelle aux allusions trop voyantes.*

[La Critique.] C'est le premier ouvrage de ce genre qu'on connaisse au théâtre. C'est proprement un dialogue, et non une comédie. Molière y fait plus la satire de ses censeurs, qu'il ne défend les endroits faibles de l'École des femmes.

Voltaire,
*Sommaire de « la Critique de l'École des femmes »* (1739).

[L'Impromptu.] C'est une satire cruelle et outrée. Boursault y est nommé par son nom. La licence de l'ancienne comédie grecque n'allait pas plus loin. Il eût été de la bienséance et de l'honnêteté publique de supprimer la satire de Boursault et celle de Molière. Il est honteux que les hommes de génie et de talent s'exposent par cette petite guerre à être la risée des sots. Il n'est permis de s'adresser aux personnages que quand ce sont des hommes publiquement déshonorés comme Rolet et Wasp[1]. Molière sentit d'ailleurs la faiblesse de cette petite comédie, et ne la fit point imprimer.

Voltaire,
*Sommaire de « l'Impromptu de Versailles »* (1739).

On reprocha sans doute à Molière de *défendre son talent;* mais en le défendant il en donna de nouvelles preuves, et on l'avait attaqué avec indécence. [...] De quoi s'agissait-il surtout? D'avoir raison; et Molière a-t-il eu tort de faire une pièce très gaie, où il se moque très spirituellement de ceux qui avaient cru se moquer de lui? [...] Dans *l'Impromptu de Versailles,* Molière emporté par ses ressentiments eut le tort inexcusable de nommer Boursault; et quoiqu'il ne l'attaque que du côté de l'esprit, ce n'en est pas moins une violation des bienséances du théâtre et des lois de la société.

La Harpe,
*Lycée* (1799).

[*La Critique.*] Petite pièce qui n'est intéressante que pour les adorateurs de Molière. La scène [...] où le poète, le marquis et la prude font leurs remarques sur *l'École des femmes,* est pleine de vérité et de comique.

[*L'Impromptu.*] Ce n'est point une comédie, mais une satire peu piquante, à présent que personne ne sait les noms des détracteurs de Molière.

Florian,
*Idées sur nos auteurs comiques*
(édition posthume de *la Jeunesse de Florian,* 1807).

## XIXᵉ SIÈCLE

*Les critiques commencent à s'intéresser aux deux comédies polémiques de Molière. Mais ils cherchent surtout à y découvrir Molière et ses théories dramatiques; et ils négligent trop souvent de replacer ces pièces dans leur contexte historique.*

---

1. *Rolet* : « procureur très décrié », qui fut « banni à perpétuité »; voir Boileau, *Satire* I : « J'appelle un chat un chat, et Rolet un fripon. » Voltaire appelait Fréron : Frelon, d'où l'anglais *wasp,* la guêpe.

[La poétique de Molière], comme acteur et comme auteur, se trouve tout entière dans *la Critique de l'École des femmes* et dans *l'Impromptu de Versailles;* et elle y est en action, en comédie encore.

Sainte-Beuve,
préface d'une édition de Molière (1835).

Il faut ouvrir cet *Impromptu de Versailles* qui nous apprend tant de choses sur Molière directeur et chacun de ses comédiens. [...] Sa manière de se défendre [...] est un modèle. Il se couvre en découvrant l'adversaire, il s'engage à fond en se ménageant toujours une retraite et des retours offensifs. [...] En traçant les règles d'une nouvelle diction tragique, Molière, comme il arrive d'habitude aux comédiens, faisait la théorie de son propre talent et proposait comme modèle les qualités qu'il avait ou croyait avoir. [...] Lorsque, dans *la Critique de l'École des femmes,* Molière instituait son fameux parallèle entre la comédie et la tragédie, il y avait pas mal de rancune dans le dédain qu'il affectait pour celle-ci. [...] *L'Impromptu* suffit à prouver que le directeur de ces comédiens illustres parlait et agissait en directeur.

Gustave Larroumet,
*la Comédie de Molière* (1886).

*La Critique de l'École des femmes* est un dialogue où le ridicule est donné aux personnages qui attaquent *l'École des femmes* ou qui la méprisent, et l'air de la raison et du goût à ceux qui la défendent. Chemin faisant, il y a des choses générales qui sont très sérieuses et même très profondes. [...] *La Critique de l'École des femmes* doit être étudiée de très près par tout homme qu'amusent les questions de goût et les questions d'esthétique littéraire.

*L'Impromptu de Versailles* est surtout une crise de nerfs de Molière, un accès d'emportement contre ses critiques (Boursault et autres) et contre ses concurrents de l'Hôtel de Bourgogne. A cet égard, il nous est complètement indifférent, et n'intéresse que ceux qui ne font de l'histoire littéraire que pour y transporter leurs aptitudes de commères. Mais *l'Impromptu* contient des choses à notre gré plus considérables. On y voit comment Molière donnait leçon à ses comédiens et comment il entendait la diction théâtrale et le geste et les attitudes théâtrales, et que l'effort de Molière sur ce point est un retour à la simplicité et au naturel. On y voit encore une déclaration de Molière sur le caractère général et impersonnel de ses personnages. [...] On y trouve encore une sorte de programme de Molière en 1663. [...] Par là *l'Impromptu de Versailles* se relève un peu.

Émile Faguet,
notices des *Œuvres complètes de Molière,*
édition Nelson (s. d.).

## XXᵉ SIÈCLE

*La critique et l'érudition s'accordent maintenant pour donner à ces deux pièces une place de choix dans la carrière de Molière, puisqu'elles ont permis à Molière non seulement d'affirmer la position de la troupe, mais encore et surtout de prendre conscience de son art et des limites de son génie (Molière ne fera plus de « comédie héroïque »). L'accent est mis également sur le « jeu dramatique » : en se défendant, Molière se révèle un technicien incomparable de l'art dramatique; et, comme pour illustrer la démonstration, la Comédie-Française reprend ces deux pièces de plus en plus souvent (162 fois la Critique et 132 fois l'Impromptu). Nées de la querelle de l'École des femmes, la Critique et l'Impromptu ne sont plus des à-côtés négligeables de l'œuvre essentielle de Molière. Quelque mérite que l'on accorde à la nature de la polémique, elles sont étudiées pour elles-mêmes, et participent à la connaissance et à la vie de l'œuvre tout entière.*

*[La Critique.] La pièce, à trois siècles de distance, paraît assez lourde. Ce n'est pas du bon Molière. Les tirades très appuyées, très recommençantes de Dorante trahissent un intérêt trop personnel. Mais, sur le moment, le dialogue n'a qu'une valeur combative. Il ne s'agit pas de juger un ouvrage; il s'agit de se passionner. La troupe brille de tous ses feux.*

*[L'Impromptu.] Il s'agit cette fois de tout autre chose que d'un dialogue de polémique ou d'un petit jeu de représailles. Il s'agit d'un tumulte et d'une violence du cœur. Se montrant sur les planches, parmi sa troupe au travail, Molière n'utilise plus des armes d'écrivain; il pense tout haut, se livre, parle en homme blessé. Il écarte les tricheries; il est là vivant, vibrant, agissant; bousculant l'un, reprenant l'autre; irritable, irrité; attaquant les imbéciles qui l'attaquent, se démenant, s'avouant, s'enflammant; on le voit tout entier dans ce qu'il fait, dans ce qu'il aime, dans les sentiments généreux, indignés ou amers qu'il éprouve. [...] Tout cela sonne avec force, avec franchise, avec éclat et marque une étonnante liberté de métier.*

Pierre Brisson,
*Molière, sa vie dans ses œuvres* (1942).

*[La Critique.] La conversation a été menée avec tant de virtuosité, avec tant d'ironie, et de la plus fine, avec tant d'éloquence dans les derniers moments, dans un style si alerte et si propre que, sans recourir à un appareil dogmatique qui ennuierait, les griefs adressés à l'École des femmes ont été adroitement réfutés et les adversaires de la pièce cruellement ridiculisés : tous et toutes, les précieuses et les prudes, les délicats, les turlupins, les envieux et les pédants, ont reçu leur paquet. C'est la vie d'un salon, et c'est du théâtre.*

*[L'Impromptu.]* L'intérêt principal gît peut-être dans le jeu constant entre la réalité de la vie des comédiens et l'irréalité de la représentation. C'est un triomphe de Molière que ce chatoiement qui détruit les références, aussi bien celles qui rendraient cohérente la comédie représentée, ou du moins le fragment qui nous en est offert, que celles qui nous feraient croire que nous sommes en face d'une véritable répétition. Tout est brouillé, et pourtant tout est simple. Le jeu comique s'impose à notre imagination, à la fois dans sa complexité et dans son unité fonctionnelle. [...] L'idée est banale et ne vaut que par la réalisation. Son charme vient chez Molière du mélange constant du réel et de l'irréel, et ce mélange ne se trouve point chez ses prédécesseurs, qui n'ont fait qu'accoler des éléments hétérogènes.

René Bray,
édition des *Œuvres complètes de Molière*, tome I⁽ᵉʳ⁾ (1954).

Il est arrivé plusieurs fois à Molière d'intervenir en personne sous le masque de ses personnages. Il écrit *la Critique de l'École des femmes* pour défendre la première comédie où il ait dépassé son rôle d'amuseur. Sa riposte est plus violente avec *l'Impromptu de Versailles* où il joue son propre rôle, parle sans truchement et s'avance sur le proscénium pour dénoncer la forfaiture de ses adversaires et mettre son visage d'homme et sa vie privée à l'abri de leurs attaques. [...] En ripostant à découvert, il semble tricher avec les règles du jeu, rompre les conventions qui sont au principe du théâtre en faisant de celui-ci une tribune ou un tribunal. Pourtant, qu'il interroge ou qu'il accuse, Molière respecte les chances de la comédie : son intervention polémique est une rupture féconde du jeu dramatique. Ce sont les plaies vives de l'homme que nous touchons.

Alfred Simon,
*Molière par lui-même* (1957).

# SUJETS DE DEVOIRS ET D'EXPOSÉS

● A la fin de 1670, Molière, pressé par les ordres de Louis XIV, est allé demander à Corneille d'achever sa *Psyché*, tragédie-ballet en trois actes dont il n'a eu le temps d'écrire que le prologue, le premier acte et deux scènes des actes II et III. On évoque le passé et la querelle de 1663. Imaginez l'entrevue.

● Molière assista à l'Hôtel de Bourgogne à la représentation du *Portrait du peintre* de Boursault. Un spectateur écrit à un ami de province pour lui raconter cette représentation (attitude de Molière et réactions diverses de la salle). [Voir Introduction, page 25.]

● Molière procède à la répétition de *l'Impromptu de Versailles*, le matin même de la représentation. Évoquez la scène.

● Dans *les Amours de Calotin*, Chevalier fait dire à l'un de ses personnages sur l'attitude de Molière pendant la querelle :

> Admirez cependant comme quoi cet esprit
> Sait nous amadouer alors qu'il nous aigrit :
> Pour nous montrer combien son adresse est extrême,
> C'est qu'en son personnage il se berna lui-même,
> Afin que, si quelqu'un s'en était mutiné,
> On vît que le berneur lui-même était berné...

Vous direz si telle fut bien l'attitude de Molière.

● Molière chef de troupe et metteur en scène, d'après *l'Impromptu de Versailles*.

● *L'Impromptu de Versailles* est-il « le meilleur document que nous puissions désirer sur une répétition au Palais-Royal » (R. Bray).

● La fantaisie verbale et le comique dans *la Critique* et *l'Impromptu*.

● La préciosité dans *la Critique* et *l'Impromptu*.

● Le personnage et le rôle dramatique du Chevalier (Dorante) dans *la Critique* et *l'Impromptu* (rôle tenu par Brécourt).

● « Le marquis aujourd'hui est le plaisant de la comédie » (*l'Impromptu*, scène première, ligne 233). Faites, d'après *la Critique* et *l'Impromptu*, le portrait de ce « plaisant ».

● Comparez *l'Impromptu de Versailles* et *l'Impromptu de l'Hôtel de Condé* (voir Documents).

● En quoi Giraudoux dans *l'Impromptu de Paris* est-il redevable à Molière ? Quelle est sa part d'originalité ?

● La comédie dans la comédie : comparez *la Répétition ou l'Amour puni* de Jean Anouilh (1950) avec *l'Impromptu de Versailles*.

● Commentez cette affirmation d'Uranie dans *la Critique de l'École des femmes* (scène VI) : « Toutes les peintures ridicules qu'on expose sur les théâtres doivent être regardées sans chagrin de tout le monde. Ce sont miroirs publics, où il ne faut jamais témoigner qu'on se voie. »

● Expliquez et commentez ce jugement : « La querelle de *l'École des femmes*, dans les pamphlets du moins, est surtout une querelle littéraire et dramatique, bien plus que morale » (Van Vrée).

● Dans *Zélinde* (voir Documents, page 142), Donneau de Visé suppose qu'un certain Licaste écrivit à Molière après la représentation de *la Critique de l'École des femmes* : « Comme vous avez douté de la bonté de votre cause, vous n'avez repris que des bagatelles, et n'avez point parlé des fautes considérables. » Le reproche est-il justifié ?

● « Lorsque vous peignez les hommes, il faut peindre d'après nature; on veut que ces portraits ressemblent; et vous n'avez rien fait si vous n'y faites reconnaître les gens de votre siècle » (*la Critique de l'École des femmes*, scène VI, lignes 189-192).

« Nature, portrait, *son* siècle, commente Alfred Simon : Molière est pris au piège. Le sérieux de l'actualité interdit au baladin la poursuite sereine de son jeu et fait du théâtre une provocation. L'œuvre de Molière est un refus de l'anonymat, de l'irresponsabilité, de l'intemporel. »

Que pensez-vous de ce commentaire ?

● En vous référant plus spécialement à *la Critique de l'École des femmes* et à *l'Impromptu de Versailles*, expliquez ce jugement de René Bray (*Molière, homme de théâtre*, page 263) : « Dans un temps de règles, le génie de Molière est le génie de la liberté. Ce comédien ne reconnut qu'un maître : le public. »

● Expliquez et discutez ce propos de René Bray (*Molière, homme de théâtre*, page 32) sur l'attitude de Molière : « S'il lui arrive un jour d'oublier sa fonction d'artiste pour se laisser aller à émettre un jugement personnel, c'est qu'on l'attaque et qu'il doit se défendre. Le poète comique se mue alors en polémiste. Ce n'est plus l'auteur qui s'exprime, ou du moins il prend les ordres de l'acteur, et surtout du directeur de troupe, et il répète la leçon qui lui est dictée. *La Critique* et *l'Impromptu* ressortissent à cet égard d'une intention inhabituelle. Le rire y est une arme; la doctrine n'est plus du personnage, mais de celui qui tire les fils de la marionnette. »

● Acceptez-vous cette opinion de Jacques Guicharnaud (*Molière, une aventure théâtrale*, 1963), qui, après avoir déclaré qu'il n'étudierait que « trois pièces majeures » : *Tartuffe, Dom Juan* et *le Misanthrope*, « centre de la carrière de leur auteur », écrit (page 13) : « Elles sont nées, à notre avis, de la réussite esthétique de *l'École des femmes*, mais sans doute et surtout d'une méditation sur l'essence de la comédie provoquée par la querelle et les polémiques qui ont entouré le drame d'Arnolphe »?

# TABLE DES MATIÈRES

Imprimerie-Reliure Mame - 37000 Tours.
Dépôt légal Juin 1974. — Nº 11224. — Nº de série Éditeur 12744.
IMPRIMÉ EN FRANCE *(Printed in France)*. — 870 102 D Mai 1985.